ENSEÑANDO REBELDÍA

Historias del movimento
popular oaxaqueño

Editado por Diana Denham y Colectivo C.A.S.A.

PMPRESS

ENSEÑANDO REBELDÍA
Historias del movimiento popular oaxaqueño
Editado por Diana Denham y Colectivo C.A.S.A

Derechos de autor de Diana Denham y Colectivo C.A.S.A
Esta edición copyright © 2011

Publicado por:
PM Press
PO Box 23912
Oakland, CA 94623
www.pmpress.org

Fotografía de la portada por Eleuterio García
Revisión de diagramación: Gabriela Diaz

ISBN: 978-1-60486-107-5
Library of Congress Control Number (LCCN): 2009912420

Impreso en Estados Unidos en papel reciclado.

Índice

AGRADECIMIENTOS

Estamos agradecidos con todas las personas que se han aventurado para imaginar, desafiar, crear y marchar bajo la bandera de un Oaxaca más justo. Estamos especialmente endeudados con los que nos han compartido sus sueños y luchas para que nosotros podamos compartirlos con otros a través de este libro.

Por los consejos, sugerencias, contactos y por los ánimos recibidos, agradecemos a Silvia Hernández Salinas, Gustavo Vilchis, Sergio Beltrán, Anabel López Sánchez, Sara Méndez, Diego Cruz Martínez, Jonathan Treat e Ilaria Gabbi. Agradecemos a Yakira Teitel y Peter Gelderloos por sus valiosas revisiones. Muchas gracias a la mesa directiva de C.A.S.A y a Anna-Reetta Korhonen, Kate Iris Hilburger y Claire Urbanski por sus contribuciones a un colectivo naciente y en circunstancias inciertas. En especial muchas gracias a Rachel Wallis y Melissa Mundt cuya dedicación en las presentaciones de la primera edición del libro ha llevado estas historias a cientos de grupos comunitarios al norte de México.

Queremos agradecerles mucho a Rights Action, Squat Elimäenkatu 15, Terrace F. Club y Jeanie y Kate Benward, cuyo apoyo generoso se ha posibilitado la impresión de la primera edición del libro. Gracias a Matt Burke y Gwen Meyer por su ayuda con fotos, diseño e ideas de impresión y gracias también a la Red Oaxaqueña de Solidaridad y Rebecca Jasso Aguilar por su ayuda con transcripciones.

Además, queremos ofrecer nuestras gracias a Doña Angelina por alimentarnos con tamales y los últimos reportes de noticias de la colonia o radio. Compilando este libro ha sido un gran privilegio, dándonos la oportunidad de escuchar relatos de un momento excepcional en la historia de Oaxaca y permitiéndonos la oportunidad de conocer a tanta gente maravillosa en el camino, mucha de la cuál no podemos nombrar en estos breves agradecimientos.

Mil gracias a la Librería La Jícara por todo el tiempo, la buena onda, la paciencia y la distribución de muchos libros. En especial agradecemos a Violeta Zylberberg, Pablo Rojas y a Gabi Diaz por ofrecernos tan generosamente su talento como diseñadora.

COLABORADORES

Este libro es el resultado de la colaboración de miembros de los Colectivos de Apoyo, Solidaridad y Acción (C.A.S.A). C.A.S.A tiene un centro de solidaridad en Oaxaca, México. C.A.S.A facilita el trabajo de activistas internacionales como observadores de derechos humanos, periodistas independientes y voluntarios con organizaciones de base. Para más información, ver la página: www.colectivocasa.org.

Editora
Diana Denham

Entrevistas, Transcripciones y Traducciones

Diana Denham	Andrea Smith
Laura Böök	Riccardo D'Emidio
Gerlaine Kiamco	Elizabeth O'Brien
Patrick Lincoln	Silvia Hernández
Kate Benward	Nicolás Rosenman Cordeu
Chris Thomas	

Revisiones
Nicolás Rosenman Cordeu
Andrea Caraballo
Alfonso Tovar
Sergio Beltrán

Diseño
Tim Gibbon
Diana Denham

Portada
Tim Gibbon

Foto de la Portada
Eleuterio García

Créditos de las fotografías: ver páginas 376-379

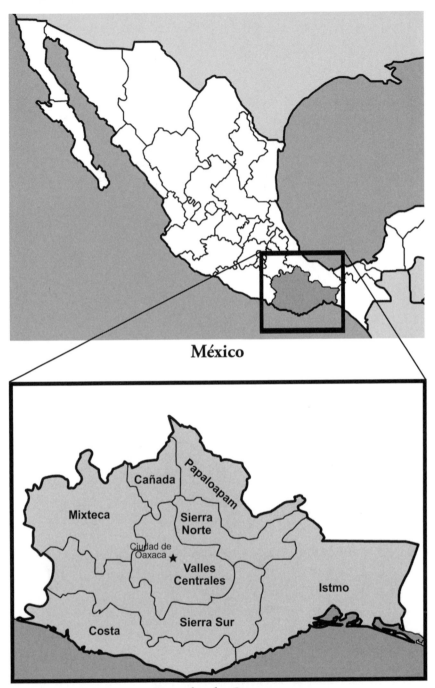

México

Estado de Oaxaca

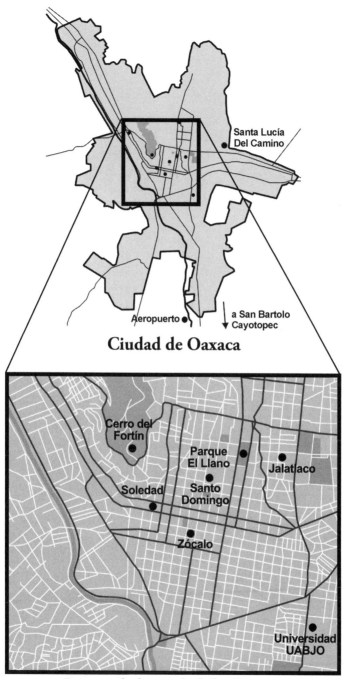

Ciudad de Oaxaca

Santa Lucía
Del Camino

Aeropuerto

a San Bartolo
Cayotopec

Cerro del
Fortín

Parque
El Llano

Jalatlaco

Soledad

Santo
Domingo

Zócalo

Universidad
UABJO

Centro de la ciudad de Oaxaca

Prefacio
Diana Denham y Laura Böök

Corría el año 2006, un mes después del ataque policial contra el plantón de los maestros oaxaqueños, cuando empezamos a deambular bajo las lonas de plásticos multicolores que poblaban las calles. Los precarios toldos cobijaban un profundo movimiento social que pareció nacer casi de un día para el otro. Las decenas de miles de personas acampando en esta protesta se dedicaban a leer periódicos, llevaban a cabo reuniones, intercambiaban información sobre los eventos más recientes... y también se la pasaban tejiendo. Hasta donde podíamos ver, el rostro de la revolución era un mar de mujeres que bordaban, esperando pacientemente la renuncia del Gobernador. ¿Eran acaso estas las guerrillas urbanas que los medios de comunicación condenaban en sus reportes? A pesar de que los ataques armados contra los manifestantes eran de hecho, organizados por el gobierno, los medios de comunicación, comerciales y estatales descalificaban constantemente a los participantes del movimiento, tildándolos de violentos y caracterizándolos como una amenaza a la sociedad.

Nuestro colectivo, conformado por un grupo de activistas internacionales, observadores de derechos humanos y voluntarios en organizaciones de base, esperaba aprender tanto como fuera posible, y los más cercanamente posible, sobre el levantamiento que había tomado la ciudad y capturado la atención del país. Lo que vimos y vivimos transformaría nuestro entendimiento sobre los movimientos de justicia social en nuestros países de origen, y nos conectaría con el pueblo de Oaxaca en formas que nunca habríamos anticipado.

Mientras el movimiento se enraizaba en la ciudad y más allá de ella, la brutalidad estatal no cedía y, en respuesta, las tácticas de desobediencia civil organizada se fueron intensificando. El movimiento social comenzó a ocupar edificios gubernamentales y a organizar sistemas alternativos de autogobierno. A finales de agosto, los oaxaqueños empezaron a levantar barricadas en los barrios de toda la ciudad para defenderse de los ataques represivos organizados por el gobierno.

Un sábado por la noche, de regreso a casa, recibimos una primera muestra de autodefensa comunitaria. Había una fogata encendida a mitad de nuestra calle y una mujer con linterna revisaba, uno a uno, a todos los autos que deseaban transitar por ésta. Detuvimos el paso para saludar a nuestros vecinos en guardia. Aunque algunas barricadas de la ciudad fueron levantadas con automóviles, autobuses y piedras de gran tamaño, la de nuestra calle tenía una apariencia más casera: una lavadora rota, ladrillos, cajones de madera, un cactus de cartón que parecía pertenecer a la obra de teatro de alguna escuela secundaria y una calavera de plástico. Alguien trajo café, y ahí nos quedamos platicando por un rato. Entre historia e historia que nuestros vecinos contaban, nos dejaron saber que ellos estaban listos a arriesgar sus vidas por sus convicciones. Siempre encendida en el fondo, Radio Universidad amenizaba la noche con música para mantener el ánimo de la gente en las barricadas. Al llegar el momento de continuar nuestro camino a casa, ocho mujeres de la barricada, todas armadas con bats de béisbol, nos escoltaron para asegurarse de que llegáramos a salvo.

La tensión en aumento era percibida por todos. El mes de octubre nos la pasamos pegados a nuestra radio, escuchando los llamados a la resistencia civil pacífica y a reforzar las barricadas que estaban siendo atacadas. Fue a finales de octubre, a mitad de la noche, que alguien comenzó a llamar a la puerta de nuestra casa con urgencia; era un amigo buscando refugio. Estaba intentando ponerse a salvo del ataque sufrido a una barricada cercana por cuarenta hombres armados que aparecieron en vehículos sin placas y comenzaron a disparar a mansalva. En toda la ciudad de Oaxaca estuvieron ocurriendo eventos similares. Para finales de mes, miles de tropas de la policía federal habían invadido la ciudad. Sus helicópteros realizaban sobre vuelos a baja altura, provocando terror en todos nosotros y lanzando gases lacrimógenos ante cualquier confrontación. Radio Universidad urgía a la gente a salir con espejos para cegar a los helicópteros y pudimos ver desde nuestra azotea cómo nuestros vecinos sostenían los espejos en alto cada vez que éstos pasaban. El valle se llenaba de destellos parpadeantes a medida que la gente se sumaba a la acción.

Pudimos observar cómo la invasión de la policía federal desplazó violentamente a las barricadas y los plantones, convirtiendo al alegre y colorido zócalo en una base militar. Algunas personas armadas de mucho valor se acercaban a las filas de la policía antimotines y les entregaban flores, les leían pasajes de la Biblia u ondeaban la bandera mexicana para recordarles que ellos también eran pueblo. La gente le gritaba a la policía: "Su piel es tan oscura como la nuestra. Los están usando para hacer el trabajo sucio del gobierno pero ustedes también son pueblo, como nosotros". Dos mujeres jóvenes se acercaron tímidamente a los policías con una lata de pintura en aerosol. "¿Lo hacemos o no?", pareció que se susurraban minutos antes de pintar los escudos, uno por uno, hasta formar la palabra ASESINOS.

Una mujer mayor que vendía tamales en las cercanías expresó su descontento al ver al Presidente Vicente Fox en televisión agradeciendo a la policía federal por haber restaurado la paz en Oaxaca. "¡¿Pero qué tipo de paz?!", nos preguntó. Después compartió con nosotros una idea mientras untaba salsa sobre otro tamal: "Ví en la televisión que en Irak hicieron caer un helicóptero con un bomba molotov. ¿Creen que alguien podría hacer eso aquí en Oaxaca?"

Todos los que formábamos parte del colectivo teníamos inclinaciones antiautoritarias. Conocíamos la historia de las guerras sucias, comprendíamos los modelos político-económicos represivos, entendíamos las consecuencias del control monopólico de los medios de comunicación pero, el ser conciente de este tipo de represión no nos había preparado para la experiencia real; cuán doloroso sería, cuán impotentes nos sentiríamos al enterarnos de los arrestos y las torturas a activistas, el miedo que sentiríamos por nuestros amigos.

Para el 2 de noviembre, veinte personas habían sido asesinadas y el Día de Muertos, uno de los días festivos más importantes del año, cobró un sentido especial. Desafiando a la policía antimotines a solo una cuadra de distancia, artistas populares pintaron murales sobre la calle con arena y guises de colores, conmemorando a los muertos del movimiento. La iglesia más prominente de Oaxaca, Santo Domingo, quedó enmarcada por docenas de altares y luces titilantes de velas. Los altares, cada uno repleto de flores de cempasúchil, fotos y la comida preferida de los muertos a manera de ofrendas, honraban a los compañeros caídos en la lucha. Frente al altar del periodista estadounidense que había sido asesinado el viernes anterior, una mujer mayor nos preguntó: "¿Saben qué le gustaba beber a Brad?" Un amigo respondió: "Creo que una vez lo vi tomando mezcal". "Bien, entonces dejaré una botella de mezcal para él en su altar".

Algunos días después, el 25 de noviembre del 2006, nadie estaba ya a salvo: ni los que protestaban, ni los transeúntes, ni los periodistas. Una oleada brutal de represión policial azotó la ciudad. Un grupo de periodistas independientes se refugió en nuestra casa y por toda la ciudad la gente se escondía en casas que eran más seguras, mientras policías y paramilitares peinaban las calles. Los disparos resonaron durante toda la noche.

A la mañana siguiente, el movimiento había desaparecido de las calles. Radio Universidad estaba en silencio. La infame Radio Ciudadana, una emisora ilegal sostenida por el gobierno que solía incitar a la violencia contra la gente del movimiento, comenzó a difundir al aire las direcciones de casas que supuestamente estaban amparando a quienes protestaban. Nos enteramos que la dirección de nuestra casa había sido nombrada. Ese mismo día, un artículo en uno de los periódicos nacionales informaba que la policía federal planeaba deportar a cien extranjeros. Dada la caza de brujas que se había desatado, muchos de nosotros nos retiramos a la Ciudad de México. Tal como revelan varios de los testimonios incluidos en este libro, es terrible sentirse un criminal prófugo sabiendo que no se ha hecho nada malo. ¿Es un crimen ofrecer un lugar seguro a un amigo que teme ser asesinado? ¿Es un crimen lavar con vinagre las caras de la gente cegada y asfixiada por los gases lacrimógenos? ¿Es un crimen ser testigo?

Algunas semanas después, parecía que las cosas se estaban calmando y pudimos regresar a la Ciudad de Oaxaca, que había sido redecorada para las fiestas navideñas. El zócalo, que había funcionado como base militar durante varios meses, apenas revelaba signos de presencia policial y estaba, en cambio, repleto de árboles de Navidad, flores de nochebuena y tarjetas escritas con crayones, como si hubieran sido hechas por niños, con mensajes tales como "Gracias, policía federal, por restaurar la paz en Oaxaca".

***

El pueblo se reorganizaba en silencio, considerando estrategias para los meses venideros y evaluando opciones. Muchos temían protestar en ese momento. Aquellos de nosotros que acabábamos de regresar nos preguntábamos cómo procesar todo lo que habíamos atestiguado, cómo comprender las experiencias de la gente tan agitada por este movimiento que se había apoderado de sus vidas.

Este libro es el producto de meses de conversaciones informales con oaxaqueños dedicados a generar cambio en su estado. Los testimonios fueron recolectados, transcritos y traducidos a lo largo de un año. Este proceso generalmente comenzó en los plantones, las barricadas o las marchas, donde entablamos amistad y estrechamos relaciones de confianza con los protagonistas. La idea de publicar un libro de testimonios se formalizó durante la visita de una delegación de derechos humanos en diciembre, poco después de nuestro regreso y menos de un mes después de la peor represión que sufrió Oaxaca.

Escuchamos un testimonio tras otro sobre arrestos ilegales, torturas y pedidos de apoyo. Pedro Matías, periodista de Noticias cuyo testimonio aparece en este libro, relató los eventos del 25 de noviembre. Nos confió el temor y la impotencia que sintió al ver las demandas populares de democracia chocar una y otra vez con la represión violenta. Pedro revivió esos momentos mientras nos narraba su experiencia y más de una vez hizo una pausa, agachó la cabeza entre sus manos para sollozar, recomponerse, y poder continuar.

Las lágrimas acompañaron a la mayoría de las historias que escuchamos; la gente que compartió sus testimonios estaba profundamente herida. Tras el testimonio de Pedro, escuchamos otra experiencia de los hechos de ese mismo día. Aurelia es empleada doméstica y nunca había participado en el movimiento. Tras dejar la casa donde trabajaba, se encontró atrapada entre espesas nubes de gas lacrimógeno, incapaz de caminar o respirar. Desorientada y aterrada, rápidamente se vio rodeada por la policía. Fue arrestada, torturada y luego conducida a una prisión de alta seguridad en el norte del país.

También hubo mucha gente que logró mantener la esperanza y prometió continuar organizándose a pesar del clima hostil de represión. Hubo quienes compartieron con nosotros los triunfos del movimiento. Leyla describió cómo, a pesar del chauvinismo que domina los espacios políticos, las mujeres construyeron su lugar con la Marcha de las Cacerolas y la ocupación del canal de televisión estatal. No solo fueron las mujeres los pilares sobre los que se sostuvo el movimiento (ellas, noche tras noche, alimentaban a la gente de las barricadas, los campamentos del plantón y otros espacios públicos ocupados), sino que además asumieron un protagonismo que nadie pudo ignorar.

A partir de la visita de la delegación de derechos humanos que cimentó la idea del presente libro, comenzamos a establecer contacto con otras personas que sabíamos habían participado en el movimiento. En cada entrevista surgía una historia, siempre acompañada de alegres sonrisas y a menudo, de llanto, anclada en la esperanza y el coraje, y con la ira provocada por la injusticia constante.

"Una vez que has aprendido a hablar, ya no te quieres callar", nos dijo Alfredo, un activista que trabaja en la radio de una comunidad indígena. Cuando a la gente que vivió los hechos se le pregunta sobre el movimiento y los meses de conflicto intenso, apenas si se detienen para tomar respiro. En sus historias capturan la atmósfera cambiante que se sentía en las calles; pasan del temor a la esperanza, de la debilidad a la fuerza. Conversar con la gente acerca de sus experiencias también fue una forma de procesar nuestro propio dolor. Nuestra idea de publicar un libro, sin embargo, provino más del deseo de compartir el coraje, las aspiraciones y el sentido de emancipación que percibimos en la gente del movimiento que de un deseo de documentar la brutalidad estatal.

Este libro no es un análisis definitivo del movimiento que se formó en Oaxaca en el 2006. Tampoco es un compendio exhaustivo de las historias que la gente vivió y carga consigo. Aunque nos esforzamos por incluir una muestra representativa de la sociedad oaxaqueña, por reflejar tanto la variedad de actores como la diversidad de sus experiencias, al menos un millón de personas tomaron las calles y todas ellas vivieron sucesos que nunca habían imaginado. Los miedos sepultados, las victorias consagradas, los traumas sufridos y los sueños sembrados son las claves para entender cómo y por qué este movimiento se organizó como lo hizo. Estos testimonios reúnen las voces de maestros y estudiantes, activistas de radio, artistas, líderes religiosos, organizadores sindicales, miembros de comunidades indígenas y personas sin afiliación formal. Cada historia destaca un momento distintivo del movimiento social y de la vida del individuo que brinda su testimonio. En conjunto, intentan reconstruir la trayectoria de los eventos a medida que sucedieron. Desde la lucha de un niño de ocho años por liberar a su padre y a otros presos políticos a la participación de una bisabuela en la ocupación de la estación de televisión estatal. Los siguientes testimonios son ventanas al espíritu de la resistencia.

Introducción

Diana Denham, Patrick Lincoln y Chris Thomas

A partir de la primavera del 2006, centenares de miles de oaxaqueños han alzado sus voces contra los abusos del gobierno estatal: pobreza extrema, extendidas violaciones a los derechos humanos y corrupción rampante. Estas movilizaciones representan un intento sin precedente para enfrentar la marginalización cultural, económica, social y política que ha acompañado durante ochenta años al gobierno unilateral del PRI. El movimiento amplio e incluyente que emergió en mayo del 2006, ha cautivado a la nación y cosechado la admiración de comunidades que se organizan en pos de la justicia social en todo el mundo. El 14 de junio del 2006 se desplegó una masiva fuerza policial estatal en la Ciudad de Oaxaca. Con toletes, gases lacrimógenos, armas de fuego y helicópteros, intentaron desalojar un plantón de más de 20.000 maestros de la históricamente combativa Sección XXII del Sindicato Nacional de Trabajadores de la Educación. Los maestros llevaban tres semanas ocupando el centro de la ciudad para reclamar un salario digno, recursos para mejorar la infraestructura escolar y libros de texto y útiles gratuitos para los alumnos de bajos recursos. La violencia desatada por el estado fue el último capítulo de un largo historial de intentos de silenciar a los movimientos sociales. Pero, esta vez, el pueblo decidió combatir. En una respuesta sin precedentes que el gobierno jamás anticipó, los maestros se reagruparon y recuperaron el control del centro de la ciudad de manos de la policía, luego de que la violencia catapultara una protesta pública masiva de la que surgió la Asamblea Popular de los Pueblos de Oaxaca, la APPO. El gobernador del estado, Ulises Ruiz Ortíz, quien se considera alcanzó el poder a través de elecciones fraudulentas en el 2004, había encendido el reguero de pólvora.

En los días que siguieron al ataque del 14 de Junio, la ciudad se inundó con marchas de solidaridad con los maestros. Gente de todo el estado se acercó para ayudarlos a reconstruir el plantón y para ofrecer alimentos a quienes acampaban en protesta. La solidaridad proveniente de casi todos los sectores de la sociedad no surgió puramente del apoyo a los reclamos de los maestros, sino más bien de la indignación que provocó el uso de la fuerza estatal contra los manifestantes pacíficos y de los históricos deseos de ver el poder compartido por las distintas comunidades indígenas de Oaxaca. Tres días después del ataque inicial, la APPO convocó a su primera asamblea estatal, a la que acudieron representantes de más de 300 organizaciones sociales, colectivos de estudiantes y artistas, además de individuos sin pertenencia formal a ninguna organización. A la par de concentrarse en el reclamo que todos compartían, la renuncia del gobernador responsable de la represión, la APPO también comenzó a organizar varios frentes a cargo de cuestiones que incluían desde la reforma institucional a la autonomía regional. Aunque la APPO adoptó una estructura formal basada en un liderazgo central, y por lo tanto susceptible a una eventual corrupción, también se convirtió en una poderosa idea que le dio nombre a una variedad de acciones y a grupos comunitarios informales. Por meses, la consigna "Todos somos APPO" se escuchó en las calles con frecuencia.

A pesar de su formación espontánea, la APPO, al igual que la sociedad toda, rápidamente desarrolló la capacidad de organización para encarar la violencia política que arrasaba a la sociedad oaxaqueña. Los problemas incluían ausencia de libertad de expresión, falta de transparencia y consulta en la utilización de los recursos públicos, corrupción extendida, un historial de infiltración de las estructuras indígenas de autogobierno y represión continua a los movimientos sociales.

Sin embargo, además de responder a los ataques policiales contra los maestros en huelga, o a un gobernador particularmente represor, el movimiento que nació en Oaxaca se apoderó y administró una ciudad durante seis meses, a partir de Junio del 2006. Los oficiales de gobierno huyeron, la policía no estuvo presente para siquiera mantener la apariencia de control sobre la seguridad pública, y muchas de las instituciones gubernamentales y de servicios de los que la sociedad depende a diario, cerraron sus puertas. Sin la subordinación a una estructura gubernamental centralizada, los barrios se hicieron cargo de todo, desde el manejo de la seguridad pública (de hecho, los índices de criminalidad disminuyeron dramáticamente durante esos seis meses) a la distribución de los alimentos y el transporte. Gente de todo el estado comenzó a cuestionar la línea de pensamiento occidental que sostiene que las comunidades no pueden sobrevivir, mucho menos prosperar, sin la intervención de una jerarquía burocrática que se ocupe de administrar sus necesidades. Oaxaca envió un mensaje poderoso al mundo en el 2006: el poder que necesitamos está en nuestras manos.

Detrás de las llamas

A pesar de sus abundantes recursos naturales, hermosas playas y activa industria turística, Oaxaca es el segundo estado más pobre de México, con más del 73% de su población viviendo en pobreza extrema, incapaz de cubrir sus necesidades nutricionales básicas. Más de la mitad de la población del estado gana menos que el salario mínimo nacional de 45 pesos por día ($4,50 USD). Solo la mitad de los 3.5 millones de habitantes de Oaxaca cuenta con acceso a servicios básicos tales como electricidad y agua. Menos del 40% de los oaxaqueños tiene la oportunidad de estudiar más allá de la escuela primaria.

Oaxaca es uno de los estados más diversos de México, hogar de dieciséis diferentes grupos étnicos indígenas, estando la mayoría de ellos desproporcionadamente abrumados por la pobreza. Los proyectos de desarrollo encabezados por grandes corporaciones están siendo dirigidos a tierras comunitarias ricas en recursos naturales y biodiversidad, desmantelando así, el derecho de los pueblos indígenas a la autodeterminación y aniquilando sus medios de sustento económico. Aunque más de tres cuartos de la población trabaja en la agricultura, el gobierno no proporciona apoyo a ese sector de la economía. El abandono total a las familias de campesinos, sumado a acuerdos de comercio explotadores como el TLCAN ayudan a explicar los índices de migración extremadamente altos de Oaxaca hacia estados del norte y los Estados Unidos. Se estima que más de 1.5 millones de oaxaqueños viven hoy en EU, y que entre 200.000 y 250.000 migran hacia el norte cada año. Las contradicciones entre la abundante riqueza y la abrupta pobreza y marginalidad, ha provocado oleadas periódicas de revueltas sociales. Sin capacidad ni intenciones de atender las raíces de la desigualdad social, el estado autoritario dominado por el PRI ha recurrido durante mucho tiempo a tácticas represivas para contener el descontento popular.

A pesar de que los 70 años de gobierno del PRI terminaron cuando Vicente Fox ganó la presidencia para el PAN en el año 2000, el PRI ha mantenido su hegemonía en Oaxaca a través de un sistema intrincado de dominación política y social. Por un lado, el control de los medios de comunicación y el pago a caudillos políticos locales aseguran la lealtad al partido. Por el otro, la intimidación, la violencia y el fraude electoral se emplean para aplastar a la oposición activa. Oaxaca ocupa el primer lugar en la escala de abusos a los derechos humanos en México, hecho que indica el incremento de la represión a las organizaciones sociales y la criminalización de la oposición política en años recientes.

Ulises aprieta el puño

Ulises Ruiz Ortiz alcanzó el poder en el 2004 con un slogan de campaña que revelaba sus intenciones de sofocar derechos democráticos como la libertad de expresión y de asociación. "Ni marchas ni plantones", prometió. Mudó la legislatura estatal y las oficinas del gobierno de la plaza central de la capital a una pequeña ciudad en las afueras en un esfuerzo por evitar las protestas en el centro de la ciudad, y para tratar de reducir la visibilidad de las manifestaciones frente a las oficinas gubernamentales. A pesar de la evidencia de fraude en una elección extremadamente pareja, un tribunal federal, con presuntos nexos al partido de Ruiz (PRI), lo declaró gobernador quince días después de la elección.

Lo primero que se propuso Ulises Ruiz al asumir su cargo, a fines del 2004, fue eliminar la oposición. Bajo falsas acusaciones intentó inmediatamente, aunque sin éxito, arrestar a Gabino Cué, el candidato rival en la elección gubernamental. Durante su primer año en el poder hubo al menos quince asesinatos por motivos políticos que nunca han sido resueltos, y más de cien líderes de movimientos sociales fueron encarcelados en todo el estado.

Ulises Ruiz continuó el legado de su antecesor en la gobernación, José Murat, amenazando a varios medios de comunicación opositores y desatando una guerra continúa contra Noticias, el periódico más leído del estado. El gobierno cerró puestos de Noticias, canceló arreglos publicitarios y destruyó equipos de impresión. Al no tener éxito con estas tácticas, el estado contrató agitadores para que se hicieran pasar por empleados del periódico, ocuparan sus oficinas y declararan una huelga.

Bajo el pretexto de remodelar la ciudad para el turismo y, por supuesto, sin consultar a los ciudadanos, Ulises Ruiz podó árboles y reemplazó el empedrado tradicional de las plazas públicas de la ciudad por asfalto. Existen fuertes sospechas de que estos procesos de supuesto embellecimiento fueron en realidad frentes de lavado de dinero creados para esconder las enormes sumas de dinero canalizadas hacia la campaña presidencial del candidato del PRI, Roberto Madrazo, en el año 2006.

De hecho, a pesar de las sumas de dinero que Ulises Ruiz gastó en campaña, las elecciones presidenciales de julio del 2006 desembocaron en la primera derrota de los candidatos del PRI en Oaxaca en casi ochenta años. El candidato de centroizquierda del Partido Revolucionario Democrático (PRD), Andrés Manuel López Obrador, recibió una victoria abrumadora en Oaxaca que respondió en gran parte a la movilización del sindicato de maestros y de la sociedad civil en contra del PRI. Sin embargo, el candidato de derecha del PAN, Felipe Calderón, oficialmente ganó la votación nacional por un delgado margen.

La lucha electoral nacional se reprodujo en el campo de batalla de Oaxaca. Aunque el candidato del PRI, Roberto Madrazo, obtuvo el tercer lugar, inmediatamente apoyó al PAN reconociendo la victoria de Felipe Calderón, a pesar de las acusaciones y evidencias de fraude, y de las movilizaciones nacionales demandando un recuento total de votos. El hecho de que el gobierno federal, ocupado por el PAN, mandara miles de tropas de la policía federal a reprimir al movimiento social de Oaxaca, un espacio dominado por el PRI, algunos meses después, puede explicarse parcialmente considerando la fragilidad de la base sobre la que se sostenía la presidencia de Calderón y la consecuente dependencia de una alianza con el PRI. Al mismo tiempo, el presidente saliente Vicente Fox y su sucesor Felipe Calderón, ambos del PAN, enviaban un mensaje tajante a los ciudadanos que se organizaban en toda la nación: las movilizaciones como canales para reclamar atención a problemas sociales no serían toleradas y, de hecho, serían confrontadas con represión severa.

Oaxaca resiste

Los ciudadanos de Oaxaca han empleado las más diversas tácticas en su lucha por echar a Ulises Ruiz y comunicar sus demandas, incluyendo megamarchas de hasta 800.000 personas, la ocupación pacífica de edificios gubernamentales y estaciones de radio y televisión, huelgas, plantones, interrupciones al tránsito vehicular con miles de barricadas improvisadas por toda la ciudad, arte público, una huelga de hambre de 21 días de miembros del sindicato de maestros, autodefensa comunal frente a la violencia policial (empleando palos, rocas y bombas molotov) y el uso de espacios públicos para construir altares recordando a los activistas asesinados.

Durante meses no se vieron policías uniformados en la Ciudad de Oaxaca, sin embargo, fuerzas paramilitares aterrorizaron los espacios públicos ocupados por los manifestantes. Estos escuadrones de la muerte, que incluían a muchos policías vestidos de civil, recorrían la ciudad en vehículos sin placas, disparando a los vecinos reunidos en las barricadas. La APPO, un movimiento pacífico que reservó su derecho a la autodefensa, generó una fuerza de seguridad pública alternativa denominada "topiles", que respondió a los ataques de paramilitares contra las personas acampando en plantones y otros lugares de la ciudad.

A medida que los ataques contra las áreas ocupadas se intensificaron, el movimiento desarrolló una nueva estrategia de autodefensa. Se erigieron cientos de barricadas vecinales a lo largo de toda la ciudad, para actuar como barrera a los infames escuadrones de la muerte. Rápidamente, las barricadas se convirtieron en algo más que sitios de autodefensa. Se volvieron un espacio donde los vecinos podían conocerse, compartir ideas y desarrollar nuevas estrategias de organización. Las barricadas se convirtieron en emblemas de los objetivos fundamentales del movimiento social: la construcción de autonomía y democracia directa.

Al mismo tiempo, las barricadas cobraron vida y organización propia rápidamente, de manera independiente y a veces en conflicto directo con el liderazgo formal de la APPO. Los coordinadores de las barricadas no pertenecían a organizaciones establecidas y muchos de ellos poseían formaciones y experiencias que les habían demostrado la inutilidad de las políticas electorales y las negociaciones con los oficiales del gobierno. Y mientras el movimiento se identificaba a sí mismo como "pacífico", con un reconocimiento popular e implícito de la necesidad de autodefensa frente a los ataques del gobierno, el discurso de las organizaciones en posición de influenciar al gobierno a menudo empleaba la palabra de manera estratégica en vez de moral. Las perspectivas más combativas, que generalmente surgían de las comunidades y las barricadas, eran constantemente aisladas o descartadas al adjudicárseles sus orígenes en la infiltración policial. En este sentido, el gobierno se involucraba en la creación de una atmósfera de terror que fomentaba las acusaciones cruzadas y la paranoia, intentando disolver el fuerte tejido social que las barricadas estaban entrelazando. El interrogante acerca del liderazgo centralizado versus la autonomía, que aparece en los esfuerzos de construcción de movimientos sociales de todo el mundo, también surgió en Oaxaca. Se discutía si era conveniente que la organización de los movimientos de masas dependiera de órganos centralizados a cargo de la toma de decisiones o si correspondía enfocar la atención en las comunidades en lucha que solo estaban interconectadas a través de redes flexibles.

Las organizaciones sin fines de lucro involucradas en el movimiento social también convocaron a una variedad de encuentros con el propósito de crear propuestas concretas de formas alternativas de gobierno. En la Iniciativa Ciudadana por el Diálogo, la Paz, la Democracia y la Justicia en Oaxaca se formaron grupos de discusión para tratar la educación alternativa, la economía solidaria, la herencia cultural y natural de Oaxaca, los medios de comunicación comunitarios y la igualdad social. De manera similar, se organizaron el Encuentro de Pueblos Indígenas, la Asamblea Nacional Contra los Abusos del Plan Puebla Panamá y el Foro por la Democracia y Gobernabilidad en Oaxaca para generar propuestas de gobierno alternativo a favor de la democracia participativa.

Doble discurso en las negociaciones

Para poder comprender la realidad política que permea al gobierno estatal, es esencial entender primero que en Oaxaca no existe división de poderes, no hay equilibrio ni control. El poder legislativo y el poder judicial del gobierno actúan subordinados al poder ejecutivo: el gobernador siempre tiene la última palabra. Por esa razón, el movimiento social se concentró en la desobediencia civil para reclamar lo que denominaron "desaparición de poderes", una orden federal exigiendo la renuncia del gobernador del Estado. Los ciudadanos oaxaqueños ocuparon edificios gubernamentales por toda la ciudad, incluyendo la legislatura, las oficinas del gobernador y la procuraduría general, intentando demostrar la incapacidad del gobierno de cumplir sus responsabilidades. La idea era que el Congreso Nacional se viera obligado a exigir la renuncia del gobernador.

En las negociaciones entre la APPO y el Congreso Nacional nunca se obtuvo lo que los ciudadanos esperaban. Mientras la APPO negociaba con Carlos Abascal, secretario del interior, el gobierno federal enviaba a Oaxaca elementos de la policía federal, el ejército y la marina.

El 19 de octubre del 2006, la cámara de senadores aprobó una resolución que sostenía que Oaxaca estaba experimentando condiciones de inestabilidad grave e ingobernabilidad, implicando que el gobierno estatal había demostrado su incapacidad de gobierno en Oaxaca. En otras palabras, el senado reconoció explícitamente que estaban dadas todas las condiciones para la disolución del régimen y el pedido de renuncia del gobernador. A pesar de aprobar esta resolución, el Senado no declaró la ilegitimidad del gobernador del estado. Por el contrario, éste mantuvo su cargo y autoridad. El 28 de octubre, el gobierno federal envió 4,500 tropas policiales a Oaxaca que atacaron las barricadas de toda la ciudad y convirtieron la histórica plaza central de Oaxaca, el zócalo, en una base militar donde los batallones se estacionaron hasta mediados de Diciembre.

Sólo unas semanas antes de la llegada de las fuerzas de la policía federal, Abascal había declarado frente al congreso: "En el nombre de Dios, no habrá represión en Oaxaca". Lógicamente, el constante doble discurso del gobierno federal hizo que el movimiento perdiera la fe en las negociaciones. Acusaron a Abascal de sostener la cruz en su mano derecha y el garrote en la izquierda, recurriendo esencialmente a la misma metáfora que se usó para describir la invasión española al continente americano. Durante meses, la APPO se negó a negociar.

¿Los medios de quién?

Además de enfocarse en la falta de independencia de los poderes ejecutivo, legislativo y judicial, el movimiento social de Oaxaca también se ocupó de lo que identificó como el cuarto poder: los medios de comunicación. Los medios estatales y comerciales actuaron como herramientas al servicio del gobierno para manipular a los ciudadanos e imponer su hegemonía. La libertad de expresión ha estado en el corazón de la lucha en Oaxaca. La estación de radio del sindicato de maestros, Radio Plantón, fue destruida por la policía en los ataques del 14 de junio, pero Radio Universidad entró inmediatamente en acción. Transmitiendo legalmente desde las instalaciones ocupadas de la Universidad Autónoma Benito Juárez de Oaxaca (UABJO), pronto se convirtió en la nueva voz del movimiento.

En la ya legendaria Marcha de las Cacerolas, el 1 de agosto, dos mil mujeres ocuparon pacíficamente las estaciones estatales de radio y televisión, y operaron los canales durante las siguientes tres semanas. Después de que la policía estatal destruyera el equipo de televisión en la madrugada del 21 de agosto, los ciudadanos demostraron una vez más su resistencia ocupando las once estaciones comerciales de radio de Oaxaca antes de la mañana siguiente. La APPO devolvió las estaciones de radio, salvo en dos casos, reteniéndolas para ser utilizadas por el movimiento. Estas dos estaciones de convirtieron inmediatamente en blanco de amenazas constantes, tiroteos desde automóviles e interferencias a sus señales.

El 2 de noviembre del 2006, la policía federal atacó las instalaciones de la universidad, hogar de Radio Universidad, disparando y lanzando gases lacrimógenos desde helicópteros, usando además cañones de alta presión que disparaban agua mezclada con químicos. En lo que sería una batalla de siete horas, vecinos, parientes, estudiantes y otros civiles tomaron las calles para defender las instalaciones universitarias con piedras y fuegos artificiales, logrando eventualmente rodear a la policía y forzar su retirada.

Resistencia cultural

Los artistas del graffiti también ocuparon un rol central, desafiando la dominación gubernamental de los medios y abriendo nuevos espacios de expresión en la apropiación de cada muro de la ciudad para la resistencia. Cada mañana aparecían nuevos esténciles, planchas xilográficas y mensajes escritos con pintura en aerosol. Se formaron colectivos de artistas como la ASARO (Asamblea de Artistas Revolucionarios de Oaxaca), que usaron su creatividad e imaginación para representar visualmente a los marginados, explotados y oprimidos, promoviendo la contracultura anticapitalista en Oaxaca.

El movimiento no solo demostró su capacidad para organizar actos políticos, sino también para crear eventos culturales y artísticos que recuperaran la historia de Oaxaca liberándola de los filtros del turismo. El evento cultural más destacado que organizaron la APPO y el sindicato de maestros fue la Guelaguetza Popular en julio del 2006, ofrecido por participantes del movimiento de forma gratuita al público. La Guelaguetza comercial, el evento turístico más importante del año en el estado, es un festival que celebra los ritmos y los bailes folclóricos de las siete regiones de Oaxaca. La APPO boicoteó y bloqueó la Guelaguetza comercial, criticando al festival como una deformación de la realidad al estilo Disneylandia, y una explotación de la cultura indígena, empaquetada y comercializada por el estado. Veinte mil oaxaqueños y turistas acudieron a la Guelaguetza Popular, en la que se compartieron bailes tradicionales de todo Oaxaca, incluyendo algunos que nunca antes habían sido presentados en la Guelaguetza organizada por el gobierno. El éxito del evento en el 2006 representó tal amenaza para el gobierno estatal que en el 2007 se enviaron fuerzas de la policía federal y militares a impedir el ingreso al estadio de la Guelaguetza y a atacar a quienes intentaran usar el estadio para celebrar la segunda Guelaguetza Popular. Cuarenta personas fueron arrestadas y muchas fueron brutalmente golpeadas en el enfrentamiento que se desató.

Las raíces de lo nuevo

Aunque la APPO presentó una nueva y original perspectiva a la organización política en Oaxaca, también se inspiró en formas indígenas de autogobierno conocidas como "usos y costumbres". La APPO, autodenominada asamblea, enfatiza la colaboración de un grupo diverso de personas que discuten los asuntos y toman decisiones de manera colectiva. De igual modo, en muchas comunidades indígenas de Oaxaca la asamblea es la base del gobierno comunitario. Las costumbres de Guelaguetza (que se refiere a la reciprocidad o "al regalo de dar") y tequio (trabajo colectivo sin retribución para el beneficio de la comunidad) son las dos tradiciones que están más profundamente asentadas en la cultura de Oaxaca y que literalmente nutrieron al movimiento. En respuesta a las acusaciones de que partidos políticos opositores o extranjeros proveían de fondos al movimiento, los oaxaqueños señalaron estas costumbres. Miles de ciudadanos independientes motivados por la tradición de compartir aún en épocas de escasez, acercaron alimentos al plantón noche tras noche durante varios meses, armaron puestos de primeros auxilios en las marchas, regalaron sus frazadas a la gente de las barricadas.

Ningún partido político, ningún donante millonario podría siquiera imaginar los recursos y las labores colectivas que sostuvieron a un movimiento social de semejante magnitud.

Durante todo noviembre, miles de elementos de la policía federal ocuparon el centro de la ciudad, enojando aún más a los ciudadanos y provocando violencia. El 25 de noviembre, en una de las megamarchas de la APPO, miles de manifestantes marcharon hacia el centro de la ciudad y formaron un círculo alrededor de las fuerzas federales de ocupación. Tras un ataque policial premeditado, sobrevinieron varias horas de caos y violencia, dejando cerca de cuarenta edificios en llamas. Cientos de personas fueron golpeadas, torturadas y arrestadas ese día. Muchos activistas y simpatizantes del movimiento fueron forzados a la clandestinidad.

Una semana después, los voceros de la APPO Flavio Sosa y Marcelino Coache huyeron de Oaxaca atravesando las montañas por caminos secundarios hacia la Ciudad de México. La APPO había acordado reanudar las conversaciones con el nuevo gobierno federal, ahora presidido por Felipe Calderón, que había asumido su cargo el 1 de diciembre. Sin embargo, en un claro mensaje a la APPO, e implícitamente a otros organizadores de todo el país, los voceros de la APPO fueron rodeados y arrestados camino a la reunión convocada por el gobierno federal. Sosa, Coache y otros dos miembros de la APPO fueron interrogados, torturados y conducidos a prisiones de alta seguridad bajo cargos de asalto, sedición y ataque con bombas incendiarias. El ascenso de Calderón al poder en medio de la brutal represión en Oaxaca presagió la forma en que gobernaría el país: privilegiando el capital sobre los intereses humanos y negociando únicamente a punta de pistola.

Cuando un gobierno sólo sabe responder a los reclamos de su pueblo con represión brutal y campañas propagandísticas para desprestigiar la legitimidad de los reclamos, los movimientos sociales, no sólo en Oaxaca sino en todo el país, cuentan con pocos medios viables para generar cambios. A medida que los medios pacíficos y legales continúan cerrándose, los movimientos políticos y sociales encuentran cada vez menos maneras de paliar los graves problemas económicos y sociales que azotan a sus comunidades.

Numerosas comisiones y organizaciones de derechos humanos, incluyendo a Amnistía Internacional, la Comisión Civil Internacional para la Observación de los Derechos Humanos, las Naciones Unidas y la Liga Mexicana por la Defensa de Derechos Humanos, han condenado las gravísimas violaciones que se dieron en Oaxaca. El gobierno oaxaqueño no ha acusado el más mínimo recibo. La reacción principal ha sido invertir en más propaganda. La televisión, la radio, los periódicos y las carteleras de todo el estado están abarrotados con la cara sonriente de Ulises Ruiz posando frente a proyectos de obras públicas de los que supuestamente es responsable.

El legado de 500 años de resistencia en Oaxaca se evidencia en la naturaleza amplia y diversa que adquirió la revuelta provocada por el ataque estatal contra los maestros en huelga y en la persistencia del movimiento. Empezando con la colonización española, las políticas correspondientes de genocidio y la organización que se arraigó en las comunidades indígenas en contra de esa violencia, los oaxaqueños mantienen recuerdos tanto de las pérdidas como de los potenciales para autonomía política, económica, cultural y social. El estado mexicano, con el apoyo constante de Estados Unidos, históricamente ha actuado como fuerza racista y modernizadora, mirando hacia las tierras indígenas y los pueblos como recursos explotables. Los canales legales para demandar cambios han sido, por lo tanto, nunca plenamente aceptados y como resultado, el poder estatal se encuentra con frecuencia en el limbo. A consecuencia de la guerra sucia patrocinada por el estado en Oaxaca, el levantamiento armado flota en el aire como una de las opciones que en el pasado, mucha gente no habría considerado.

A pesar de que se ha creado una comisión en la Corte Suprema para investigar los abusos a los derechos humanos, los oaxaqueños no confían en que haya cambios significativos que puedan esperarse. Las enmiendas insignificantes y concesiones sin perspectiva del gobierno no acallan la consigna familiar que aún permea el ambiente: "Nunca volveremos a ser los mismos". Los muros de la ciudad parecen compartir este sentimiento, tal cual evidencia un graffiti post-represión: "Esta semilla germinará".

ELEUTERIO

El 22 de mayo del 2006, 70.000 maestros se declararon en huelga y ocuparon las calles de Oaxaca en un plantón, una protesta pacífica en reclamo de aumentos salariales, mejoras en la infraestructura de las escuelas, libros y útiles gratuitos para los alumnos de bajos recursos. En vez de negociar, el gobierno estatal respondió con una operación policial masiva, utilizando gases lacrimógenos, helicópteros y armas de fuego, que desplazó violentamente a los maestros del centro histórico de la ciudad. Sin embargo, horas después los maestros pudieron reagruparse y recuperar el centro de la ciudad de manos de la policía, gestando uno de los mayores y más inclusivos movimientos sociales de la historia de Oaxaca. Eleuterio, maestro indígena en la escuela primaria de una comunidad de montaña en la región de Chinantla, ha participado en las sesiones del sindicato de maestros de los últimos nueve años y lideró a la delegación de maestros de su región durante el violento desalojo del 14 de junio.

Hace nueve años comencé como maestro de la primaria indígena en la Chinantla, en la Sierra Norte de Oaxaca, durante nueve años. Enseño en una comunidad que está más o menos a una hora de distancia de mi pueblo, en la que los niños hablan chinanteco, pero un chinanteco distinto a la que se habla en mi pueblo.

Muchos de los niños a quienes les enseñamos vienen hambrientos a la escuela. Hay niños que viven en situación de pobreza extrema, cuyas familias ya no siembran maíz y frijoles o cuya cosecha ya no les alcanza para todo el año. El pueblo donde enseño es apenas un ejemplo de la crisis económica que ha golpeado a las comunidades campesinas de todo México. La gente compra su maíz de Conasupo y sobrevive con programas sociales miserables como Procampo y Oportunidades. Todo es parte del modelo económico neoliberal y del plan del gobierno de crear dependencia en vez de apoyar la producción.

También hay niños con problemas familiares. Niños abandonados, niños cuyos padres han emigrado a los EU. y nunca han regresado. Quizás tienen para comer, pero tienen otras broncas. Y como maestro, ¿qué se puede hacer por ellos? Uno se da cuenta de que no se puede hacer nada. Si una niña está pensando en su padre que se fue al norte en busca de trabajo, ¿cómo se puede esperar que preste atención en la escuela? Si un niño vino de un hogar en el que no había suficiente alimento para todos, va a estar pensando en comida.

Yo les decía a los jóvenes de mi comunidad que debían estudiar más. Les decía que debían echar ganas para terminar la escuela secundaria y la prepa. "¿Pero para qué? ¿Por qué debemos estudiar?", me preguntaban. "Así podrán ir a la universidad", les contestaba. "Pero si vamos a la universidad, ¿usted nos puede ayudar a conseguir trabajo en nuestras comunidades?" "Pues no", aceptaba yo, "no hay trabajo en nuestras comunidades". Entonces ellos decían: "La escuela es muy difícil y nuestras familias no tienen suficiente dinero. No hay dinero para la escuela secundaria, mucho menos para la prepa o la universidad. Incluso si terminamos la escuela, no hay trabajo. Mejor intentamos llegar a Estados Unidos para hacer algo de lana".

Enseño primer y segundo grado en conjunto, lo cual es un desmadre porque los contenidos son muy distintos. Pero el estado casi nunca envía maestros de tiempo completo a las pequeñas escuelas de las comunidades y así permanecen, siempre sin suficientes maestros. Hay otros tres maestros indígenas en la escuela pero provienen de otras regiones y solo hablan zapoteco. Soy el único que entiende el chinanteco que hablan los niños.

En Oaxaca y en el resto de México existen dos sistemas educativos: el sistema indígena y el sistema general. Al sistema general no le importan las culturas y los idiomas indígenas. Esto refleja el actual esfuerzo nacional por olvidar a los pueblos indígenas en nombre del progreso. En un principio, el estado contrató lo que llamó "promotores bilingües", pero el objetivo era enseñar español a los niños. En las reuniones de capacitación, nos decían: "Cuando regresen sus comunidades, olviden que hablan un dialecto y prohíban que el dialecto se hable en las aulas". Así les llaman a nuestros idiomas: dialectos. Es peyorativo, es una falta de respeto.

Más adelante, la gente comenzó a pensar distinto. Todo un movimiento comenzó a promover la educación indígena auténtica. Además de aprender a hablar nuestros idiomas, los niños deberían de aprender a escribirlos. Pero la corriente general del gobierno sostiene que todo lo indígena es primitivo. Si continuamos siendo "indios" la nación no va a progresar.

La calidad de la educación en el estado de Oaxaca está entre las peores de México. Todos los años, el sindicato de maestros convoca a un plantón, una manifestación pacífica en el zócalo de la capital del estado. La idea es llamar la atención sobre las deficiencias de la educación pública, nuestras necesidades como maestros y las de nuestras escuelas y alumnos. Miles de maestros acampan en el centro de la ciudad hasta que el gobierno accede a considerar al menos parte de nuestros reclamos. Dependiendo de la respuesta del gobierno, se decide si hay huelga o no.

Pero en el 2005 el gobernador Ulises Ruiz Ortiz llegó al poder prometiendo "ni marchas ni plantones". En otras palabras, prometió terminar con la tradición de protesta social de Oaxaca.

Sin embargo, el sindicato de maestros es uno de los sindicatos más fuertes de México y no se iba a poner de rodillas. El 22 de mayo del 2006 comenzamos la protesta. Tan pronto la anunciamos, el gobierno lanzó una campaña de difamación. Las radios le decían a la gente "Salgan y compren todo lo que necesiten porque vienen los maestros. Compren agua. Todos los precios van a subir cuando ellos lleguen". "No les permitan entrar a la ciudad. ¡Esos maestros son una banda de delincuentes, borrachos, prostitutos, flojos...!" Todo empeoró semana a semana. Fue un pinche bombardeo de propaganda en la radio y en la televisión, en todos los medios.

El reclamo principal del sindicato de maestros era por aumentos salariales, en lo que se denomina rezonificación. Hace mucho tiempo México está dividido en tres zonas: norte, centro y sur. Los salarios de los maestros están determinados, supuestamente, por el costo de vida en cada zona. En la zona sur los salarios eran los más bajos, pero en Oaxaca el costo de vida es carísimo. Por eso nuestro reclamo central era el ajuste de los sueldos de los maestros por vida cara.

También le dimos prioridad a las demandas sociales. Pedíamos que todos los libros escolares fueran gratuitos. Queríamos cuadernos, lápices y útiles escolares para los niños porque son parte del derecho a la educación, de acuerdo al artículo 3º de la Constitución. También pedimos que los uniformes escolares fueran gratuitos y que los niños en edad escolar recibieran un par de zapatos por año.

Entre los reclamos sociales más importantes estaba el pedido de mejoras en la infraestructura escolar. Muchas de las escuelas están en condiciones realmente terribles. Si hay un clavo que sobresale de una silla o un techo que gotea, ¿cómo se puede esperar que los niños aprendan allí?

Los maestros también pedimos doctores que atendieran a los niños y suministros médicos para las clínicas. Existen comunidades en las que nadie ha visto jamás a un dentista. Reclamamos los servicios de salud más básicos.

Pero Ulises se negó a negociar. Hizo una oferta que ni siquiera se acercó al reclamo de rezonificación y dijo: "Hagan lo que hagan pero no va a haber más". Ya no más volvió a aparecer. Cuando se dio cuenta de que no nos íbamos a ir, la campaña mediática se puso realmente fea. Las radios arengaban a la gente a incendiar el campamento y a linchar a los maestros.

El plantón del 2006 fue el que más tiempo duró en la historia de Oaxaca. Somos 70.000 en el sindicato de maestros y había entre 30.000 y 40.000 en el plantón. Alrededor del 10 de junio comenzó a correr fuerte el rumor de que la policía ya vendría por nosotros. La amenaza era inminente pero no la creí cierta. Estábamos tan próximos a las elecciones presidenciales. "Si mete la policía a madrearnos…no puede ser", pensé yo. No les convenía al PRI.

***

El plantón se veía así: lonas azules y rojos por todas partes, cubriendo más de 64 cuadras del centro de la ciudad. Al mediodía el calor era sofocante. Te sentías como un jitomate madurando en el invernadero, pero esas lonas plásticas eran todo lo que teníamos para protegernos del sol y la lluvia.

Debajo de las lonas los maestros se sentaban sobre el asfalto, pedazos de cartón o sillas de plástico. Había filas de mochilas sobre petates, bolsas de dormir, ropa interior colgando a secar. Los maestros leían periódicos y revistas baratas, planificaban las lecciones para cuando regresaran a clases, jugaban al ajedrez o al dominó, tejían y bordaban. Creo que en el 2006 las maestras perfeccionaron el arte del bordado. Hicieron blusas, manteles, vestidos para niñas, bolsas, sombreros, servilletas, abrigos, toda clase de cosas, todas bordadas con hilos coloridos. Podían participar en todas las reuniones sin errar un solo punto.

Atravesando la jungla de las lonas, se podían oír fragmentos de las conversaciones más diversas pero, sobre todo, se oía a los maestros discutiendo el conflicto, analizando problemas sociales, pensando en cómo organizarse.

Se podía oler el perfume de las mujeres, el sudor de los hombres que habían montado guardia toda la noche, los aromas de la comida en las cocinas improvisadas del campamento.

La luz blanca y brillante de los faroles automáticos de las calles anunciaba la llegada de la noche y resistía a la oscuridad. Ese color se convirtió en símbolo del miedo para nosotros porque sabíamos que la policía podía atacar de noche.

Pero aún así, nos manteníamos unidos. Los maestros traían sus guitarras y tocaban canciones de amor, música norteña, música de Los Andes. Contábamos chistes hasta bien entrada la madrugada.

＊＊

Yo era el secretario general de mi delegación. La noche del infame 14 de junio les dije a mis compañeros: "Quédense tranquilos. No presten atención a los rumores. Duérmanse. No habrá represión porque no les conviene".

Esta noche ahí en el campamento me puse a leer El Quijote. Eran las dos de la mañana, o las tres, horario normal, cuando escuchamos al locutor de radio decir: "Viene la policía. Tenemos información muy confiable de que están en camino. Compañeros, manténganse alertas y cuídense".

Se trataba de Radio Plantón, el único medio que compartía la voz de los maestros. En todos los campamentos del plantón la radio estaba siempre prendida. Cuando llegó la policía, Radio Plantón fue lo primero que atacaron, junto con el hotel del magisterio.

Vi que todos a mí alrededor guardaban sus cobijas en sus mochilas. Se oían ruidos, balazos. "No manches", dije.

Traté de tranquilizar a mis compañeros, pero la gente corría hacia donde podía. Vi un chingo de gente correr calle arriba hacia el cruce de Alcalá con Morelos. Después vi humo y mis ojos comenzaron a picarme intensamente. Nunca había visto algo así. No tenía ni idea de lo que era. Podíamos ver a la policía disparando gases. Los disparos sonaban como enormes tambores: ¡PA! ¡PA! ¡PA! Una y otra vez.

Intenté subir por Alcalá pero había tanto gas lacrimógeno que mis ojos ardían. Logré dar diez o quince pasos, pero sentí que mi corazón se detendría. Fue la sensación más terrible, como si me estuviera muriendo. "¿Qué me está pasando?", recuerdo que pensé. Apenas podía respirar. Cuando lo lograba, mi cuerpo me quemaba por dentro.

Vi cómo los maestros a mí alrededor se tapaban los rostros con sus cobijas y tomé una almohada que tenía en mi bolsa para hacer lo mismo. Algunos amigos se acercaron, me echaron agua y los efectos de los gases comenzaron a disminuir un poco. Pude volver a respirar y casi vomito. Tanto gas puede matar.

Media cuadra hacia arriba había tanques y mucha policía. Llevaban armas de alto poder y traían perros. Tenemos balas que prueban que le dispararon a la gente.

Comenzamos a caminar hacia el parque donde había muchos maestros reunidos, quizás 500. Miles de maestros dormían cuando comenzó el ataque: mujeres con sus hijos, mujeres embarazadas y gente mayor. No sabíamos qué hacer. ¿Debíamos correr y salir de allí lo más rápido posible? Estábamos desesperados pero decidimos quedarnos a ver qué pasaba.

Comenzó a llegar gente de distintas organizaciones y nos dijeron que muchos maestros habían buscado refugio dentro de la Facultad de Leyes. Queríamos ir, pero la policía seguía allí y los gases eran intolerables. Sabíamos que necesitábamos organizarnos, ¿pero cómo? Algunas personas habían reunido palos y piedras.

El plantón ocupaba todo el zócalo y las calles aledañas. La policía invadió todas las bocacalles y se concentró sobre el zócalo. Nosotros permanecimos en la Plaza La Bastida y la gente comenzó a traernos piedras y ladrillos.

No sé si hubo alguien que nos coordinara o liderara o si fue la pura rabia la que nos guió. Nunca he peleado con nadie. No soy así. Sugerí que nos fuéramos por un tiempo y que regresáramos después, pero había mucha gente que quería defenderse. Éramos muchos. Los maestros estaban tan furiosos como asustados y querían combatir.

Nos acercamos a la policía y comenzamos a arrojarles piedras porque no sabíamos qué más hacer.

Al amanecer, cuando hubo suficiente luz en el cielo, saqué mi cámara y traté de tomar algunas fotos. Pero de repente tenía que agarrar piedras también. Me decían: "Eh, cabrón, ¿vas a estar sacando fotos o vas a agarrar piedras para tirar?" Y yo, pues, decidí, la mitad fotos, la otra mitad piedras.

Un grupo de maestros se acercó, anunciando que habían rodeado a algunos policías en las cercanías. Había muchos policías echando los pinches gases apestosos desde los techos de los hoteles, así que ingresamos a los edificios para rodearlos.

Temprano esa mañana llegó el helicóptero, arrojando cargas de gas lacrimógeno desde la altura. El helicóptero dio vueltas durante al menos dos horas, hasta que eventualmente se quedó sin gases. El gobierno jamás imaginó que resistiríamos tanto tiempo. Escuchamos rumores de que la policía no se había preparado muy bien para la operación y ese fue un error de parte del estado.

Cuando la policía se dio cuenta de que ya no tenía gases, tuvo que correr para protegerse. Fotografié a una policía que había sido alcanzada por muchas piedras y que estaba seriamente herida. Hubo muchas historias de esas, de policías heridos por las piedras. Tuvieron que correr por sus vidas.

Para el mediodía habíamos recuperado el centro de la ciudad, acompañados ahora por la furia de los ciudadanos oaxaqueños que inmediatamente salieron a apoyarnos.

La policía había destruido todo lo que teníamos en los campamentos. Habían incendiado muchas de las lonas y roto todo lo demás. Hasta cortaron una camisa mía que había dejado en el campamento. Rasgaron todas las lonas y quebraron los soportes. También robaron algunas cosas valiosas que encontraron. De verdad destrozaron todo.

Pero la gente llegaba con café y atole. Comenzaron a reconstruir el campamento. Nos trajeron el almuerzo. El apoyo era impresionante. Nos dieron la razón. La gente sabía que la caracterización de los maestros que había fabricado la TV era falsa. Vivimos en un país repleto de mentiras. Los políticos mienten, roban y nos atacan.

***

Incluso si parece que la suerte está contra nosotros, creo que debemos seguir luchando por una educación mejor. Tenemos que seguir presionando al gobierno para que cumpla sus responsabilidades y garantice educación gratuita para todos. Al mismo tiempo, creo que podemos encontrar esperanza en las teorías de educación indígena. Nosotros, como maestros indígenas, necesitamos valorar nuestras propias culturas y comunidades. La educación debe estar empapada de las realidades de los alumnos. La historia y la cultura local deben ser las bases de la educación. La epidemia de la televisión tiene exactamente el efecto contrario. Los niños miran TV y piensan que McDonalds es mejor, que ser blanco es mejor, que todo lo extranjero es mejor y entonces no aprenden a apreciar la riqueza de sus propias comunidades y culturas. El movimiento de los maestros y el movimiento social más amplio que se ha desarrollado reclaman en última instancia autonomía y dignidad. No podemos dejar de luchar por los derechos de los niños a quienes les enseñamos y, aún si damos clases a la sombra de un árbol, debemos convertir el aula en un espacio donde la educación sea significativa y relevante en sus vidas.

MARINITA

Tras los ataques del 14 de junio contra los maestros, ciudadanos furiosos se rebelaron en solidaridad. Entre ellos estuvo Marinita, bisabuela y miembro de la Iglesia Católica.

Yo fui la primera rebelde. El 14 de junio la primera en rebelarse contra la injusticia.

Nací y crecí en Oaxaca. Soy oaxaqueña auténtica. Yo nací por el barrio que se llama El Polvo y me mudé a Peñasco a los siete años. Tengo 77 años de edad. Tengo dos hijos, ocho nietos y seis bisnietos. Todos vivimos en Oaxaca. A mí me han hecho cosas injustas. Yo he trabajado para el gobierno y me explotaron.

Temprano en la mañana del 14 de junio estaba barriendo la calle frente a mi casa cuando vi a mi sobrino, que trabaja allí en el magisterio, venir corriendo hacia mí. Tenía el rostro colorado y sudaba. "¿Qué te pasó?", le pregunté. "Mandaron a la policía", me dijo. En el instante en que me lo dijo solté mi escoba porque a mí no me gustan las injusticias.

Fui solita, pero no tenía miedo. Tengo mucha fe en nuestro señor Dios.

Dejé mi escoba y fui al centro. Me tocó ver que estaba todo horriblemente rojo rojo rojo. No había llegado preparada. De haberlo pensado, habría llevado agua. Echaron esos gases tan horribles. Era como si todo estuviera ardiendo.

Eran las 7:30 cuando llegué a la esquina de García Vigil, cerca de la Iglesia de Carmen Alto. Ahí estuve yo cuando pasó el helicóptero y ya merito donde me tocó la bomba de gas. Pero ahí me favorece el Dios nuestro señor. Me movió el corazón. Yo di la vuelta y ahí donde yo estaba se cayó la bomba. Ahí el señor me salvó la vida.

A la vuelta de la esquina vi al jefe de policía. Lo confronté. "¿Qué está usted haciendo con estos maestros?" le pregunté.

Le dije al jefe de policía, cara a cara: "¡Esto no se hace! ¿A poco no saben que esto no se hace? Qué cobardía. Ustedes los policías son una banda de analfabetos que no saben lo que hacen. ¡Cobardes!" Se lo dije así nomás. "Todo lo que están haciendo ahora, se lo harán a sus propios hijos. Acuérdense de mí. Recuerden mis palabras".

Estaba indignada. Imagínense estar durmiendo ahí y ser atacados en el medio de la noche con gritos terribles: "Arriba, hijos de…" No está bien.

Uno de los oficiales de policía me amenazaba. "Ándale, ¿crees que tengo miedo de ti? Yo no tengo miedo".

Me apuré para regresar a mi casa y desperté a una de mis nietas. "Vamos", le dije. "Vamos a ayudar a los pobres maestros que casi llorando estaban por los gases y el miedo". Fui a comprar agua. Llené una bolsa grande con botellas de agua. Cargué todo lo que pude.

Me enojé muchísimo con todo lo que había pasado. Me enojé tanto con el gobernador Ulises. No respeta a la gente de Oaxaca. Nunca nos pregunta: "¿Qué les parece que yo haga tal y tal cosa?" Debería consultarnos antes de hacer las cosas, ya sea destruir cosas o hacer cosas en beneficio de la gente, lo que sea.

Pero no tiene la cultura, la fineza, ni la educación que nuestros padres nos dan. Nos enseñan respeto. Y responsabilidad. Un cargo se debe llevar bien. Y nos enseñan empatía, a ponerse en el lugar del otro.

En Oaxaca pagamos impuestos para todo. Trabajamos duro para pagar nuestros impuestos. Todos pagamos impuestos, así que todos hemos pagado por esto. Qué terrible empleo de recursos. ¿Verdad que da coraje?

Los maestros no luchan por ellos solos sino también por los niños. Es su responsabilidad. He ido a las escuelas en la Sierra. Mi nuera trabaja en las montañas y me invitó a la fiesta del Día de la Madre en la escuela. Vi la forma en que esas criaturas andan descalzas a la escuela por las montañas. Llegan a la escuela con los pies lastimados y sin comer porque no tienen suficientes alimentos en sus casas.

Este hombre no sabe gobernar. Esto no es gobernar.

Este es el único movimiento social en el que he participado pero me gusta mantenerme activa a pesar de los años que tengo. No puedo quedarme sentada. Si tengo que estar sentada tengo mis costuras. He sido así de inquieta desde pequeña. Canto en coros, voy a mi club de lectura y a mis clases de Tai Chi. Me gusta estar ocupada.

Soy legionaria de la Iglesia de Soledad. Participo activamente en la iglesia pero me enojé mucho con el sacerdote.

El 14 de junio me encontré a una maestra humilde, muy humilde. Venía llorando. "No llores", le dije. "Seas macha. Dios está a cargo, todo va a estar bien. Vamos a mi casa y te invito un cafecito. No llores".

Me contó que había ido a la iglesia porque no podía aguantar el miedo. "Los soldados me perseguían", me dijo. Tocó la puerta de la iglesia. "No sé quién atendió, si el padre o alguien más, pero le dije llorando: "Por favor, déjeme pasar, por favor. Abra la puerta porque es terrible lo que está pasando. Déjeme pasar, aquí en la entrada nomás".

Pero el padre dijo que no.

Pues, yo, cuando fui a la junta en la Iglesia, reclamé al padre. Le dije: "Padre, te quiero hablar como una testiga. Perdóneme, pero tengo que decirle una cosa. Yo no estoy conforme con lo que hizo usted con una pobre maestra. Ella se sentía muy feo y venía buscando apoyo porque sentía como que le iban a agarrar. Y usted le dijo que no podía abrir la puerta".

"¿Qué dice Dios? ¿Dios dice que no hagas caso a tu hermano? No, Dios dice que ames a tu prójimo como a ti mismo. Que ames a tu hermano o tu hermana que está necesitado. Perdóneme padre, pero no estoy conforme. Si quiere excomulgarme, que así sea, pero yo estoy sobre la verdad". Todas mis compañeras estaban tímidas, así como con la cabeza para el piso. Pero tenía que hablar.

Hay una división en la iglesia católica. Hay personas convencieras, que hacen sólo lo que les conviene. Cierran sus puertas a los maestros que buscan refugio porque no está entre sus intereses criticar al gobierno.

Pero hay otras personas que se han puesto en la línea del frente. El verdadero sacerdote es el que se mete en la lucha, el que defiende a la paz. Hay mucha gente que me felicita, pero también hay gente que mira para otro lado y que ni siquiera me habla.

Cuando los maestros volvieron a tomar el zócalo, la gente y el sacerdote de la iglesia de Ocotlán fueron los primeros en llegar para ayudarlos. Comenzó a llegar gente de otras iglesias y yo me uní para ayudarlos. Comenzamos a poner el campamento otra vez.

Nos planteamos de una vez y ahí mismo pensé: "Si me agarran, me agarran", pero con mucho corazón yo fui por la justicia. Si yo muero pues Dios sabe que fue por eso, y si para eso me designa, así sea. Jesús vino al mundo a compartir la justicia con todo el mundo y fue por justicia que lo mataron.

En el plantón comenzamos a conocer a compañeros, a hacer amigos y amigas camaradas y a formar grupitos. Todas las noches estuvimos con los maestros en el zócalo y nos poníamos de acuerdo: "Bien, mañana nos veremos en tal lugar a tal hora". Y así nos organizábamos. Yo llevaba café y otros llevaban pan o si no, yo llevaba pan y otros llevaban café. Una noche una de las mujeres llevó el té riquísimo, un té de piña. Sí estaba riquísimo. En nuestro grupito había una doctora, una arquitecta, gente de todos los campos. Nos encontrábamos cada noche en el quiosco del zócalo para compartir nuestro pan y café. Cuando llegábamos nos encontrábamos a los maestros estudiando, conversando acerca de la situación o leyendo. Compartían información: "¿Qué están haciendo ahora? ¿Qué noticias hay?" Cosas así.

Cualquier cosa, ahora somos la APPO. Me bautizaron APPO, si se puede decir así.

Más tarde, cuando comenzaron todos los ataques, nunca dejé de escuchar la radio. Me ponía muy nerviosa. Decían que alguien había sido asesinado o que estaban atacando algún lugar. Incluso a mi edad, no podía dormir. No siempre podía ir a las barricadas de mi calle, pero siempre puse una pequeña barricada en mi azotea.

Todas las noches subía a mi azotea y ponía mi pequeña barricada, hecha de ocote que quemaba. Podía ver toda la ciudad. Tenía mi cuerno de chivo, no el arma sino de esas portavoces que usan aquí, y lo soplaba para que sonara así: Oooooooooooo.

Cuando los maestros estaban en las barricadas de las calles debajo de mi casa, yo les decía: "No se preocupen, los voy a ayudar". Y entonces hacía sonar mi cuerno de chivo cuando había problemas. Es el instrumento que los pueblos usaban tradicionalmente cuando eran atacados. Los atacantes se distraen al oír ese tipo de ruido y se dan cuenta de que el pueblo está organizado, así que a veces temen atacar.

Desde mi azotea podía ver la estatua de Benito Juárez en la colina. Le dije: "Juárez, baja de ahí. Baja a defender a tu gente".

Juro que una noche yo vi que empezó a bajar de su pedestal…
En la azotea solo hacía ruido con el cuerno de chivo, pero en las
marchas gritaba todo tipo de cosas.

Teníamos muchas canciones que entonábamos: "que lo vengan a ver, y lo vengan a ver. Este no es un gobierno es una prosti-
tuta de cabaret"; o "Lo quiera o no lo quiera, Ulises va pa' fuera".
A veces gritaba groserías como: "Ulises, chinga tu madre". Me
siento otra persona en las marchas. Siento cómo me transformo.
Así es. Abro la bocota y grito bien fuerte.

Tengo algunos problemas de salud pero Dios me metió en todo
esto. Si supieras lo bien que me siento cuando estoy en las marchas y en el plantón. Me lleno de pasión con los gritos y todo.

Me han sacado muchas fotos. Hasta aparecí en La Jornada.
Fue en algún momento de junio o julio, después de una de las
marchas, cuando todos se reúnen y tienen la oportunidad de
decir lo que piensan en un escenario del zócalo. Yo hablé. Dije
que me parecía mal lo que estaba pasando. Hermanos asesinando hermanos. Es terrible matar a un hermano, si todos compartimos la misma sangre. Eso es lo que impresionó al periodista
de La Jornada. Que todos tenemos la misma sangre: ninguno
de nosotros tiene sangre azul o rosa o verde… es la misma, así
que ¿por qué estamos peleando? El día después de la marcha me
citaron en un pequeño artículo de La Jornada.

También estuve en la Marcha de las Cacerolas. Marchamos
al centro y entonces, quién sabe de dónde salió la idea, pero
dijimos: "Vamos a tomar el Canal 9. ¡El Canal 9 del gobierno!"
Cuando llegamos echamos a los empleados y lo tomamos.

Llevé mi sartén y mi cuchara para golpearla. Pegué a la sartén
una imagen que recorté del periódico. Es una caricatura del ex
gobernador José Murat, el gobernador anterior a Ulises, cavando
una tumba y la lápida dice: "Libertad de expresión".

No está bien robar dinero. Eso es lo que dije en televisión. Aparecí en el Canal 9 para decir: "¿Por qué vienen a llevarse las cosas que no les pertenecen?" Denuncié al gobierno por televisión. Denuncié los abusos. En el Canal 9 dije: "Si el gobernador tan solo pudiera salir a la calle y estar con la gente. Hasta lo saludaría: "Hola Sr. Gobernador, mucho gusto, que le vaya bien". Pero mucha gente me decía: "No seas tonta. Sabes que su único interés es jalarse el dinero. Sólo le interesa robar". El pueblo lo desprecia. Ser gobernador a la fuerza, qué gacho, como decimos nosotros, que feo. Es un hombre sin cultura, sin calidez, sin humanidad.

Estuve en el Canal 9 ocho días en total. Iba y venía. Tengo un puestecito en Soledad y también tenía que atenderlo. Vendo llaveros, carteristas, veladores, rosarios, pinturas de imágenes religiosas, un poco de cada cosita. Hace veintitrés años que tengo ese puesto. Está en la plaza de las nieves. Pasen cuando gusten y les invito una nieve.

Mis hijos temen por mí. Es porque me quieren. Todos quieren a la abuelita vieja, la mamá gallina de todos esos pollitos. Dicen: "Van a enviar a alguien a matarte. Te van a meter una bala". Pero yo les digo: "No me importa si son dos balas". He perdido el miedo. Dios me dio la vida y Él me la quitará según su voluntad. Si me matan seré recordada como la viejita que peleó del lado de los buenos, la heroína incluso, que luchó por la paz. Yo le digo a mi familia: "No hay nada que temer, Dios está conmigo". Hace más de un año que soy parte de esta lucha.

Hasta la victoria siempre. Eso nomás quería agregar.

SARA

La situación de los derechos humanos en Oaxaca continúa en estado crítico. Desde la llegada de Ulises Ruiz al poder en el año 2005, Oaxaca sufrió cada vez más violaciones a las libertades de prensa, expresión y asociación. Más y más líderes de movimientos sociales fueron arrestados y aumentó la violencia auspiciada por el estado, culminando con el ataque contra los maestros en huelga. Sara, Directora de Comunicaciones de la Red Oaxaqueña de Derechos Humanos, fue testigo de la escalada en las violaciones a los derechos humanos en los meses que siguieron al ataque del 14 de junio, cuando todo un movimiento social se organizó para demandar justicia.

La madrugada del 14 de junio de 2006 se cumplió finalmente la amenaza que el gobierno del estado había lanzado a los maestros a principios del mes. El caos y la confusión de las siguientes horas pusieron en evidencia la estrategia del Estado para ocultar, minimizar y falsear los hechos.

En las calles había maestros buscando a sus compañeros. Un helicóptero lanzaba gases lacrimógenos haciendo imposible respirar en el centro de la ciudad. Las ambulancias pasaban rumbo a los diferentes hospitales. No podía dar crédito a lo que pasaba. Además, faltaban escasos quince días para las elecciones presidenciales.

Fue increíble atestiguar la solidaridad que mostraron los ciudadanos. A las inmediaciones del centro llegaba gente de todos lados para apoyar a los maestros. Alrededor de la ciudad habían surgido puestos de primeros auxilios, con enfermeros y doctores que se habían acercado a ayudar. Mucha gente llegó para compartir alimentos. A las seis de la mañana del día siguiente, había personas que convidaban desayunos a quienes estuvieran alrededor. A mí me tocó que me regalaron un café con un pan a las seis de la mañana.

Ya había compañeros en el plantón monitoreando la situación de los derechos humanos y manteníamos un estrecho contacto mientras documentábamos los hechos. Quienes estábamos en la oficina comenzamos a hacer llamadas telefónicas a los hospitales para obtener información de primera mano acerca de lo que estaba pasando y para registrar los nombres de los heridos. Al final del día había más de 150 heridos. Seguimos el conflicto por radio, haciendo boletines de prensa y compartimos la información más actualizada con que contábamos. Ese día no paramos.

Previo al conflicto, ya en el 2005, se advertía claramente una grave crisis política y una cadena de inestabilidad social. Durante el primer año de Ulises Ruiz en el gobierno advertíamos sobre la situación de deterioro: detención de líderes sociales, represión contra los movimientos sociales y ataques contra defensores de los derechos humanos. También vimos actos de intimidación dirigidos a periodistas, incluyendo la represión premeditada y sistemática contra el periódico Noticias. Las instituciones de administración y procuración de justicia no estaban garantizando un pleno respeto a los derechos humanos y la Comisión Estatal de Derechos Humanos (CEDHO), compuesta por individuos leales al PRI y designados por el gobernador, guardaba un silencio cómplice ante estos actos. Todo lo anterior impactó en la vigencia de los derechos civiles, políticos, económicos, sociales y culturales; en los derechos de carácter colectivo como la libertad sindical, el derecho a la justicia laboral y los derechos de los pueblos indios. La CEDHO elaboró numerosos reportes denunciando el deterioro generalizado de la situación, incluyendo un informe sobre las violaciones de los derechos de los pueblos indios asociados al desarrollo del proyecto neoliberal Plan Puebla Panamá.

El operativo montado para el desalojo reveló con claridad la criminalización de la lucha social y sus demandas. Como nunca antes en Oaxaca, se usó la fuerza pública en contra de uno de los sectores más significativos de la vida social. Todo lo que vino después, las megamarchas, el plantón, la APPO, los asesinados, los detenidos, las agresiones armadas, los desalojos, las barricadas y finalmente la Policía Federal Preventiva, ha sido consecuencia de un poder autoritario que se mantiene a sangre y fuego.

La falta de respuesta institucional a las demandas de distintos pueblos y sectores sociales, ha llevado a una activa movilización de organizaciones civiles y sociales en su defensa. La respuesta del estado ha sido la represión selectiva.

Las estrategias del estado para falsificar y minimizar los hechos variaron y se intensificaron con el correr de los meses. El gobierno usó El Imparcial, un periódico que permanentemente publica propaganda gubernamental, para desacreditar los reportes de derechos humanos que salían a la luz. Hicieron todo lo posible para dañar la reputación de compañeros de asociaciones civiles que participaban en la APPO, acusándolos de sedición y violencia, transmitiendo por radio información falsa sobre sus vidas privadas.

La procuradora general de Oaxaca, Lisbeth Caña Cabeza, insistió en calificar al movimiento como "guerrillas urbanas". Mientras tanto, la administración organizaba lo que pronto se conocería como escuadrones de la muerte: camiones de hombres armados que pasaban por la ciudad intimidando y disparando a la gente de las barricadas.

El estado ha hecho todo lo posible para ridiculizar y vaciar de contenido la lucha de los presos políticos. En el último año, los delitos de los que están acusados han ido cambiando. Primero fueron acusados de delitos contra el estado como sedición y sabotaje. Algunos hasta los acusaron de terrorismo. Por ejemplo, la mayoría de la gente detenida el 25 de noviembre fue enviada a prisiones de máxima seguridad fuera del estado bajo ese tipo de cargos. A principios del 2007 la gente era acusada de delitos comunes como robo, violación, posesión o distribución de drogas, incluso homicidio. Hemos observado un cambio en el carácter de las acusaciones relacionadas con la rebelión. La tendencia es desacreditar a los participantes del movimiento social tildándolos de delincuentes y criminales comunes.

La impunidad que prevalece en Oaxaca es el resultado de una administración parcial de la justicia, de la politización de la misma y de una débil institucionalidad del Estado que nace en el control que el poder ejecutivo ejerce sobre los poderes judicial y legislativo. El sistema judicial no es confiable.

Entonces los ciudadanos se organizaron para reclamar lo que llamamos "desaparición de poderes". En este caso, que el gobernador fuera obligado a renunciar. Es una expresión común usada en los municipios de Oaxaca cuando el presidente municipal o la autoridad local no cumplen sus responsabilidades con los ciudadanos. Si malgastan recursos públicos, si reprimen al pueblo, los ciudadanos se organizan para que se les declare ilegítimos. Esa fue la demanda a nivel estatal del movimiento que se desarrolló después del 14 de junio: que se obligara a renunciar al gobernador. Pero ese reclamo ha sido imposible de lograr por la falta de apoyo del gobierno federal. Esto se explica, en parte, por las reñidas elecciones presidenciales y las dudosas bases sobre las que se sostiene la presidencia de Calderón.

Podemos entender mejor la situación de Oaxaca si analizamos lo que sucedió en Atenco. Cuando Vicente Fox asumió la presidencia en el año 2000, quiso construir un enorme aeropuerto en Atenco, una ciudad cerca del Distrito Federal. Pero las movilizaciones del pueblo de Atenco para proteger sus tierras detuvieron el proyecto. Aquella movilización social fue el primer golpe a la administración de Fox. Para la sociedad civil y las organizaciones sociales significó un gran triunfo. Para Calderón, que llegó a la presidencia en el 2006, la APPO, con el recuerdo de Atenco, simbolizaba la amenaza de un buen ejemplo y el potencial de un efecto dominó para la formación de asambleas populares en otros estados del país. Si una movilización social organizada puede derrocar a un gobernador, ¿por qué no a un presidente? Esa fue más o menos la lógica que impulsó a Fox a enviar las tropas de la policía federal a reprimir el movimiento y la razón por la que Calderón permitió que la represión continuara sin atender los reclamos. La APPO sugería que un gobernante podía ser derrocado a través de la movilización. Obviamente Calderón no quería pagar ese precio y por eso mantuvo a Ulises en el poder a pesar de todo y contra todo. La movilización social no sería aceptada como un canal válido para tratar de resolver las necesidades sociales.

Calderón recurrió al pretexto del federalismo para justificar su no intervención en Oaxaca: "No podemos intervenir en los problemas de Oaxaca porque los estados tienen autonomía, tienen que resolver sus propios problemas". Pero eso sólo provocó que los problemas se agravaran hasta el punto en que, aparentemente con otra opinión, ordenó a la policía federal extinguir el movimiento.

***

Si bien la APPO ha sido uno de los actores centrales durante este proceso, la movilización que se vivió en Oaxaca excede por lejos a esta agrupación. Es más profunda que una demanda salarial. Sintetiza décadas de impunidad y de descontento por la corrupción y el enriquecimiento de la clase política local a costa de la gente más pobre del país.

La impunidad sigue siendo una constante. Se han hecho denuncias contra los oficiales del gobierno responsables de los crímenes contra los ciudadanos, incluyendo acusaciones formales contra el gobernador, la procuradora general y los jefes de policía, pero esas causas no avanzan por los intereses involucrados, por quiénes son los jueces y los criminales. La legislatura estatal está dominada por el PRI así que puedo apostar que los responsables no sufrirán castigo alguno.

Hay abogados, como los del Comité 25 de Noviembre para la Libertad de los Presos Políticos, que están elevando casos de las cortes estatales al nivel federal e incluso internacional, a la Corte Interamericana. Nada de eso es sencillo pero si algo sabemos, es que no encontraremos justicia en Oaxaca, donde el poder judicial está enteramente subordinado al poder ejecutivo. Pareciera que se han dado algunos pasos en dirección al enjuiciamiento de los responsables de los crímenes: se formó una comisión de la Corte Suprema para investigar las violaciones a los derechos humanos en Oaxaca; Amnistía Internacional ha reportado la gravedad de los hechos; hasta la Unión Europea ha tratado la cuestión.

Todo eso y no ha pasado nada. De ahí proviene nuestra preocupación. ¿Qué le espera a Oaxaca? Estamos extinguiendo las vías pacíficas para encarar y resolver el conflicto. Hemos documentado y publicado los abusos y no hemos obtenido respuesta de las instituciones. Pareciera que tenemos las manos atadas.

Espero que el gobierno estatal comprenda las consecuencias que podrían darse. El movimiento que se ha organizado durante el año pasado ha sido pacífico. Ha habido enfrentamientos pero la gente no ha estado armada. No hemos visto nada que se asemeje a un movimiento guerrillero. Sin embargo, el riesgo existe. A medida que la gente comienza a reconocer que no hay forma de resolver el problema por las vías institucionales y pacíficas, y mientras el gobierno continúe cerrando las puertas al diálogo, es probable que la violencia aumente en el futuro. No sé si pueda desarrollarse otra vez un movimiento pacífico semejante porque el pueblo está muy desilusionado.

A pesar del desencanto del pueblo por la falta de resultados concretos de la movilización social a un año de su surgimiento, el movimiento ha tenido éxito en el proceso de concientización. Uno de los logros de este movimiento ha sido el de situar el concepto de derechos humanos en el centro del debate. Antes, ¿quién hablaba de derechos humanos? Nadie. A pesar de que la Comisión Estatal de Derechos Humanos ha permanecido en completo silencio, las organizaciones independientes se han estado organizando activamente para popularizar el concepto de derechos humanos.

Como defensora de derechos humanos mi papel ha sido mantener el ideal de los derechos humanos como una medida para observar detenidamente los acontecimientos en la ciudad y denunciar las violaciones a la dignidad de las personas, especialmente de las directamente afectadas: los detenidos, torturados así como los familiares de los asesinados y desaparecidos. Junto con muchas más personas, nuestra lucha está siendo por devolver la dignidad a las personas, su humanidad y su memoria.

Marcos

La Asamblea Popular de los Pueblos de Oaxaca se formó días después del ataque policial del 14 de junio contra los maestros en huelga. La APPO se gestó como un órgano de toma de decisiones con el propósito de iniciar una amplia transformación social en Oaxaca. Participaron sindicatos, organizaciones sociales, comunidades indígenas, colectivos, organizaciones sin fines de lucro, agrupaciones vecinales, de mujeres, estudiantiles y ciudadanos sin afiliación particular. Rápidamente, la APPO asumió la representación de las aspiraciones comunes del movimiento social y se convirtió en una asamblea modelo para los ciudadanos de otros estados de México que luchan contra gobiernos estatales corruptos. Marcos es el director de EDUCA, una organización sin fines de lucro fundada en 1994 que trabaja en el fortalecimiento de la participación ciudadana a través de la educación sobre derechos civiles, desarrollo económico social y el apoyo al gobierno autónomo en las comunidades indígenas. Marcos fue uno de los fundadores de la APPO y su actividad en el movimiento social se ha centrado en la coordinación de las relaciones entre organizaciones sin fines de lucro y organizaciones no gubernamentales.

Desde el momento en que Ulises Ruiz Ortiz asumió el cargo de gobernador, su administración se ha caracterizado por la escalada en las violaciones a los derechos humanos. Una de las primeras medidas que tomó fue encarcelar a los líderes sociales y a las autoridades municipales inconformes. Nombró al asesor judicial de su partido, el PRI, como presidente de la Comisión Estatal de Derechos Humanos. Impulsó políticas sin consultar a los ciudadanos y se negó a dialogar con infinidad de actores sociales y políticos de Oaxaca. También hizo cosas que pueden no parecer significativas a largo plazo, pero que representaron serias ofensas al espíritu de la sociedad. Mudó el Palacio de Gobierno del centro de la ciudad, en el zócalo, a las afueras de la ciudad, con la esperanza de hacer menos visibles las protestas. Hoy, el antiguo Palacio de Gobierno funciona como museo y como salón de fiestas en alquiler al mejor postor. Ulises también taló los árboles del zócalo y lo remodeló sin consultar a los ciudadanos, que se sintieron enojadísimos por el ataque al centro histórico de su ciudad. Esas son algunas de las ofensas "simbólicas" que alimentaron el fuego provocado por los innumerables y sustanciales abusos y violaciones de derechos.

EDUCA formaba parte de lo que llamamos Colectivo por la Democracia, a través del cual realizamos una serie de reportes en el 2005, que denunciaba la precaria situación de los derechos humanos y las prácticas cada vez más autoritarias del gobierno estatal encarnado en Ulises Ruiz Ortiz. El uso de la violencia extrema contra los maestros en huelga fue la gota que derramó el vaso para los ciudadanos de Oaxaca.

El 14 de junio, junto a muchas otras organizaciones e individuos, marchamos al centro de la ciudad para denunciar la represión. La idea de formar una asamblea popular surgió en esa marcha. Tres días después se realizó un encuentro a nivel estatal al que concurrieron más de 300 organizaciones distintas.

La Asamblea Popular de los Pueblos de Oaxaca (APPO) fue la respuesta del pueblo al ataque que el gobernador ordenó contra el sindicato de maestros y otras organizaciones que acompañaban su plantón. Más allá de eso, se trataba de una cuestión de dignidad herida. Ulises llegó al poder en el 2005 a través de elecciones fraudulentas, y mucha gente continúa sin reconocerlo como gobernador legítimo. La APPO y el movimiento social que se desarrolló durante el año pasado fueron expresiones de una crisis que se venía gestando desde hace mucho. Una crisis que los poderes políticos no han querido reconocer. Por un lado, la marginalización aumenta, por el otro, la gente va tomando conciencia de la realidad y se harta de tanta decepción.

La APPO entonces, se formó para tratar las injusticias y crear una alternativa. Sería un espacio de discusión, reflexión, análisis y acción. No queríamos que fuera una organización única, sino un órgano coordinador inclusivo para diversos grupos, así no prevalecería una sola ideología. En cambio, nos concentraríamos en el terreno en común entre diversos actores sociales: estudiantes, maestros, anarquistas, marxistas, religiosos… todos estaban invitados.

La APPO nació sin estructura formal pero pronto desarrolló una capacidad de organización impresionante. Las decisiones se adoptan por consenso en una asamblea general a la que se decidió privilegiar como cuerpo de toma de decisiones. En las primeras semanas de existencia creamos el Consejo Estatal de la APPO. Originalmente el consejo estaba formado por 260 personas, aproximadamente diez representantes por cada una de las siete regiones de Oaxaca y representantes de los barrios y los municipios urbanos.

La Coordinación Provisional se creó para facilitar la operación de la APPO a través de diferentes comisiones: judicial, financiera, prensa, derechos humanos, género, defensa de los recursos naturales y muchas otras. Las propuestas se generan en asambleas más pequeñas que mantiene cada sector de la APPO y luego llegan a la asamblea general, donde se debaten en mayor profundidad o se ratifican.

La forma en que se formó la APPO me parece novedosa, creativa, pero al mismo tiempo se nutre de las tradiciones de las comunidades indígenas, en donde las decisiones se toman colectivamente en asambleas. Se da así discusión, reflexión y toma de decisiones de manera horizontal y no desde arriba hacia abajo.

Desde su formación original, la APPO se ha convertido en algo que excede por lejos al consejo y las reuniones. La asamblea, coordinada colectivamente, se convirtió en un movimiento de movimientos, insistiendo en la pluralidad y la diversidad como elementos fundamentales. La APPO está presente cuando los jóvenes se reúnen en la universidad. Cuando los vecinos se juntan para organizar su colonia, ahí está la APPO. La APPO son las mujeres que tomaron la estación de televisión. Se convirtió en un espacio fluido y dinámico de acción colectiva y solidaridad.

EDUCA estuvo entre las organizaciones que trabajaron para la formación de la APPO y que representaron a la APPO en negociaciones con el gobierno federal. Hemos diseminado información activamente en comunidades rurales acerca de las experiencias del movimiento social de la ciudad. Junto a otras organizaciones sin fines de lucro, EDUCA también formó parte del sector ONG de la APPO. Mantuvimos reuniones bisemanales con otras organizaciones para discutir propuestas y luego presentarlas en las asambleas de la APPO. También, a la inversa, discutimos cuestiones de la APPO en las reuniones de las ONG. Era una dinámica muy positiva. Las ONGs demostraron tener un compromiso real con la lucha social.

La APPO ha sido testigo de la sorprendente creatividad del pueblo de Oaxaca en sus reclamos por la renuncia del gobernador y la creación de una nueva clase de auto-gobierno. Para llamar atención a los abusos del estado, el movimiento tomó centros de comunicaciones del gobierno, de radio y televisión, realizó huelgas de hambre, plantones y marchas, incluyendo una marcha de 500 kilómetros hasta la Ciudad de México. La sociedad civil también tomó oficinas gubernamentales, erigió ba-rricadas, mantuvo foros donde se discutieron formas alternativas de gobierno con el énfasis puesto en la participación ciudadana y coordinó actividades culturales como la Guelguetza Popular.

A medida que el movimiento realizó acciones de mayor impacto, como la toma de las estaciones de radio, el gobierno estatal comenzó a ejecutar una estrategia de contrainsurgencia. Imitar las prácticas de la APPO fue una de las tácticas del gobierno. Si la APPO pintaba graffiti políticos, el gobierno hacia sus propios graffiti contra la APPO. Si la APPO tenía estaciones de radio, el gobierno abría su estación radial para oponerse a la APPO. También recurrieron a Internet, circulando correos electrónicos instando a los ciudadanos a llevar alimentos envenenados a la gente del plantón. Hubo una serie de estrategias, todas destinadas a agobiarnos y a desarrollar una represión calculada. Su herramienta principal era la radio, una estación de radio pirata apoyada por el gobierno a la que llamaron "Radio Ciudadana". Qué nombrecito, ¿eh?

Los locutores de Radio Ciudadana comenzaron a atacar a las organizaciones e individuos que trabajaban en la APPO y en los movimientos sociales, centrando sus esfuerzos en cualquiera que tuviera un rol de liderazgo activo en la APPO. Como yo estaba en el consejo de la APPO, elegido por una asamblea de ONGs, me convertí en uno de sus blancos.

Como me formé en la iglesia marcada por la teología de la liberación, dijeron que había sido parte de un grupo guerrillero de sacerdotes radicales y que manipulaba al obispo Bartolomé Carrasco, muy cercano al movimiento y los pobres.

Eso fue un día. La semana siguiente, dijeron que mantenía una relación romántica con una catequista y que ambos estábamos escondidos en la Iglesia de Carmen Alto fabricando bombas molotov.

Luego, inmediatamente después de la represión del 25 de noviembre, los locutores de Radio Ciudadana dijeron que yo enseñaba a estudiantes universitarios a fabricar bombas molotov en las oficinas de EDUCA. Dieron al aire la dirección de nuestras oficinas y una descripción precisa, como si estuvieran mirando una fotografía. Le pidieron al público que saliera a tomar e incendiar nuestras oficinas.

Al principio, como se trataba de ataques personales, los ignoré. Pero cuando empezaron a implicar a EDUCA, ya no se dirigían a mi persona sino que afectaban la seguridad de todas las personas de la oficina. Como sabíamos que el gobierno estatal era capaz de cualquier cosa (ya habían asesinado, desaparecido, torturado y detenido a tantos para ese entonces), debimos cerrar las oficinas por algunos días. Policías, algunos uniformados y otros no, paseaban frente a nuestras oficinas durante todo el día.

Muchos de mis colegas me decían una y otra vez: "Oye, sabes que hay órdenes de aprehensión para todos los del consejo de la APPO. Te pueden detener en cualquier momento. Es mejor que te vayas". Y entonces hubo un período, durante el pico de la represión, en que cambiaba de casa todos los días, en constante huida. Incluso salí de Oaxaca por dos o tres semanas.

Sentía la impotencia más terrible. Todos los que trabajamos en EDUCA sabemos que no hemos hecho absolutamente nada, pero aún así el gobierno hace todo lo que puede para descalificar nuestro trabajo. Dan ganas de decir: "Sólo he expresado mis ideas. ¡Es un derecho constitucional! ¡Tengo derecho a protestar y a expresar mis ideas! Híjole, ¿Y yo qué hice para tener que andarme escondiendo como un ratero o un delincuente? ¿Por qué tengo que huir de la ciudad como un criminal?" Nuestro crimen fue creer que podíamos cambiar Oaxaca con nuestra participación, generando ideas, formulando propuestas. ¿Y por eso pueden detenernos? ¿Cómo es posible? Pero mis compañeros sabían que con Ulises en el poder era posible, eso y mucho más. El gobierno hacía todo lo que tenía a su alcance para intimidar y reprimir el movimiento.

***

Realmente creí que Ulises renunciaría. El proceso de movilización social era increíble, el movimiento crecía más y más. Pero aún con el reclamo de su renuncia como objetivo principal de la APPO, siempre reconocimos que establecer las bases de una transformación social desde abajo hacia arriba era más importante que derrocar a un líder corrupto. Como dice la canción chilena, no sé si de Víctor Jara o de Violeta: "Hoy no es cuestión de la época de elección de Allende, hoy no es época de cambiar un presidente. Es tiempo de cambiar un país". La renuncia de Ulises generaría mejores condiciones para el proceso de transformación social, pero no se trataba de vencerlo a él sino de cambiar Oaxaca.

Los medios de comunicación tradicionales sostenían que Flavio Sosa era nuestro líder y la gente comenzó a pensar que la APPO quería reemplazar a Ulises con Flavio. Incluso compañeros de otras partes de México nos preguntaban: "¿Es verdad que quieren a Flavio Sosa de gobernador?" Era absurdo. "No se trata de líderes", les decíamos, "sino de cambio social de base".

La APPO consideró necesario crear foros para que la gente pudiera discutir lo que sucedía y formular propuestas concretas. La Iniciativa Ciudadana para el Diálogo por la Paz, la Democracia y la Justicia en Oaxaca incluyó a gente de todos los sectores de la población: comunidades indígenas, empresarios, la Sección

XXII del Sindicato Nacional de Trabajadores de la Educación, la APPO, religiosos, profesores, artistas y gente de más de 200 asociaciones civiles. A través de una serie de reuniones, discutían y elaboraban propuestas que apuntaban a resolver la crisis y a sentar las bases para una nueva clase de relación entre el gobierno y la sociedad. Durante dos semanas hubo reuniones abiertas a todos los ciudadanos en las que se gestaban propuestas estructurales y políticas de cambio. Trabajaban, en primer término, sobre cuestiones de desarrollo estatal y coexistencia pacífica del pueblo de Oaxaca. Entre los temas, la asamblea se concentró en reformas políticas e institucionales verdaderas, en la economía social, la educación intercultural, el derecho a la salud, al acceso libre al agua, al cuidado y enriquecimiento de la herencia histórico, cultural y natural, y al uso de los medios para el pueblo.

EDUCA promovió éste y otros foros como espacios de reflexión y análisis. Ahora nadie podía decirnos: "La APPO no sabe lo que quiere" o "La APPO sólo quiere a Flavio Sosa de gobernador". La APPO no fue solo marchas y graffiti políticos. A través de los foros y de las asambleas de la APPO creamos una agenda de discusión y presentación de propuestas que se podía implementar en el camino a la transformación cultural, ecológica, económica y política de Oaxaca.

Al principio no imaginábamos que la batalla se daría en gran medida en las calles. Aunque mi trabajo y el de EDUCA se ha concentrado sobre todo en la generación de ideas para una realidad de justicia social en Oaxaca a través de este tipo de foros, respetamos la expresión de la lucha que se da en las calles y la reconocemos como un camino hacia el mismo objetivo.

Durante los últimos meses del 2006, me sentía convencido de que vivíamos un momento histórico y trascendental en la historia de Oaxaca y que finalmente cosecharíamos los frutos de nuestro trabajo. No hay duda de que hacíamos historia pero ahora parece que no se trató siquiera de la primera batalla. El proceso de lucha y organización social apenas ha comenzado y la crisis política no hace más que profundizarse con el tiempo. No importa cuánto explique Ulises que todo está en paz. No habrá paz en Oaxaca aunque la APPO no se movilice. Aún si la APPO formal desapareciera totalmente, la crisis seguiría allí, pudriéndose en silencio, hirviendo desde abajo mientras las raíces de la cuestión siguen sin ser atendidas.

Sin embargo, debido a estos eventos, asambleas y procesos de discusión y reflexión, creo que al menos hemos marcado un camino. Sabemos cómo generar una agenda de cambio en Oaxaca. La APPO nos ha enseñado muchas lecciones sobre la organización y la lógica precisa para articular un gran movimiento social. No alcanza con saber que queremos cambiar: debemos saber qué clase de cambio queremos y cómo alcanzarlo. Creo que hemos creado un espacio rico para continuar reflexionando estos temas y que estos espacios son los que sostienen a los movimientos en el largo plazo.

LEYLA

El 26 de julio del 2006, miles de personas de la APPO ocuparon edificios gubernamentales de la ciudad, incluyendo la Cámara de Diputados y la Casa de Gobierno. Leyla, una joven activista de CODEP que organiza comunidades en las áreas marginalizadas de los alrededores de Oaxaca, ayudó a coordinar la toma del Departamento de Finanzas y estuvo en el grupo de mujeres que concibió la idea de la Marcha de las Cacerolas.

"¡La instalación está tomada!", gritamos al llegar a la Oficina de Finanzas.

Algunas personas dudaban, no sabían cómo hacer la toma. Entonces una de nosotros dijo: "Órale pues, empezamos nosotros". En ese momento había condiciones para todo: la fuerza del movimiento era muy grande.

La toma de la Oficina de Finanzas fue parte de la ofensiva del 26 de julio. Ya habíamos tomado edificios de los tres poderes, ejecutivo, legislativo y judicial, para demostrar que en el estado había ingobernabilidad. Unos días después tomamos lo que identificamos como el cuarto poder: los medios de comunicación. Miles de personas participaron en las tomas.

En realidad, la toma de la Oficina de Finanzas fue pequeña. No fue tan importante como las tomas de la Casa de Gobierno y la Cámara de Diputados porque no es un centro político pero pensamos que, al menos simbólicamente, podríamos paralizar las funciones económicas del gobierno. En la Oficina de Finanzas están todos los ingresos así que pensamos: "vamos a pegarles donde más les duele. Si ocupamos este edificio el estado no va a poder pagar sus cuentas y, como la Oficina de Finanzas es parte del estado, también es parte de todos los problemas de corrupción que el movimiento está denunciando".

Al principio éramos ocho los que tomamos el edificio. Cuando entramos, a los empleados les daba risa porque eran más los que estaban en la oficina que nosotros. Pero aunque éramos apenas unos cuantos, el movimiento tenía tanta fuerza que cuando nos preguntaron: "¿De quién es la toma?" y contestamos: "¡La toma es de la APPO!", todos se levantaron inmediatamente y salieron de la oficina sin decir nada.

Las tomas de las oficinas del gobierno tienen que ser acciones políticas pacíficas. No deben involucrar ni rehenes ni robos ni nada. En aquel momento el objetivo de las tomas era dejar en claro que el edificio no continuaría trabajando hasta que tomaran en cuenta nuestros reclamos. Fueron actos de desobediencia civil.

***

Tengo 23 años. Empecé a trabajar en CODEP—Comité en Defensa de los Derechos del Pueblo—cuando tenía 16. Siempre desde pequeña me preguntaba por qué las cosas tenían que ser así. Por qué unos tienen más dinero o recursos que otros, por qué hay tanta desigualdad.

Hace 25 años que CODEP trabaja en Oaxaca. Principalmente en la Mixteca y la costa, pero también en las colonias en la ciudad. Trabajamos con comunidades que se organizan en pos de su autonomía, construyendo poder popular, que no es el mismo poder que el de los ricos. Cuanto más se organizan las comunidades, más aumenta su poder y su capacidad de crear la sociedad que quieren.

No vamos a las comunidades a dar talleres. No llegamos de pronto y decimos, por ejemplo: "ustedes tienen que aprender esto", sino vamos y aprendemos con las comunidades. Utilizamos

el método de la educación popular. Las bases del conocimiento vienen de las experiencias de las personas de la comunidad. Por eso retomamos las experiencias de organización de los mismos pueblos: las asambleas, los procesos de toma de decisiones basadas en el consenso, la participación y los proyectos de trabajo colectivo llamados tequios. Sobre todo, trabajamos respetando la pluralidad.

***

Todos participaron en las tomas del 26 de julio: maestros, chavos universitarios, gente de organizaciones sociales, colonos, gente de las comunidades. Todas las tomas fueron pacíficas, pero a veces tuvimos que enfrentar a la policía, que incluso nos disparaba. Y ahí estaban nuestros topiles, que eran como la policía del pueblo. Muchos eran jóvenes de comunidades indígenas.

En aquel momento en Oaxaca, los topiles representaban a la policía del pueblo y la APPO representaba al gobierno. Para nosotros era muy bonito identificar como el poder popular se estaba construyendo.

Después de la toma inicial comenzó a llegar más y más gente a la Oficina de Finanzas. Venía gente de muchas colonias a apoyarnos. A la noche había más de cien personas allí, incluyendo a muchas mujeres, que hacían guardia en el edificio a toda hora.

Dividimos los roles y las responsabilidades por colonia. Por ejemplo, la colonia Jardín ocuparía el turno mañana, Estrella el turno tarde y Jalatlaco el turno noche. Dormíamos ahí hasta que llegaba nuestro turno y nos despertábamos para hacer guardia. Llegaba gente de todas partes con comida que habían cocinado para nosotros. Los topiles venían para asegurarse de que todo estuviera bien.

Recibimos amenazas, disparos e intimidación en cada edificio gubernamental que ocupamos el 26 de julio, así que construimos barricadas frente a cada lugar. Bloqueamos la entrada de la Oficina de Finanzas con carros de la basura y piedras. A la noche también hacíamos fogatas. Entre cincuenta y cien personas se acercaban a hacer guardia. Era mucha gente para una toma tan pequeña.

Se hizo toda la idea de la Marcha de las Cacerolas allí en Finanzas. Estábamos conversando y pensamos: "¿Por qué las mujeres no hacemos una marcha en la que clausuramos, simbólicamente, los hoteles donde se reúnen los burócratas de Ulises?"

Entonces hicimos nuestra bandera: "Cuando una mujer avanza, no hay hombre que retroceda". En otras palabras, todos avanzamos juntos. Después de la marcha nuestra consigna se volvió famosa. Llamamos a las mujeres que llevaran sus cacerolas y huevos.

¡Qué desmadre! Vinieron mujeres de todas las edades. Éramos tantas que tuvimos que ocupar varias cuadras más de las que habíamos pensado sería el lugar de reunión. El sonido de tantas cacerolas era casi inaguantable.

La marcha se detuvo frente a uno de los hoteles que prestaban su espacio a los diputados. Los huevos eran un arma simbólica, para insinuar que los diputados los faltaban. No eran para aventar pero la indignación era tanta que las compañeras terminaron aventando los huevos contra la puerta del hotel.

Les dijimos a los dueños del hotel: "No pueden permitir que los diputados vengan a reunirse aquí, si lo hacen, están siendo cómplices, partícipes de una traición".

Todo lo que habíamos planeado hacer era clausurar los hoteles pero, era lo chido al ver cuántas éramos, nos decíamos: "¡Vean cuántas somos! ¡Podríamos ser aún más! ¡Vamos a tomar una radio!" Y luego varias compañeras dijeron: "¡Vámonos a Canal 9!" Determinamos en este mitin que no iríamos para tomarlo sino para pedir que nos dejaran hablar pero cuando llegamos y se negaron a hacernos un lugar, acabamos tomando las instalaciones de radio y televisión.

Fuimos al hotel del magisterio para compartir con los maestros lo que había pasado y a pedirles ayuda para hacer guardia en el canal. Al principio no nos querían dejar pasar y nos pidieron que nos identificáramos: "¡somos la comisión de mujeres que acaba de tomar Canal 9!" exclamamos. Y entonces todos aplaudieron y gritaron, felicitándonos. Unos maestros decían: "¡estas mujeres tienen más huevos que el secretario general del sindicato, más que Rueda! ¡Vivan las mujeres!" Todo el mundo estaba feliz, llorando de alegría.

A mí me tocó estar en la radio. "Estamos transmitiendo desde la Radio Cacerola, 96.9…". Así le pusimos a la radio. Al principio éramos tres locutoras. En esos primeros días no dormimos nada, había que organizar muchas cosas. Nos tocaba el turno de la mañana y transmitíamos con un sueño… Todos querían hablar. Llegaba gente a mandar saludos, a felicitarnos, a hacer denuncias contra el PRI. La radio le sumó mucha fuerza al movimiento.

La toma de Canal 9 fue la gota que derramó el vaso. Porque ahí lo que empezó a suceder fue que la violencia escaló y las caravanas de la muerte empezaban a circular por toda la ciudad. Y a cualquier lugar que iban, disparaban y agredían a la gente. Incluso asesinaron y desaparecieron a varias personas.

La gente estaba furiosa. Llamaban a la radio constantemente. "En la colonia Reforma acaban de pasar cuatro camionetas con diez hombres en cada uno y van armados. Van para la radiodifusora Ley. Y a la hora que se enteraba, la gente salía a las calles a ir a defender a la radio. Eso fue una experiencia impresionante.

De los días más peor yo pondría tres o cuatro. Creo que el peor que me tocó vivir fue la del día en que mataron a Pánfilo. Pánfilo Hernández era maestro de escuela primaria en Zimatlán y fue el primer muerto del movimiento. Tenía una pequeña tienda y siempre nos daba alguna fruta o refresco cuando hicimos reuniones en su colonia. Era muy buena onda y animaba a la gente.

Pánfilo acababa de regresar de la marcha-caminata de los maestros hasta la Ciudad de México. Fue entonces cuando el secretario general del Sindicato de Trabajadores de la Educación, Enrique Rueda Pacheco, comenzó a traicionar al movimiento. Junto con el FPR y otras organizaciones firmaron la infame tregua con el gobierno, que presionaba para lograr el fin de la huelga y el regreso a clases. Estaban acabando con el movimiento.

Pánfilo quería que los maestros siguieran luchando. Aquella noche, en la reunión de la colonia Jardín, dijo: "Rueda fue un traidor. ¿Por qué el pueblo tiene que aguantar a líderes así, que nos traicionan? Yo estuve en la marcha-caminata a la Ciudad de México, la marcha de los maestros para reclamar justicia en Oaxaca, vengo de ahí. Vi la solidaridad del pueblo, de la gente que salía a la calle a apoyarnos". Y les dijo a los maestros: "¿Cómo podemos regresar a clases? Hagamos algo para resolver esta situación, para librarnos de este maldito asesino". Decía cosas tan bonitas y todo el mundo le aplaudió.

Éramos 100 o 150 personas en la reunión, la mayoría vecinos. Fue en un depósito. Hicimos la reunión, llegamos a algunos acuerdos y la gente se fue muy animada. Pánfilo acababa de salir y de repente escuchamos disparos. Yo estaba cerca de la puerta, me agaché y me cubrí.

Un compañero subió su cuerpo a un coche. El estómago de Pánfilo estaba inflado, era terrible de ver. Cuando llegamos al

hospital ya estaba muy mal, fue horrible. En un instante ves a un compañero vivo y de pronto está muerto. También fue terrible que Rueda no dijera nada, que no hiciera ningún comentario al respecto.

La misa la hicieron en el zócalo. Fue muchísima gente. El pueblo estaba acompañando. Ver a su hija, qué impotencia, tiene sólo 15 años. Su padre fue asesinado en la esquina de su casa, a diez pasos de su casa. Ella y su madre lloraban desconsoladamente.

***

Lo que más recuerdo de esos días es lo cansada que estaba. Nadie dormía porque los peores ataques llegaban de noche. Comencé a transmitir en Radio ORO después de que destruyeron las antenas de Canal 9. Fue entonces cuando surgieron las barricadas. Pasaba las mañanas en la radio, las tardes en distintas reuniones de las colonias y de noche estaba en las barricadas, o nuevamente en la radio.

Nos dimos cuenta que de alguna manera debíamos bloquearles el paso a las caravanas de la muerte porque estaban por toda la ciudad. Ya no atacaban solamente las radios y los edificios de gobierno ocupados: estaban aterrorizando todos los barrios.

La respuesta del pueblo fue sorprendente. La primera noche la gente dijo: "compañeros, hay que cortarles el paso a estas caravanas de la muerte, poniendo obstáculos en su camino, levantamos barricadas". La gente tomó la iniciativa y comenzó a bloquear los caminos con piedras, ramas, coches, cualquier cosa. En la primera noche se levantaron 500 barricadas. La segunda noche, ya había 1000. Para la tercera noche había 3000 barricadas por toda la ciudad.

Las barricadas surgieron como una forma de autodefensa y resistencia pacífica. Desarrollaron su propio sistema de comunicación, usando cohetes como señales de peligro. Algunas mujeres golpeaban sus cacerolas para despertar a los vecinos. Había todo tipo de gente en las barricadas. Mucha gente nos dice que se conocieron en las barricadas. Aunque eran vecinos, no se habían conocido antes. Incluso dicen: "Nunca hablé con mi vecino antes porque creía que no me caía bien pero ahora que estamos juntos en la barricada, somos compañeros".

Las barricadas, entonces, no eran sólo barreras para el tránsito, se convirtieron en espacios donde los vecinos conversaban y las comunidades se encontraban. Las comunidades se fortalecieron con las barricadas.

***

Yo siento que todas las personas que estamos ahí en este movimiento tenemos una historia muy propia que nos va determinando y nos va colocando. Cuando uno comienza a platicar con los demás compañeros y te das cuenta de lo que hemos vivido, es una serie de injusticias, represión y desigualdad que hemos sufrido en todos los aspectos de la vida: en el trabajo, la casa, la escuela. Me marcó mucho esta discriminación, especialmente la discriminación por ser mujer porque, pues, una crece viendo y cargando los estereotipos que la sociedad nos impone.

Lo más importante es cambiar las relaciones de poder entre oprimido y represor. Estas relaciones existen incluso desde la misma familia, desde la misma comunidad, desde la misma colonia. El poder popular nace en la transformación de nuestras propias relaciones de poder, haciéndolas lo más igualitarias posibles.

Algunas personas, cuando hablan de poder popular, se refieren específicamente a la toma de las instituciones del gobierno. Nosotros decimos que tal vez eso sea parte de la cuestión, pero que si no transformamos las relaciones de poder de abajo hacia arriba, no vamos a haber ganado nada.

CUAUTLI

Durante meses no se vieron oficiales de policía uniformados en Oaxaca. No existía ningún cuerpo gubernamental a cargo de los crímenes y del trabajo de seguridad pública. Por el contrario, los oficiales de policía empleados por el estado a menudo aparecían vestidos de civil y les disparaban a los ciudadanos que estaban en las barricadas o en las marchas. Los topiles, una especie de fuerza policial popular, emergieron en respuesta al deterioro de la seguridad pública. Cuautli, estudiante de medicina de 21 años y representante en el Consejo de la APPO, formó parte de este grupo de defensa comunal..

Formamos parte de la Comisión de Seguridad de la APPO desde el principio. De hecho, antes de que se formara la APPO ya estábamos haciendo trabajos de seguridad en el plantón como parte de la POMO, la policía del sindicato de maestros. Teníamos nuestro recorrido: el plantón, la radio, el zócalo… A la noche, depende de la hora que te tocaba, ibas a dar el rondín para garantizar la seguridad de los maestros en todo el centro histórico.

Los topiles, la policía popular al servicio de todo el movimiento social, se formaron como parte de la Comisión de Seguridad de la APPO. Tradicionalmente los topiles son los responsables de la seguridad en las comunidades indígenas. Es un cargo que rota entre los miembros de las comunidades. Todos los hombres tienen que ser topiles por un par de años como deber a la comunidad. Si hay un borracho o alguien que causa problemas o molesta a la gente, el topil se tiene que ocupar del problema. Es parte del sistema de usos y costumbres que utilizan las comunidades indígenas para gobernarse. La APPO decidió recuperar la tradición y formar un sistema de seguridad propio basado en las costumbres de los pueblos de Oaxaca.

El gobierno había retirado a toda la policía estatal y la estaba entrenando para atacar al movimiento social. Básicamente éramos como policías, pero policías al servicio de la gente en reemplazo de la policía estatal. Como topiles estábamos a cargo de lidiar tanto con los criminales comunes como con los porros enviados por Ulises para atacar al movimiento. Éramos alrededor de treinta, todos hombres jóvenes y la mayoría proveniente de comunidades indígenas que gobiernan por usos y costumbres: la Mixteca, los Valles Centrales, la Sierra Norte y algunos de la costa. La mayoría de los topiles trabaja en agricultura y lleva machetes, no como armas, sino como herramientas. Provenimos de comunidades donde no hay negocios o industrias, el trabajo se da en el campo, sembrando y cosechando. Algunos de nosotros éramos de CODEP, que tiene una larga historia de lucha y que ha sido el blanco de fuerte represión lanzada por el gobierno. Ya contábamos con una formación política. Conocíamos los planes del gobierno de explotar los recursos naturales, sabíamos cómo funciona el sistema neoliberal.

Más allá de la POMO y los topiles, también surgieron de la APPO comités de autodefensa en la colonia como otra iniciativa de seguridad pública. Cada comité tenía su propia estructura, con distintos colonos a cargo de diferentes responsabilidades: seguridad, comunicación y finanzas, por ejemplo. La gente de los barrios discutía acerca del estado del movimiento y la necesidad de crear estas organizaciones para poder defenderse. La idea era que la misma gente del barrio se organizara para defenderse. Nadie ajeno a la comunidad intentaba imponer el control. Los comités tenían su propio sistema de seguridad. La gente llevaba silbatos y cohetes para alertar a los demás en caso de peligro. Por ejemplo, se lanzaban tres cohetes al aire cuando la barricada estaba siendo atacada. En cada barricada había una fogata y la gente llevaba palos y piedras para defender la posición. Creando esos comités y las barricadas, no sólo se protegía a los vecinos sino también al plantón. Cuando había amenazas de ataques, la gente llamaba a Radio Universidad. Esa era nuestra forma de mantenernos informados acerca de lo que pasaba en toda la ciudad. Como topiles también llamábamos para compartir las novedades. Radio Universidad nos permitía mantenernos informados e informar a la población sobre lo que estaba pasando.

***

Como topiles coordinábamos nuestro trabajo con las barricadas. Muchas veces los vecinos nos pedían ayuda para poner sus barricadas a la noche. Nos pedían llantas, piedras o que los ayudáramos a mover cosas al medio del camino. Y cuando había cualquier señal de peligro, nos llamaban. Básicamente, éramos responsables de la seguridad de la gente. Manteníamos seguro el plantón y hacíamos nuestras rondas nocturnas para controlar las barricadas. Hubo muchas noches en que no dormimos nada. También hubo muchos rateros y criminales comunes de los que tuvimos que ocuparnos. Cuando le robaban a la gente en el zócalo, teníamos que detenerlos.

Por ejemplo, una vez el dueño de una tienda estaba siendo golpeado mientras intentaban robar su coche. Los vecinos del barrio nos llamaron y llegamos a detener al asaltante. Había tomado muchas drogas, así que lo atamos en el quiosco del zócalo y allí tuvo que pasar la noche. Al día siguiente, lo obligamos a barrer el lugar y a levantar la basura. Luego lo entregamos a la POMO. Así funcionaba básicamente.

Cuando deteníamos a personas o cuando los comités de autodefensa nos entregaban gente, les atábamos las manos por la espalda y los llevábamos al quiosco del zócalo. Tenían que permanecer ahí por algunas horas o toda la noche si ya era tarde. Al día siguiente tenían que cumplir algún servicio comunitario. Generalmente les pusieron a barrer el plantón o recoger basura. No importaba lo que hacían, pero sí que hicieran algo. Nunca lastimamos a nadie pero a veces nos llegaban personas que habían sido golpeadas por la gente de la colonia que estaba muy encabronada. Los vecinos se enojaban mucho porque muchas veces era gente pobre la asaltada, no gente con dinero. El día siguiente, los entregábamos a los abogados en las oficinas de la POMO, que funcionaban en las oficinas del sindicato de maestros. En ese entonces no se reconocía ninguna autoridad del gobierno pero no había ningún lugar para mantener a los criminales por más tiempo, así que la POMO los entregaba a la procuradora general.

Obviamente, sin importar la evidencia que hubiera, la procuradora general los dejaba ir inmediatamente porque el gobierno quería crear un ambiente de miedo e inestabilidad. De hecho, algunos de los ladrones y asaltantes eran pagados por el gobierno así que, sin duda, los dejaban en libertad.

También detuvimos a policías estatales que espiaban a la gente del plantón y les sacaban fotografías. No llevaban uniformes y llegaban al plantón en vehículos sin identificación.

En algún momento consideramos crear una prisión popular porque no teníamos adonde enviar a los criminales comunes. Íbamos a construir la cárcel en Zaachila, que se había declarado municipio autónomo. La idea era que el énfasis estuviera en la rehabilitación. Daríamos talleres y priorizaríamos la educación de los presos. La gente se pudre en las cárceles estatales que sólo se concentran en el castigo y no rehabilitan. Sin embargo el clima político de entonces era tan intenso que iba a ser muy difícil juntar los recursos para llevar a cabo ese tipo de proyecto.

***

Los topiles también estuvieron activos en la organización de las brigadas móviles para la toma de las oficinas del gobierno. Los topiles más o menos dirigían las brigadas móviles. Las demás personas que participaban de las tomas nos respetaban mucho. Tomábamos microbuses y llegábamos pacíficamente a cerrar las oficinas, pidiéndoles a los trabajadores que por favor se retiraran. "No queremos problemas, llegamos en buena onda", les decíamos. Entonces ya saliendo, cerrábamos las puertas de la oficina y pintábamos "Esta oficina está cerrada hasta la salida de Ulises Ruiz".

Algunos de los ataques más pesados se dieron frente a las oficinas tomadas. Estábamos de guardia frente a la Oficina de Economía cuando nos percatamos de que adentro había un grupo de porros preparándose para atacarnos. Tocamos la puerta y nadie respondió. Cinco minutos después, un grupo armado salió en coche desde atrás del edificio y comenzó a dispararnos. Buscamos donde protegernos, pero sabíamos que si bajamos tantito, iban a agarrar a los compas de la barricada, cerca de cuarenta, y los iban a chingar. Entonces decidimos ponernos al tiro. Nos defendimos con piedras nada más. Nos dispararon hasta quedarse sin balas y se alejaron al ver que no nos retiramos. Varios de nosotros quedamos heridos. Un joven recibió un plomazo en la pierna. Otro, un rozón en la espalda. Luego llegaron refuerzos, pero esos desgraciados ya se habían retirado.

No teníamos armas. En la Oficina de Economía nos defendimos con piedras. Con el tiempo nos fuimos encontrando cada vez más bajo fuego enemigo y comenzamos a armar cosas para defendernos: cohetones, bombas molotov, tu bazuka, tu machete. Todos teníamos algo. Y si nos quedábamos sin nada, defendíamos al pueblo con nuestras manos, simplemente, y nuestros cuerpos.

Algunos tuvimos mejor suerte que otros. La gente de los barrios nos cuidaba cuando alguno caía herido. También llevábamos a los compañeros heridos al centro de primeros auxilios al lado de Radio Universidad. Si era absolutamente necesario, y a veces lo era, llevábamos al compa herido al hospital. Varios compañeros, seis o siete de los treinta que éramos, tuvieron la desgracia de que les dieran un plomazo.

Afortunadamente todos los compañeros atacados están bien, pueden caminar y más o menos se han recuperado. El 14 de junio uno de nuestros compañeros recibió en la cara y en la mano el impacto de un cartucho de gas lacrimógeno. Le fracturó dos dedos y le abrió el labio. Aún así, dos meses después ya estaba otra vez con nosotros. Todos sentimos que se tenía que hacer algo con ese pinche enojo, de lo que le están haciendo a tu pueblo.

***

Una vez que te han disparado ya no te sorprende la segunda o la tercera vez que lo hacen. Yo estuve en muchos enfrentamientos. La noche que mataron a Brad Will hubo ataques por todo Oaxaca. Pensamos en ir a esa barricada pero como ya había muchos refuerzos en camino, decidimos dirigirnos a la Procuraduría, que los maestros habían tomado a principios de octubre.

Todos los que estaban frente a la barricada estaban bajo fuego. Había varios paisanos míos, que soy de la Mixteca. En un enfrentamiento que duró al menos dos o tres horas, un compañero recibió un disparo en la pierna ejecutado por un hombre tapado de la cara que bajó de un coche y abrió fuego con un rifle. Empezamos a replegar y allí le dieron un balazo a un compañero, le dan en la pierna. Hubo enfrentamientos en un chingo de lugares y luego topamos con compañeros de Radio Universidad. A un compa le habían dado un plomazo en el brazo izquierdo. Por pura suerte el chavo llevaba un chaleco antibalas de los que quitamos a la policía. Muchos maestros fueron secuestrados en la barricada de Santa María Coyotepec y uno fue asesinado en medio de la autopista.

Había rumores de que la policía federal estaba rodeando el zócalo y hubo topiles que tuvieron que irse de la ciudad por un tiempo. Cinco de nosotros fuimos identificados específicamente, así que regresamos a nuestras respectivas comunidades por un par de semanas en octubre.

Mi familia nos apoyó a mi hermano y a mí aunque estaban preocupados por todo lo que estaba pasando. Mi hermano, que tiene 20 años, uno menos que yo, también era topil. Ambos participamos en Radio Universidad. Nuestros padres ayudaban a los topiles enviándonos algo de dinero de vez en cuando porque sabían que no teníamos nada. Nuestra familia siempre ha estado activa en movimientos sociales y ha experimentado el hostigamiento y la represión asociados con el trabajo en organizaciones sociales.

No me preocupo tanto por mí, pues, quizás porque soy chavo y me vale madres si me agarran o no. Pero bueno, también uno se cuida. Hubo compañeros que fueron más visibles, por decirlo, que ya la policía anda tras ellos. Compas de nosotros que no se puede parar aquí en la ciudad de Oaxaca porque si los ven, los desaparecen. Ni los van a llevar a la cárcel así nomás. Los van a desaparecer.

A pesar del hostigamiento y de que hay, compañeros que siguen siendo detenidos, vamos a seguir trabajando por el cambio social y no vamos a dejar que el movimiento muera así nada más. Seguimos chambeando en las colonias, llevando talleres e intercambiando información sobre cómo está el desmadre. Estoy acabando la carrera de medicina y tan pronto como termine mi educación me dedicaré a servir al pueblo y a los compañeros, a proveer atención médica a las comunidades que la necesitan. No me interesa quedarme en mi pueblo: voy a ir adonde haya necesidad.

EKATERINE

La Guelaguetza es el evento turístico más importante del año en la Ciudad de Oaxaca. El festival, que incluye músicas y bailes tradicionales de las siete regiones del estado, ha sido criticado ampliamente como una explotación de las culturas indígenas, que han sido convertidas en mercancía y comercializadas por el mismo gobierno que sistemáticamente las margina. En julio del 2006 el Sindicato de Maestros y la APPO bloquearon y boicotearon la Guelaguetza comercial organizada por el estado, frustrando el gran negocio que enriquece al gobierno estatal corrupto año tras año. Katy, bailarina y estudiante de una de las escuelas secundarias en huelga, describe su participación en la Guelaguetza Popular, el festival alternativo organizado por el movimiento social, abierto al público de forma gratuita. La Guelaguetza Popular fue por primera vez en muchos años coherente con el sentido de la palabra "guelaguetza" en zapoteco, que se refiere a la costumbre de reciprocidad entre los pueblos de Oaxaca.

Para cuando llegó nuestro turno de subir al escenario a bailar la Flor de Piña, la famosa danza de Tuxtepec, ya me dolían los pies.

La celebración de la Guelaguetza Popular duró tres días: 22, 23 y 24 de julio. El primer día fue el convite, donde invitas a toda la gente que vaya a la Guelaguetza. Los artistas caminamos por todas las colonias de la ciudad invitando a la gente a la Guelaguetza y regalándole mezcal, la bebida típica del estado, que hacen en todas las regiones de Oaxaca.

El segundo día fue la calenda, que es como un desfile, el día antes de la mera mera fiesta. Las calles se llenaron de gente y los bailarines que bailan con los monos, que son los enormes muñecos de papel maché. Todos bailamos en las calles. Yo bailé en ese desfile colorido que recorrió las calles de la ciudad, con zapatos de tacones altos y el traje típico de las "chinas oaxaqueñas", las mujeres de la región Chinanteca. Paseamos por todas las colonias de Oaxaca desde Carmen Alto hasta el zócalo, donde encendieron fuegos artificiales increíbles con forma de castillo e inauguraron la calenda con una danza tradicional del istmo.

Nos vestimos con playeras de manta, con encaje en el cuello y las mangas. Usamos faldas de colores (la mía era amarilla) y rebozos de satín que se lo amarras. Nos peinamos con dos trenzas atadas por listones, nos pusimos aretes de gusano, pulseras y cadenas. Cada una llevaba un pendiente cerca del corazón y una canasta llena de flores sobre la cabeza. Te haces un gorrito con un reboso para que no se te vaya a caer la canasta, porque sí pesa muchísimo.

Con los zapatos altos, tacones y las canastas bastantes pesadas que cargábamos, algunos lo toman casi como una penitencia, un sacrificio el ir caminando por todas las calles así.

En el grupo de las chinas, las mujeres de la Chinantla, le regalábamos dulces a la gente. Los de la Sierra le ofrecían café, pan y guajolote. Los del istmo también le lanzaban bolsitas con productos típicos de su región. Cada uno compartía lo típico de su región. Así es la guelaguetza, reciprocidad.

La Guelaguetza Popular surgió porque decidimos boicotear la Guelaguetza comercial, que cobraba muy cara la entrada y los únicos que podían asistir eran los turistas y los pequeños burgueses, la gente de dinero, nunca el pueblo. La calenda de la Guelaguetza comercial se hacía nada más en el andador turístico, no en las colonias populares, y había que pagar mucho por un boleto para entrar al auditorio del Cerro Fortín donde hacían el evento. Además, la gente no controlaba adónde iba a parar el dinero, a los bailarines casi ni les pagaban. Se sabe que mucho del dinero generado por la Guelaguetza comercial iba directo a los bolsillos de los políticos. Queríamos una fiesta que fuera realmente del pueblo, donde verdaderamente pudiera participar y disfrutar el pueblo.

Decidimos boicotear y bloquear la Guelguetza comercial para presionar al Gobernador Ulises Ruiz, porque no le había dado respuesta a nuestras peticiones. Fue una campaña de varias semanas. Fue un sábado en la noche que la gente del movimiento subió al Cerro del Fortín, donde se celebra el festival. Tomaron y bloquearon la carretera que entra al cerro. Había maestros en las interminables escaleras que llevan al auditorio repartiendo volantes que explicaban por qué el boicot y que informaban acerca de la Guelaguetza Popular.

Yo me quedé en el bloqueo a partir del domingo. Me acompañaron miembros de seguridad de la APPO por la carretera hacia el cerro. Había bloqueos por todo el cerro. Los maestros que estaban allí eran principalmente de los Valles Centrales y la Costa. Cada organización que formaba parte de la APPO también envió gente a defender el boicot. De noche teníamos mucho frío, también algo de miedo porque eran constantes los rumores de ataques policiales, pero no pasó nada.

Algunos maestros pintaron la frase "Ulises, fuera de Oaxaca" y entraron al auditorio para protestar simbólicamente. Adentro del auditorio había cosas rotas: vidrios y partes del escenario pero nosotros no hicimos el daño. Todos decían que había sido gente del gobierno infiltrada en el movimiento. Lo hicieron para descalificarnos, para hacernos quedar como vándalos. Claro que hubo actos vandálicos, pero no fuimos nosotros.

Tras meses de garantizar que la Guelaguetza comercial no se suspendería, Ulises canceló el festival un día antes de la fecha programada. En realidad dijo que no se cancelaba, sino que se posponía para garantizar la seguridad de los turistas y que no les devolverían el dinero a quienes habían comprado sus boletos por adelantado. El boicot había triunfado. La Sección XXII y la APPO decidieron organizar entonces su propio festival: la Guelaguetza Popular.

***

Participé en el movimiento porque mi papá es maestro, miembro de la Sección XXII, y mi mamá es secretaria general de su delegación de maestros. Mi papá estuvo en el desalojo del plantón el 14 de junio. Al principio iba al plantón porque era la única forma de hablar con mi papá; él siempre estaba ahí. Después comencé a hablar con otros maestros sobre sus experiencias.

Empecé a entender la realidad de Oaxaca, de las muchas personas y comunidades olvidadas por el gobierno. Comencé a visitar algunos pueblos. Hay serios problemas de salud. Las personas tienen que viajar cinco o seis horas para llegar al hospital más cercano, cosa que les cuesta mucho dinero. Hay niños que van a la escuela sin desayunar, lo cual provoca que tengan bajo rendimiento escolar. Más que nada fui a ver esta situación y me empezó a gustar salir a las calles a luchar, a defender nuestros derechos. El gobierno actúa como si esa gente no existiera, como si no fuera parte de nosotros.

Primero me involucré con Radio Universidad. Cursaba mi último año de secundaria, tenía 17 años y mi escuela estaba en huelga así que tuve tiempo para participar en el movimiento. Yo contestaba las llamadas telefónicas de la radio. Recibía todos los mensajes: felicitaciones de la gente, preguntas sobre el movimiento y también amenazas. También ayudaba en la cocina.

Tenía experiencia como bailarina porque había practicado la Flor de Piña para la Guelaguetza comercial del 2005. Algunos de los bailarines de la Guelaguetza comercial decidieron unirse a la Guelaguetza Popular y otros participantes se sumaron a partir de los anuncios e invitaciones que se hicieron en las escuelas. Para la Flor de Piña se apuntaron hijas de maestros de Tuxtepec y otros estudiantes que habían visto los avisos en sus escuelas. Aunque vivo en la ciudad, participé en este baile tradicional de Tuxtepec porque de ahí viene mi padre. El único requisito era tener 15 años o más. Los organizadores hicieron pruebas y selecciones. Los que no terminaron bailando apoyaron con otras tareas. Gran parte del apoyo a los bailarines de Tuxtepec provino del Sindicato de Maestros, nos dieron un lugar para desayunar, bañarnos y cenar.

La mayoría de nosotros aprende los bailes típicos en la escuela. En la escuela primaria enseñan un baile para el Día de la Madre y en la secundaria dan clases de danzas. Por eso también sé bailar Lu Poca, Jarabe Mixe, Jarabe Mixteco, Pinotepa y un poquito de Yalalag.

Practicamos para la Flor de Piña una semana entera, de 7am a 2pm. Luego teníamos una hora para comer y regresábamos a ensayar hasta las 8pm.

La Flor de Piña es difícil porque no se baila en parejas. Uno baila con una compañera enfrente y todo tiene que estar exactamente sincronizado. Es un baile sólo para mujeres. Primero formamos dos filas y luego un semicírculo, siempre manteniendo el paso con nuestras compañeras. Hay distintos movimientos en el baile y la música de acompañamiento la toca una banda de instrumentos de viento.

La mañana del día de la Guelaguetza tuvimos un ensayo con los trajes típicos a las cinco de la mañana. En nuestra delegación de Tuxtepec había cincuenta bailarinas y alrededor de cien personas en total contando a los maestros y padres que vinieron con nosotras a la ciudad para ayudar con los trajes y todo lo demás. Cuando ingresamos al estadio del Instituto Tecnológico, donde se hizo el evento ese año, todas las demás delegaciones ya estaban allí y comenzaron a aplaudir y decirnos cosas padres como que tan bonitas estábamos, cosas así.

Hubo muchos bailes de cada una de las siete regiones de Oaxaca en la Guelaguetza. El istmo presentó Jarabe Mixe, El Torito Serrano y La Danza de la Pluma. La Pinotepa es otro baile que describe la belleza de las mujeres. La Ejutla es una canción a una serpiente. Algunas melodías tienen letras en zapoteco y son más rituales, mientras que otros bailes se acompañan con la música de banda.

La gente vino de distintas comunidades a presentar bailes que nunca antes se habían visto en la Guelaguetza comercial. Esa fue la gran diferencia entre la Guelaguetza Popular y la comercial. Esta vez, la gente que vino a danzar era realmente de los pueblos, de las comunidades indígenas. Se notaban sus raíces y las características de los lugares de donde habían venido.

Bailamos usando nuestros huipiles con bordados multicolores, con el cabello en dos trenzas atadas con listones y llevando aros largos, collares de cuencas coloridas y guaraches y, por supuesto, las piñas sumaban el toque especial.

El estadio estaba lleno, había tanta gente que algunos tuvieron que quedarse de pie. Era la primera vez que alguien boicoteaba la Guelaguetza y celebraba un festival propio. Nunca quisimos cancelar la fiesta pero reclamábamos que fuera para el verdadero pueblo de Oaxaca. Queríamos un festival en el que pudiera participar el pueblo, en el que no se cobrara para entrar, y eso es lo que hicimos realidad. Celebramos una fiesta popular.

La Guelaguetza es, sobre todo, un intercambio, un día para compartir; la fiesta más grande de Oaxaca en la que todos comparten algo de su región. En las comunidades indígenas la palabra "guelaguetza" se refiere a un intercambio. Te pido que dones algo para una fiesta que celebro en mi comunidad y luego te regreso el favor cuando lo necesitas. Así es como los pueblos entienden el sentido de guelaguetza. Ese es el símbolo tradicional de la Guelaguetza: la reciprocidad, ayudar a los otros, intercambiar cosas.

Me encantó bailar en la Guelaguetza porque estuve con mi gente, participando y ayudando. La gente admira cómo bailamos y es una satisfacción muy grande ver la felicidad y la gratitud de la gente. Una baila para ellos y crea algo especial, les regala ese momento. Hay mucha gente que no tiene recursos para ir al cine o para tomarse un helado, pero todos podían venir a la Guelaguetza. Creo que todo el trabajo y el cariño, le transmitimos todo eso a la gente.

Voy a empezar a ensayar para la Guelaguetza Popular de este año cuando terminen las clases. Creo que será todavía mejor que la del año pasado porque tenemos más tiempo para ensayar y juntar donaciones de piñas y plátanos para regalar en el festival. Otra vez boicotearemos la Guelaguetza comercial y la nuestra será gratuita para el público. Ojala y se siga llevando cada año porque es verdaderamente una fiesta del pueblo.

---

* La Guelaguetza Popular 2007 sufrió una fuerte represión estatal por la cual 62 personas fueron detenidas y un hombre quedó con parálisis permanente.

GENOVEVA

Desde 1996 Loxicha vive en estado de guerra de baja intensidad,
con el Ejército Mexicano y las fuerzas policiales estatales y federales
colaborando con jefes políticos locales corruptos y grupos paramili-
tares para atacar a la gente de la región. En los años anteriores a la
invasión del ejército, las comunidades de Loxicha se habían orga-
nizado y triunfado en el derrocamiento de los caciques (jefes políticos
locales) que los habían esquilmado y explotado durante tantos años.
En 1996 el gobierno envió a las fuerzas militares con el pretexto de
que existía un supuesto Ejército Revolucionario Popular (ERP) en
la región y reemplazó a las autoridades elegidas por la comunidad
con el antiguo sistema de caciques que existía antes. Todos los líderes
comunales y personas que habían participado en la organización
fueron arrestados y torturados. En 1997, las mujeres de Loxicha
organizaron un plantón en el zócalo de la Ciudad de Oaxaca que
duraría cuatro años. Reclamaban la liberación de los hermanos, pa-
dres y maridos encarcelados. Genoveva, de 27 años, dejó Loxicha
para participar en el plantón de las mujeres y para trabajar y poder
apoyar a su familia. Continúa activa en el movimiento social de
Oaxaca desde la Coordinadora de Mujeres Oaxaqueñas 1 de agosto
(COMO), que concentra sus esfuerzos en la liberación de la aún
prisionera política de la región Isabel Amarez.

En junio de 1996 regresé a mi comunidad después de terminar
la escuela secundaria en San Agustín Loxicha. A finales del mes,
a las ocho de la mañana, llegaron cerca de 50 elementos de la
policía judicial y el ejército mexicano preguntando el nombre
de mi papá y mis hermanos. Les pregunté para qué querían a mi
papá y uno de ellos me respondió: "No preguntes niña, porque tu
papá sabe muy bien lo que anda haciendo. Le dices a tu papá que
pronto vamos a regresar con una sorpresa". Ocho días después re-

119

gresaron y entraron a la casa en medio de la madrugada pateando la puerta. Golpearon a una de mis cuñadas, que estaba embarazada, en diferentes partes del cuerpo con un machete. Llevaba tres meses de embarazo. A los cuatros días, abortó. Como no encontraron a mi papá, otra vez se fueron estas personas.

Regresaron seis días después alrededor de las cuatro de la mañana. Rompieron las puertas de la casa y destruyeron todo lo que había adentro. Me jalaron del cabello y me sacaron afuera. Les dije que mi papá no era un delincuente para que lo buscaran de esta manera y empezaron a golpearme en la cara y el estómago con sus armas. Me apuntaron con una pistola en la cabeza y me amenazaron de muerte para que entregara a mi papá.

La última vez que vinieron eran como las dos de la mañana. Como no lograron llevarse a los hombres de la familia que buscaban, intentaron violar a una de mis hermanas. Se robaron todo lo que había en la casa: 200 kilos de maíz para la subsistencia de la familia y cinco litros de gasolina. Se retiraron como si no hubiera pasado nada.

***

El 29 de agosto de 1996 escuché en la radio que un grupo de personas armadas que se hacía llamar Ejército Popular Revolucionario (EPR) había atacado las instalaciones de la policía y marina en Huatulco, Oaxaca. Según la procuraduría de justicia del estado, durante el enfrentamiento entre el grupo armado y la policía había muerto una persona de San Agustín Loxicha. Este hecho sirvió de pretexto para que el 25 de septiembre de 1996 entraran a nuestra región el ejército y fuerzas policiales estatales y federales. Comenzaron a acusar a indígenas, campesinos y maestros de la región de ser integrantes del grupo armado.

El gobierno utilizó la supuesta existencia del EPR como excusa para detener a todas las autoridades comunales que habíamos elegido y para instalar un nuevo gobierno formado de caciques: líderes locales corruptos y con intereses egoístas que obedecían los lineamientos del gobierno estatal y del PRI, en vez de los del pueblo de la región.

Se instalaron bases de operaciones militares y retenes en todas las entradas y salidas de la región. Día y noche subían y bajaban por la carretera coches de la policía y el ejército con personas amarradas y con sus rostros llenos de sangre. Veíamos todas estas atrocidades sin poder decir nada.

Mi padre es un campesino humilde. Cultiva maíz y fríjol en una pequeña milpa. Él y mis hermanos decidieron ir a trabajar en el campo a pesar de todo lo que estaba sucediendo en la región porque pensaron que la policía y el ejército nunca llegarían a un lugar tan remoto. Es una caminata de tres horas desde la ciudad y no hay carros ni luces. Aún así, el 7 de junio de 1997, alrededor de las cuatro de la madrugada, fuerzas militares y policiales irrumpieron en el pequeño rancho mientras ellos dormían.

Esa mañana al menos 200 soldados y oficiales rodearon la casa, dispersos en la ladera del monte. Estaban armados, uniformados y varios tenían sus rostros encapuchados. Algunos civiles de la comunidad, también con sus caras tapadas para no ser reconocidos, acompañaban a los soldados. Se les pagaba 200 ó 300 pesos para identificar casas y personas. Así fueron detenidos mi padre, Ponciano, y mis dos hermanos, Celso y Alfredo. Los policías y soldados los torturaron antes de obligarlos a caminar durante tres horas hasta la carretera, donde fueron recogidos por vehículos.

***

Desde la década del 80 que la comunidad se organiza contra los caciques, los líderes locales corruptos que tenían todo el poder pero nunca priorizaban las necesidades de las comunidades. Hay numerosas comunidades marginadas en las montañas del sur de Oaxaca, en la región que llamamos Loxicha. Allí todos somos zapotecos y hablamos zapoteco. Casi todos somos campesinos que subsistimos del maíz y fríjol que plantamos.

No hay agua potable, luz, ni hospital. Hay sólo una escuela secundaria, pero está a tres horas de distancia a pie de mi casa. Hay lo que denominan "centros de salud", pero no hay doctores ni medicamentos. La gente apenas tiene para comer. Cuando una familia consume su cosecha anual de maíz, está obligada a comprar más y esto le resulta muy caro. Y ahora ni siquiera podemos cultivar nuestras tierras libremente porque todos están asustados por la presencia militar.

Mi padre y mis hermanos lucharon activamente por la comunidad, participando en reuniones y marchas. Desde 1985 y hasta que llegaron los militares, las comunidades tuvieron éxito en la elección de sus propios líderes. Luego los militares reinstalaron el sistema corrupto de caciques. Mi padre siempre ha participado en las asambleas comunitarias y ha hablado en contra de los caciques que buscan beneficiarse a sí mismos. Por eso cuando los militares llegaron, los caciques señalaron a mi padre.

Mi padre estuvo en la cárcel un año y medio antes de que lo liberaran por falta de pruebas en su contra. Aunque mis hermanos tenían menor protagonismo en la comunidad que mi padre, fueron torturados y castigados mucho más severamente.

La Comisión Estatal de Derechos Humanos tiene pruebas fotográficas de que fueron torturados. La primera vez que fueron a entrevistarse con uno de mis hermanos no lo reconocieron porque su rostro estaba hinchado y lleno de sangre. Había estado orinando sangre y vomitando. Su oído sangraba severamente porque le habían metido un objeto dentro.

Mis dos hermanos fueron sentenciados a treinta años de prisión por un homicidio que no cometieron. Después de tres años fueron liberados por una ley de amnistía creada por el ex gobernador José Murat. Esta ley prometía la liberación condicional a los presos si aceptaban la responsabilidad absoluta de sus crímenes. Era, en realidad, otra forma de coerción y engaño. Aunque estaban afuera de la cárcel, mis hermanos no podían vivir libremente en sus comunidades y si protestaban por cualquier maltrato podían ser detenidos nuevamente. Mis hermanos tienen miedo de hacer denuncias porque es gente del gobierno quien los capturó y torturó en primer lugar y porque la presencia militar y paramilitar es todavía muy fuerte en nuestra comunidad.

La gente de Loxicha se está organizando por el derecho a elegir sus propios líderes, a pesar de que la intimidación y el hostigamiento continúan. El alcalde actual apoya al Gobernador Ulises Ruiz Ortiz.

El gobierno nunca ha podido probar que el EPR existe en Loxicha. Nos preguntamos cómo podrían existir grupos armados allí, si ni siquiera tenemos para comer, mucho menos tendríamos para comprar armas. No somos parte de ningún grupo armado. Respetamos las diferentes formas de lucha social, pero la nuestra siempre ha sido pacífica. No creemos en la lucha armada.

***

Todos los presos políticos sufren amenazas y torturas. Si no admiten culpabilidad, la policía amenaza con matarlos a ellos y a sus familias. Las confesiones se obtienen sin la presencia de un abogado y muchas veces los presos ni siquiera hablan español.

El estado amenazó e intimidó a nuestros presos de la misma manera en que ha amenazado recientemente a activistas sociales en la Ciudad de Oaxaca. Se obliga a los presos políticos a firmar documentos en blanco en los que la policía luego escribe las falsas confesiones que se les ocurren. La policía transporta a los presos en helicópteros y amenaza con lanzarlos al vacío. Amenaza con dañar a sus familias. Todas esas son cosas que les hicieron a mis hermanos.

El tiempo que mi papa y mis hermanos pasaron en la cárcel fue difícil para mi familia. Mi mamá permaneció en la comunidad y yo tuve que mudarme a la ciudad para poder ayudar económicamente a mis siete hermanos y hermanas; también para poder estar con mis compañeras en el plantón. Organizamos un plantón permanente en el zócalo para exigir la liberación de los presos políticos y el fin a la represión. Mi mamá tuvo que pedir préstamos a gente de la comunidad para comprar maíz. Hasta el día de hoy mi familia sigue pagando deudas.

***

Ahora trabajo en la ciudad vendiendo boletos de autobús en la estación de segunda clase. No pude terminar la escuela secundaria porque tuve que venir a la ciudad para escapar de la represión y para apoyar a mi familia trabajando. El único dinero que ingresa a la comunidad proviene de la venta de cincuenta o sesenta kilos de granos de café por año, y es muy poco. Trabajaba de 6am a 11pm pero cuando me enteré de que la Coordinadora de Mujeres Oaxaqueñas 1 de agosto (COMO), la organización de mujeres más grande dentro de la APPO, había reabierto el caso de Isabel Aramaz Matías, comencé a trabajar medio tiempo para poder apoyar a la COMO. Isabel Aramaz es una compañera de mi comunidad que luchó con nosotros y que ha estado en la cárcel por más de cinco años. Además de sumarse a los muchos reclamos de la APPO y de pedir atención especial a los derechos de las mujeres, la COMO mantiene como demanda principal la liberación de Isabel. Ella, que es una de las presas políticas de mi región que han estado en prisión durante más de cinco años, es una de las razones principales por las que me he dedicado a trabajar con la COMO.

Isabel es una indígena zapoteca de la comunidad Loma Bonita Loxicha en la Sierra Sur. Era ama de casa y participaba activamente en su comunidad. Participó también en la marcha desde la Ciudad de Oaxaca hasta la Ciudad de México en 1992 para exigir la liberación del Dr. Felipe Martínez Soriano. Durante la represión de 1996, el ejército, la policía y grupos paramilitares conocidos como "entregadores" persiguieron a Isabel y a su familia. Ella y su marido decidieron abandonar la comunidad y establecerse en la ciudad para buscar trabajo y una nueva forma de vida porque los paramilitares los vigilaban día y noche. Su padre, su madre y sus hermanas se quedaron en su comunidad. Meses después, su padre fue secuestrado por la policía y permaneció cautivo 24 horas.

Cerca del mediodía del 25 de junio del 2002, Isabel y sus hijas salieron del hospital civil en la Ciudad de Oaxaca. Los doctores le habían dicho a Isabel que su madre estaba muy enferma y en coma. Isabel decidió ir a descansar un poco y limpiar la casa mientras sus hermanas se ocupaban de su madre. Mientras entraba a su hogar con sus hijas, la casa recibió una ráfaga de balas desde el exterior. Lo único que pudo hacer fue sujetar fuerte a sus hijas e intentar esconderse. No entendía qué estaba pasando. Le arrebataron a sus hijas de sus brazos y la esposaron. Luego la llevaron a una oficina donde la interrogaron. "Secuestraste a un joven y eres parte del Ejército Revolucionario Popular", le dijeron. Agregaron que si no confesaba le quitarían a sus hijas. La golpearon por todos lados y la obligaron a firmar documentos en blanco.

Después de la interrogación la llevaron a la prisión Santa María Ixcotel. Nunca tuvo oportunidad de hacer una llamada telefónica, ni siquiera para averiguar cómo seguía su madre de salud. Tras cuatro meses de encierro, Isabel recibió la terrible noticia de que su madre había muerto en el hospital. Desesperada, les pidió a las autoridades de la prisión la oportunidad de despedirse de su madre, pero le negaron la oportunidad.

Isabel es una activista social de mi comunidad. Por esa razón sentí la necesidad de unirme al movimiento popular que surgió en la Ciudad de Oaxaca el año pasado, específicamente a las organizaciones dentro del movimiento que defienden los derechos de las mujeres. Por supuesto que también decidí participar por todo lo que he vivido personalmente y por todo el sufrimiento impuesto sobre nuestras comunidades: represión, asesinatos, desapariciones y encarcelamientos injustos. Hemos sufrido mucho por culpa del gobierno estatal.

Hace diez años que no puedo vivir en paz con mi familia en mi hogar. ¿Cuántos años más tendré que esperar para vivir dignamente con mis seres queridos?

Durante mucho tiempo las mujeres no tuvieron ni voz ni voto en las comunidades, los hombres decidían todo. Hoy los espacios se están abriendo poco a poco para las mujeres. Se las incluye en las reuniones, participan en las discusiones y pueden votar. Las cosas están cambiando por nuestra lucha desde la represión de 1996-1997 en la que nosotras, como mujeres y familiares de presos políticos, hemos asumido protagonismo.

Las mujeres nos mudamos a la ciudad para denunciar lo que sucedía. Todas las semanas gente de Loxicha era encarcelada, desaparecida o asesinada. El 10 de julio de 1997 decidimos que teníamos que organizar un plantón pacífico frente al Palacio de Gobierno de la Ciudad de Oaxaca para llamar atención a las injusticias en nuestra región. Cuarenta personas han sido asesinadas, 150 arrestadas y siete desaparecidas. Las mujeres, en muchos casos con esposos asesinados o desaparecidos, acamparon y se quedaron allí por cuatro años. Esa fue la primera vez que las mujeres tomaron la iniciativa y se pusieron al frente de la lucha, a pesar de que muchas tenían varios niños y otras responsabilidades que tuvieron que abandonar. También enviamos delegaciones a la Ciudad de México para hablar con oficiales gubernamentales.

En 1999, veinticinco de nosotras nos instalamos en la Ciudad de México cuando el gobierno transfirió presos a Almoloya de Juárez. Para el año 2000 habíamos obtenido algunos resultados con nuestras protestas: logramos liberar a casi todos nuestros presos políticos por falta de evidencias en su contra. Su liberación fue el resultado del plantón y de todo lo que hicimos para crear conciencia y denunciar los hechos. Hasta hoy continuamos luchando pero todas tenemos que trabajar porque no hay dinero para alimentos y porque debemos cuidar a nuestros niños y mandarlos a la escuela. Además, muchos de nuestros maridos han emigrado a EU. por temor a ser víctimas de la represión.

Nuestro movimiento en Oaxaca está creciendo. Está formado por mujeres de Loxicha que reclaman por los presos, los desaparecidos y los asesinados de nuestra región. Nos dedicamos a denunciar las violaciones a los derechos humanos cometidas contra las comunidades indígenas de la Loxicha y a preservar los usos y costumbres que el gobierno ha intentado borrar. A partir de la represión violenta lanzada por el gobierno federal y estatal contra la APPO y el Sindicato de Maestros, la sociedad está cobrando conciencia sobre la necesidad de unirse para terminar con la discriminación y proveer una mejor calidad de vida a los pueblos indígenas y a todas las personas de Oaxaca.

---

* Luego de 13 años de estar en prisión, el 18 de Julio de 2009 son liberados 4 pobladores de la región Loxicha. Hasta la fecha de publicación del libro continúan en prisión 8 personas desde 1996.

TONIA

En la legendaria Marcha de las Cacerolas, el 1 de agosto del 2006, miles de mujeres ocuparon la estación de televisión estatal, que hasta entonces había servido como canal de propaganda para la perpetuación de un gobierno local corrupto. Miles de mujeres, incluida Tonia, tomaron la estación y transmitieron durante tres semanas, convirtiendo a la emisora en lo que siempre había ostentado ser: el canal del pueblo de Oaxaca.

Al principio no simpatizaba con los maestros. Al contrario, me molestaban los plantones en el zócalo y sentía que los maestros repetían la misma cosa cada año. Pero la situación cambió después de la represión tan brutal de parte del gobernador hacia ellos. Me hizo ponerme en sus zapatos. Pensé en el sufrimiento que les habían causado, en la mujer que se abortó, en los niños que fueron golpeados o que se desmayaron por el gas y todo eso. Si le hacen eso a un sindicato tan grande y organizado, ¿qué se espera uno como colono o como ama de casa que va a solicitar algo o que no está de acuerdo con algo?

Para mucha gente, el desalojo del 14 de junio fue la gota que derramó el vaso. La situación en Oaxaca es intolerable. Las comunidades rurales viven en la pobreza extrema. La gente del pueblo donde yo nací pasa días haciendo petates que venden por treinta pesos. Con eso no les alcanza para pagar una alimentación nutritiva.

Oaxaca no es pobre en el sentido de que no tiene recursos, está repleta de recursos naturales, es muy rico, pues. Pero tanta ratería, tanto que roban los gobernadores, si no fuera por tanto que roban, estaríamos mejor que los países del norte. Noventa y dos millones de pesos se esfumaron sin explicación: ¿cuánto le correspondería a cada ciudadano? La pobreza y la represión que enfrentamos son las mismas que enfrentaban nuestros abuelos y bisabuelos, y no van a cesar hasta que nosotros terminemos con ellas. Pensaba en mis hijos y en nuestro futuro cuando decidí participar en la tercera megamarcha.

La tercera megamarcha se hizo pocos días después de la represión del 14 de junio. La lluvia convirtió las calles en ríos. Marché junto a mi marido y varios vecinos, me acuerdo que estaba lloviendo tanto, pero la gente ahí estaba. Gente que nunca antes había salido de sus casas a protestar empezaba a participar. La gente bromeaba diciendo que Ulises tenía un pacto con el diablo. Alguien dijo que había hecho un pacto con Tláloc, el dios de la lluvia, para evitar que continuáramos con las marchas. Pero allí estábamos todos, entre ríos prácticamente estábamos, porque eran ríos las calles entre el crucero de Viguera hacía el zócalo, la gente ahí emocionada. Yo también sentí mucha emoción. A partir de eso, no he faltado a ninguna marcha.

Lo más impresionante, lo que realmente me agradó fue cuando empezaron a convocar a la Marcha de las Cacerolas del 1 de agosto. Yo decía, "¿Cómo es posible, no? Si yo provengo de un pueblo y en un pueblo la mujer no vale". En un pueblo el hombre toma leche, la mujer no, no tiene derecho. El hombre se baña con jabón y la mujer no, porque es mujer. El hombre tiene su toalla para secarse mientras que la mujer usa lo que puede. En ese ambiente crecí yo, sufriendo la discriminación de mis papas, de mi propia mamá, que es mujer también. Mi mamá creció con esa idea. Las mujeres crecemos sin poder hacer escuchar nuestras propias voces; no tenemos ni voz ni voto. Pero a medida que crecía, empecé a ver que las cosas eran distintas, que la mujer también puede estudiar. Yo estudié una carrera y encontré una profesión. ¡La mujer puede! Y tenemos todo el derecho. Valemos tanto como los hombres. A veces incluso siento que somos mucho más inteligentes.

La marcha del 1º de agosto la organizó un grupo de mujeres que estaba participando en el plantón frente al Departamento de Finanzas. Habían notado que en las manifestaciones muchas mujeres, como yo, no tenían un lugar adonde ir, un grupo de pertenencia. Yo iba y marchaba con cualquiera, con los maestros u otra organización. A pesar de todas las organizaciones y sindicatos que eran parte de la APPO, no había un lugar específico para nosotras las amas de casa. Por eso decidieron organizar una marcha de mujeres. Y así fue como abrieron un espacio para las mujeres en el movimiento, un espacio bienvenido por todas.

Cuando escuché en Radio Universidad que invitaban a las mujeres a una marcha, pidiéndoles que llevaran cacerolas y sartenes o cualquier otra cosa para hacer ruido, yo me anoté en primera, en primera fila. Porque yo dije: "Tengo que estar ahí porque tengo que ver esta rebelión, tengo que vivirla". Rápidamente comuniqué lo de la marcha a mis amigas. Algunas conocidas estaban entusiasmadas y otras se preocupaban por lo que podrían pensar sus maridos. Todas nos preguntábamos cómo terminaría la convocatoria porque nunca antes se había dado una rebelión de mujeres semejante. Honestamente, no esperábamos que se sumaran tantas mujeres. "Seremos dos o tres rebeldes, es todo", pensé. Pero cuando llegó el famoso día, varios miles de mujeres se unieron a la marcha.

Cuando mis amigas y yo llegamos a la Fuente de las Siete Regiones, donde comenzaría la marcha, estaba lleno de mujeres: niñas chiquitas con pequeños sartenes y señoras mayores con grandes ollas. Al comenzar la marcha el aire se llenó con el sonido de las mujeres que golpeaban sus cacerolas con cucharas que iban alisándose golpe a golpe, con las voces de las mujeres gritando su indignación por la brutalidad del gobierno.

No se veía donde empezaba ni donde terminaba la marcha. A medida que caminábamos, más mujeres se unían a la protesta. Había mujeres indígenas, mujeres de todo, de clase media, de clase alta, estudiantes jóvenes... Me parecía que algunas no tenían más de quince años, incluso había niñas de cinco. Había un grupo de niñas de edad escolar con una creatividad sin fin para inventar consignas. También recuerdo que me dio un montón de risa porque venía una señora con una arrocera pero enorme, "¿y esa, qué onda, no?" dije. Y con un molinillo para pegarle. Parecía que iba a cocinar en esa olla para todos los presentes. En vez de eso comenzó a golpear el traste como si fuera un tambor enorme.

Llegamos al Parque El Llano, que estaba repleto de gente observando y de mujeres que esperaban que llegara la procesión. Nos acercábamos al centro, con los eslóganes resonando en todas las calles. Todos estaban sorprendidos, "¿qué está pasando? ¿No se supone que las mujeres sean calladas y sumisas?" En la calle Porfirio Díaz alguien arrojó una piedra que me pegó en el brazo. Nunca vi de dónde vino pero seguramente de una de las casas de los ricos que apoyan al gobierno.

Finalmente llegamos al mitin en el zócalo y comenzaron los discursos. Fue allí que surgió la idea de tomar Canal 9 al ver el poder que teníamos todas las mujeres unidas. Hace mucho que algunas personas tenían el sueño secreto de ocupar la estación de TV que dice ser "El canal del pueblo de Oaxaca". En realidad siempre trabaja a favor del gobierno y contra el pueblo. Todos estábamos hartos de la información falseada y de las calumnias contra el movimiento, pero hasta entonces nadie se había animado a asumir el riesgo. De pronto, cuando una mujer gritó, "compañeras, ¿tomamos el Canal 9?" La respuesta de las mujeres fue "¡sí, sí, sí!"

Inmediatamente, algunas mujeres empezaron a tomar camiones que pasaban y a ordenarles a los chóferes "¡llévenos a Canal 9!" No se les preguntaba, ni se les pedía por favor, se les decía qué hacer. Imagínense el sentimiento, el cambio: de nunca poder hacer valer nuestras voces a sentir todo el poder en nosotras, todo el poder en el pueblo.

Me acompañaba la niña que me ayuda con las tareas de la casa. Le dije, "¡vamos a Canal 9!" Como trabajo de masajista y tenía una cita esa misma tarde, le pedí a Marcy que fuera a casa a preparar todo mientras yo iba a Canal 9. Tenía que estar ahí para después poder contarlo una vez que hubiéramos pasado a la historia. Marcy fue a casa y después de un rato me llamó para avisarme que los clientes habían cancelado sus citas porque los hoteles no dejaban que los turistas salieran, por todo el ruido que andaban haciendo las mujeres y la toma de Canal 9. Y yo ya estuve más contenta porque ya podía estar de lleno en el canal.

Cuando llegamos a las oficinas del Canal 9, el guardia de seguridad no quería dejarnos entrar pero finalmente abrió la puerta. Las mujeres que estaban adelante pidieron permiso para hablar en vivo durante una o dos horas, pero los empleados del Canal 9 dijeron que no era posible. Tal vez si nos hubieran dado esa hora y colaborado con nosotras, no hubiéramos llegado tan lejos. Como dijeron que no a pesar de todas las mujeres que había presentes, decidimos, "Bueno, pues, vamos a tomar el canal".

Éramos tantas que los empleados no pudieron hacer nada. Se asustaron, salieron del edificio y algunos se escondieron en sus carros. El director del canal, que una imaginaría se presentaría para hablar con los manifestantes, huyó como una rata y abandonó a sus empleados. Por supuesto que era una situación intimidante para ellos, pero no hubo agresiones. Siempre se les trató con respeto.

Todas quedamos atrapadas en la espontaneidad del momento. Ninguna había previsto lo que pasaría y ninguna estaba preparada, todo surgió en el momento. Las mujeres nos organizamos en diferentes grupos. Un grupo intentó hacer funcionar la radio, otro, la televisión. Yo permanecí en la planta baja con otras mujeres, estábamos cansadas y no sabíamos qué estaba pasando exactamente pero al mismo tiempo, estábamos muy emocionadas. Un grupo de mujeres iba y venía de donde estaban las antenas, cerca del río, con un ingeniero. Alguien dijo que estaban obligando a los hombres que trabajaban en Canal 9 a poner en marcha el equipo. Finalmente, tuvieron que ayudar.

Mucha gente comenzó a acercar alimentos: tamales, atole, mole, caldo de pollo. Fue bonito ver la respuesta inmediata del pueblo. La entrada ahí para pasar a la sala del canal era como una miscelánea porque había una infinidad de cajas de galletas y bolsas con cientos de panes, paquetes enormes de papel higiénico, azúcar, café, frutas y vegetales… o sea ya como si fuéramos a quedar a vivir ahí para siempre.

La tarde transcurrió en paz. Muchas mujeres se comunicaron por teléfono con sus familias para pedirles que se mantuvieran alertas y que esperaran que las antenas empezaran a funcionar. Cuando se hacía de noche, alguien decidió dejar salir a los empleados para que no nos acusaran de secuestro. A todos ellos se les sirvió café y pan. El guardia de seguridad no se quería ir, ¡prefería quedarse allí con nosotras!

Alguien avisó que el canal había empezado a funcionar y los teléfonos comenzaron a sonar. La gente llamaba para felicitar a las mujeres por el alcance de su rebelión. Recuerdo estar parada al lado de una abuelita cuyo esposo llamó y dijo: "¿Oye, cómo te atreves a estar ahí?" Y la abuelita respondió, "Tú me dijiste que fuera a la marcha, pues ahora te aguantas, ¡y yo me voy a quedar aquí porque todas nos vamos a quedar!"

Nos quedamos allí en el canal. A la noche hablé con mi esposo y le pedí que me llevara un suéter y una cobija para mí, y otro suéter para una compañera. Había un montón de hombres que nos apoyaban desde afuera trayendo suéter, cobijas, de todo. Una mujer de la colonia Guelaguetza había llevado a su niñita con ella a la marcha y ahora ambas estaban dentro del edificio. Todas le dijimos que era peligroso que la niña estuviera ahí, y la madre decidió esconder a su hija detrás de unos sillones. Si la policía llegaba para desalojar, no creíamos que a la niña le hiciera algo… Al menos eso esperábamos, en el nombre de Dios, porque ya no se podía hacer otra cosa.

Esa noche se celebró una gran fiesta en el canal de TV, con toda la comida y tantas cosas que nos habían llevado. Alrededor de la medianoche llegaron los muchachos que cantaban; llevaron serenatas para las mujeres. Estábamos todas afuera, cantando y con una alegría enorme. A las 2am llegaron doscientos maestros provenientes de una asamblea estatal y todas salimos otra vez para cantar y gritar consignas. Si decidían que lo nuestro era delito o no era, ya no importaba, ya estaba la toma y allí estábamos metidas, así que… ¿por qué no cantar? Nadie pudo dormir esa noche por toda la emoción, la gran incertidumbre y el temor que sentíamos ante una posible llegada de la policía. Finalmente dijimos, "si nos van a hacer algo, pues aquí, que nos hagan a todas".

Regresé todos los días al canal a apoyar y a hacer guardia. Las mujeres estábamos organizadas en distintas comisiones: comida, higiene, producción y seguridad. Una cosa que me gustó es que no había líderes individuales. Para cada tarea había un grupo de varias mujeres a cargo. Fuimos aprendiendo sobre la marcha.

Recuerdo que en un momento alguien preguntó quién sabía operar computadoras. Muchas de las jovencitas respondieron al llamado, "¡yo, yo, yo puedo!" Por Radio Universidad anunciaron que necesitábamos gente con conocimientos técnicos y muchas personas se presentaron para ayudar. Al principio filmábamos gente sin cabeza, pero la experiencia de Canal 9 nos enseñó que querer es poder. Las cosas se hicieron y se hicieron bien.

La gente que estaba en contra del movimiento nos describía como un grupo de mujeres enojadas y resentidas que estaban insatisfechas en sus hogares y en la sociedad. Mujeres amargadas. Pero nosotras éramos felices y eso no nos importaba. Estar en Canal 9 nos hacía sentir bien, poderosas, porque todo el lugar nos pertenecía a nosotras, a las mujeres. Todo era fabuloso porque estábamos haciendo historia. Una podía caminar dentro de Canal 9, el Senado o cualquier otro edificio de gobierno ocupado y nadie decía nada. Todo le pertenecía al pueblo. Canal 9 empezó a emitir programas que criticaban al gobierno y no hubo repercusiones. Durante esos meses, nuestro soñado poder popular se convirtió en realidad.

En el poco tiempo que Canal 9 funcionó, hasta que el Gobernador Ulises ordenó destruir las antenas, logramos compartir muchísima información. Se mostraron películas y documentales que nunca antes hubiera sido posible pasar en TV: documentales sobre distintos movimientos sociales, sobre la masacre estudiantil de Tlatelolco en la Ciudad de México en 1968, sobre las masacres de Aguas Blancas en Guerrero, y de Acteal en Chiapas, sobre movimientos guerrilleros en Cuba y El Salvador. Para ese entonces, Canal 9 había dejado de ser sólo el canal de las mujeres. Era el canal de todo el pueblo. Las personas que participaban también armaban sus propios programas. Había un programa de jóvenes y otro en el que participaban las comunidades indígenas. Había un programa de denuncias en el que cualquiera podía compartir los abusos que había sufrido de manos del gobierno. Mucha gente de distintos barrios y comunidades quería participar. El tiempo de emisión apenas si alcanzaba para todos. El movimiento tuvo un impacto enorme en la gente, haciéndole saber que los pueblos resisten en todas partes. Creo que el movimiento de mujeres cambió los prejuicios que mucha gente tenía internalizados. Después del éxito de la toma, mi papá me habló por teléfono. Después de todo lo que tuve que sufrir de niña y luego como mujer, finalmente se sentía orgulloso de mí. Nos felicitó y preguntó cómo habíamos logrado tomar Canal 9. La ocupación le permitió ver de qué éramos capaces las mujeres. Desde entonces, él también participa en el movimiento. Cada vez que hay una marcha, él viene desde Juquila. Además del apoyo de mis papas he contado también con el apoyo de mi esposo e hijos. Mi marido no tiene la misma chispa combativa que yo pero siempre estuvo a mi lado. Los niños saben qué está pasando, este conflicto también los involucra a ellos. Mi hijo más pequeño, que todavía no puede pronunciar la letra R, grita, "pala un gobielno campesino, oblelo y populal!"

Muchas familias están divididas por este conflicto. Mi hermana y su esposo están en contra del movimiento. No entienden de qué se tratan las barricadas y la rebeldía. Ella cree que la gente es pobre porque es floja. Yo le digo que no tiene sentido que discutamos. Nunca me va a convencer y no vale la pena que yo lo intente con ella. Lo mejor es dejar que cada una piense como quiera y que haya respeto. Hace casi medio año que no la visito porque me cansé de que me ataque cada vez que me ve.

Incluso después de que destruyeron el equipo de transmisión, las mujeres continuamos ocupando el canal. El 31 de agosto se formó la COMO para agrupar a las mujeres dentro de la APPO.

Desde entonces, allí estamos. Hemos organizado muchos eventos importantes, como una marcha desde Oaxaca hasta la Ciudad de México, seguida de una huelga de hambre. Cantamos las consignas de Oaxaca en el metro de la ciudad y mucha gente nos felicitó. Para Día de Reyes organizamos un festival para niños y regalamos juguetes, tanto a los niños cuyas familias apoyan al PRI, como a los hijos de los presos políticos, de los muertos y de los desaparecidos. Organizamos también una semana de eventos para el Día Internacional de la Mujer.

Una amiga me dice que tengo sueños guajiros, que sueño en grande. Mi sueño para la COMO es que la organización crezca hasta llegar a todas las comunidades de Oaxaca. Podríamos ofrecer ayuda legal o médica y convertirnos en un espacio de apoyo mutuo. Cualquier mujer con problemas, en cualquier comunidad, podría decir, "vamos a Oaxaca, que allí están las mujeres de la COMO".

FRANCISCO

El 21 de agosto del 2006, tras la destrucción de la estación estatal de radio y televisión que estaba ocupada por las mujeres a manos de las fuerzas paramilitares, el movimiento social mostró su tenacidad tomando las once estaciones comerciales de la ciudad antes del amanecer. Francisco, estudiante de ingeniería y técnico de radio, participó en las tomas..

En julio, cuando quemaron el transmisor de Radio Universidad, yo estaba en mi cuarto jugando con la computadora y escuchando Radio Cacerola. Fue entonces cuando escuché que Radio Universidad tenía problemas, que habían salido del aire y que estaban pidiendo que quienes tuvieran fusibles de 60 amperes los acercaran. Tenían problemas con la instalación eléctrica.

En aquel entonces yo no participaba activamente en el movimiento, tal vez por falta de visión o de mayor conciencia social. Igualmente, simpatizaba con el movimiento porque creo que es un derecho natural defenderse, que llevamos un modo de vida pasivo y que vivimos pensando sólo en nosotros mismos. No nos sentimos parte de algo mayor, como es la comunidad o el pueblo. En los medios masivos de comunicación siempre se fomenta el individualismo y esa es la causa de nuestra pasividad social.

Trabajo de electrónico desde los doce años y esa siempre ha sido mi vocación. Así me gano la vida y pago mis estudios en el Instituto Tecnológico de Oaxaca. Soy hijo de padre y madre proletarios, trabajadores, que con mucho esfuerzo nos educaron a mí y a todos mis hermanos.

Radio Cacerola repitió la noticia de que Radio Universidad seguía fuera del aire y continuaba pidiendo el apoyo de la gente que supiera algo de electrónica o que tuviera fusibles. Fui hasta Ciudad Universitaria alrededor de las 5:30 de la mañana.

Despúes de una revisión en la puerta de la radio, me dejaron pasar. El ambiente era tenso, había gente resguardando las instalaciones. Me preguntaron: "¿A que vienes?" Me identifiqué, les dije que mi propósito era ayudar en lo que pudiera y que traía fusibles de 60 amperes. En el interior de las instalaciones había un olor picante, irritante. Los ojos me ardían. Vi el transmisor. Había espuma amarilla en el piso y el equipo estaba bañado en ella. Unas lucecitas que parpadeaban alocadamente eran los únicos signos de vida que daba el transmisor.

Un grupo de personas distrajo a la vigilancia de la radio quemando autobuses para que otros pudieran quemar la radio con ácido corrosivo. Eran esquiroles, tipos que se infiltran en el movimiento haciéndose pasar por simpatizantes solidarios y que son pagados por el gobierno para callar la voz. Los que quemaron los carros huyeron, pero los autores de la quema de la radio fueron atrapados y encerrados. Antes de que les permitiéramos salir, tuvieron que atravesar una valla humana que formamos. Una vez que nos deshicimos de esos tipos, los técnicos nos pusimos a revisar la radio.

Pasamos muchos días reparando el transmisor de Radio Universidad. No conseguíamos todo el material necesario para efectuar la compostura. Trabajábamos en el diseño de una pieza clave de la alimentación cuando escuchamos que la transmisión de Radio Cacerola se había suspendido por una falla técnica provocada por la transmisión sin pausa.

Fueron momentos de gran angustia y desesperación porque era el único medio informativo que le quedaba al pueblo en lucha. Los técnicos nos sentimos impotentes por no poder ayudar. Sentíamos que tal vez si nos hubiéramos sacrificado un poco más, desvelado más y trabajado con mayor celeridad, ya hubiéramos tenido listo un nuevo transmisor para reemplazar al que había fallado.

La incomunicación era como una sombra que cubría la región. Los sicarios y porros pagados por el Estado aprovecharon la situación para hostigar a los compañeros que se encontraban en el plantón. A través de teléfonos celulares, o simplemente por rumores, nos enterábamos de que se estaban cometiendo varios actos de violencia contra algunos campamentos.

La transmisión de Radio Cacerola se reestableció gracias a la efectividad de los técnicos en la reparación del, entonces sí, "canal de los oaxaqueños". Fue una inmensa alegría volver a escuchar las voces que tanto extrañábamos.

Los camaradas técnicos continuamos con nuestra tarea. De pronto, tal vez a eso de la medianoche, entró corriendo una compañera con el celular pegado a la oreja: "¡Les están partiendo la madre a los compañeros del Fortín!"

Nos levantamos como resortes de nuestros asientos y salimos. Muchos compañeros ya se estaban preparando para ir en auxilio de quienes sufrían el atentado en las antenas del Fortín: juntaban bombas molotov, palos, machetes, cohetes, bazucas, piedras... lo que fuera. ¿Pero qué podíamos hacer con nuestras "armas" contra los matones de Ulises Ruiz que traían cuernos de chivo, pistolas de alto calibre y mucho odio? La banda, los chavos, sentimos mucho coraje: lo importante era llegar cuanto antes al lugar donde los compañeros estaban sufriendo.

Nos subimos a un autobús que había sido tomado antes. Chavos, chavas, todos los que queríamos ir. Mientras tanto, se alertaba a los vecinos de Ciudad Universitaria de un posible ataque. El autobús manejado por "Barba Roja" llegó a la puerta del Instituto de Ciencias de la Educación. Estaba cerrada. El compañero "Soldado" la abrió a golpes de machete: "¡Vámonos!" Sentíamos la adrenalina en todo el cuerpo y la sensación se hacía más fuerte conforme nos acercábamos.

Las calles estaban desiertas y no hubo obstáculos para llegar, nos interceptó un automóvil en las faldas del fortín, para ser exactos, frente al hotel fortín plaza, nos pusimos alerta…todos listos, -"¡¿Quiénes son?!", dos profesores que también van a ayudar, pero nos dijeron: ¡huyeron por la parte de atrás, vamos por ese lado a cerrarles el paso. Y así nos dimos la vuelta para subir el cerro por la parte de atrás, por la colonia estrella.

Entonces llegamos al camino que conduce a la cima. Comenzamos a subir, con el riesgo de caer al precipicio porque no era un camino para que transitara un camión. Lo logramos gracias a nuestro conductor "Barba Roja", que llevaba lentes redondos de carpintero que le cubrían medio rostro, casco amarillo de bombero y su barba roja. Casi todos estábamos vestidos de forma peculiar: guantes de cuero, una playera sobre otra… Nos veíamos muy cómicos. Lo que no era nada cómico era el sonido de los plomazos y gritos que escuchábamos tras la colina.

Cuando llegamos al puente que está en el cerro, nos echaron encima la luz de una lámpara y nos preguntaron: "¿Quién es?" "¡La universidad!", respondimos al unísono.

Nos dijeron que los sicarios habían llegado caminando hasta situarse a cincuenta metros de los compañeros que estaban resguardando las antenas. Estos, cuando vieron que unos tipos se acercaban, no creyeron que lo hacían con la intención de disparar. Tal vez se trataba de más gente que llegaba para proteger el campamento. Pero, al ver que no los reconocían, les gritaron que se identificaran. Como respuesta recibieron una ráfaga de alto calibre. Varios resultaron heridos de gravedad y las antenas quedaron inutilizables.

Los veinte chavos que habíamos venido desde Ciudad Universitaria nos dimos una vuelta por el monte para localizar a cualquier compañero que pudiera estar herido. No encontramos nada. Revisamos todo el lugar con lámparas y nada. Al cabo de veinte minutos volvimos a subir y supimos que a los heridos ya se los habían llevado al hospital. Al pie de la antena había altas llamas. El Auditorio de la Guelaguetza también ardía. Decidimos regresar porque no había nada más que hacer. Habíamos llegado demasiado tarde.

Regresar nos costó mucho más que entrar. Maniobrar un autobús en una vereda donde apenas cabe un coche es todo un reto, pero Barba Roja lo hizo con suma habilidad. Una vez en la carretera, vimos una caravana de autobuses llenos de policías escoltada por carros particulares sin placas. Cuando llegamos al plantón, encontramos a la gente expectante porque en muchas partes de la ciudad se escuchaban detonaciones. Sentimos ganas de avisarles que habíamos visto mucha policía en camino y que imaginábamos un posible operativo de desalojo, pero al mismo tiempo no queríamos desanimarlos.

Sentíamos la falta de un medio de comunicación y de coordinación. "Soldado", "Tío", "Satra", "Cari" y los demás compañeros acordamos ir a la Radio La Ley porque escuchamos que había sido tomada.

Había mucha pero mucha gente en las calles a esa hora de la madrugada y cada vez se sumaban más. Venían desde Jalatlaco, Xochimilco, Colonia Reforma, Volcanes, Heladio y otros barrios.

Antes de llegar, en los alrededores de la radio se escuchaba la transmisión a través de una bocina: "¡Compañeros, es necesario tomar las antenas! Debemos garantizar que nuestra voz no sea interrumpida". Imagino que la gente reunida sentía que la policía podía llegar en cualquier momento. Finalmente llegamos, atravesamos el camión en la esquina para bloquearla y bajamos con palos, piedras, bazucas y bombas molotov para respaldar la toma de la radio.

Nadie sabía con exactitud dónde estaban las antenas. Se decía que en Brenamiel, que en Volcanes, que en el Rosario, que en el Fortín... No faltó quien dijo que la transmisión era por satélite... Los chavos de Radio Universidad decidimos hacer otra toma.

Subimos a una camioneta y fuimos a las instalaciones de Radio ORO. Tocamos la puerta y un chavo dijo por el megáfono: "¡Esta es una toma pacífica! ¡Abran, las instalaciones quedan tomadas porque se nos ha quitado el único medio de libre expresión! ¡Esta es una toma pacífica, abran!" Y abrieron. El guardia de seguridad abrió la puerta y entramos, sin golpes ni insultos, caminando. Hasta le dije al guardia: "Buenos días", pero no me respondió. Nos dimos cuenta de que había tres cabinas: la de Magia 1080 AM, que tomamos los chavos de Radio Universidad; la de 1460 AM, tomada por las mujeres de Radio Cacerola; y la estación de 98.5 FM, tomada por muchachos de la okupa anarko-punketa del centro.

Y así amaneció el espectro radioeléctrico de la Ciudad de Oaxaca, con el dial inundado de radios tomadas: once frecuencias diferentes. La toma no había sido planeada, en absoluto. Hay una gran capacidad de organización entre mi gente. Todo fue espontáneo. Y aunque al principio no sabíamos qué hacer, todo se fue coordinando sobre la marcha. Supimos qué hacer porque fuimos muchas mentes con un mismo objetivo.

Una vez preparados, comenzamos la transmisión de ideas: "Disculpas a las personas que esperaban el programa matutino para niños, la música para despertar, desayunar e irse al trabajo. Esta es una toma porque el día de ayer fueron atacadas antenas". En las once frecuencias radiales de Oaxaca se escuchaban voces libertarias, voces que hoy extrañamos. ¿Quién no se acuerda de "El Circo", "La Guerrilla Urbana", "El Servicio de Inteligencia

Artificial"? Eran programas de chistes, de protesta, de parodias sobre Ulises y su camarilla... programas que nos hacían reír y pensar.

En las primeras horas de transmisión hubo una gran cantidad de llamadas a favor y en contra de la toma. Una maestra me contó que una muchacha llamó y dijo: "Llevo cuatro horas escuchando solamente su punto de vista" y que ella le respondió: "Muchacha, yo llevo toda mi vida escuchando el punto de vista de los ricos".

Al mediodía se decidió entregar algunas de las frecuencias que se habían tomado. Ya teníamos cuatro emisoras transmitiendo, suficiente para ser escuchados.

Tiempo después de la toma leí un articulo que decía que los autores materiales e intelectuales de las ocupaciones no habían sido oaxaqueños y que habían recibido apoyo especializado. Mencionaba que fue sorprendente lo rápido que logramos operar las radios y que tal cosa sólo es posible con entrenamiento previo porque se trata de equipo muy sofisticado... No se necesita ser un genio para saber que "on" significa encendido.

Oaxaca; 4 muert

■ Alerta máxima en la APPO; esperan hoy *ope*

■ En el ataque contra barricadas arremeten c

Bradley Roland Will, camarógrafo independiente de Indymedia, cayó e
Oaxaca, abatido por dos balazos en el abdomen ■ Francisco Olvera

GUSTAVO

Gustavo, nativo del estado vecino de Guerrero, llegó a Oaxaca junto a muchos otros fotógrafos y periodistas independientes, inspirado por el movimiento social y decidido a documentar la resistencia del pueblo. Los periodistas independientes, que postulaban una mirada alternativa a la del monopolio de los medios comerciales, se convirtieron en un blanco específico del gobierno. En el caso más conocido, el periodista estadounidense Brad Will fue asesinado el 27 de octubre del 2006 en la barricada Calicanto, donde también se encontraba Gustavo documentando la violencia que el estado desató ese día.

Estaba trabajando en Canadá cuando escuché lo que acontecía en Oaxaca y ya supe que era hora de regresar a mi querida realidad. Una estación de radio independiente informaba sobre los hechos. Al ver que el plantón en el zócalo se empezó a alargarse y que intentaron a desalojar con la fuerza policíaca con tanta brutalidad, cambia la cara de lo que pudo haber sido un plantón que se iba a desinstalar cuando tuvieran los acuerdos económicos. Cuando me dí cuenta que ya no era solo el magisterio, sino que también respondía el pueblo, es cuando dije, bueno, ahí está la respuesta del pueblo de tantos años de injusticia. Décadas tras décadas están ahí aguantando y aguantando, llega un momento en que revienta, es un escape y se levantan.

El pueblo no reaccionaba solo contra la brutalidad policial. Yo empecé a vivir y fotografiar comunidades indígenas en 1997. Esa incursión dentro de sus tierras y sus comunidades vas viendo toda la injusticia por la que atraviesan. Hay otro tipo de violencia contra la sociedad. No nada más es la brutalidad policíaca sino el hecho de que no tengas servicios médicos, no tengas una vida digna, ni un techo donde vivir. Entonces, vas incursionando, vas dándote cuenta que hay un descontento y que tarde o temprano va a reventar.

Preparé mi equipo fotográfico y me puse en contacto con un maestro de Guerrero. El sindicato de maestros de Guerrero, al igual que los de Michoacán, Puebla y otros estados, iba a enviar una caravana de maestros a la Ciudad de México para recibir a los maestros de Oaxaca que iban a llegar tras recorrer 530 kilómetros. Me uní a la delegación de Guerrero y llegamos a la Ciudad de México cerca del 10 de octubre, el día que la marcha entró. La idea de ellos era quedarse alrededor de tres, cuatro días en los campamentos para reforzar la entrada de los maestros de Oaxaca.

Había mucha euforia por parte de los simpatizantes que estaban recibiendo a los maestros en el zócalo. Por las principales avenidas de la ciudad llegaron miles de docentes. Ocupaban kilómetros y kilómetros. Los maestros mayores encabezaban la marcha, según la costumbre de las comunidades indígenas. Muchos llevaban su traje típico y guaraches. La mayoría de la gente no venía con zapatos especiales para caminar. De las personas grandes que venían en frente, varias tenían sus pies vendados. A los lados de la columna había gente encargada de estar alejándonos, cumpliendo el rol de guardias de seguridad. Civiles solidarios de la Ciudad de México habían formado una especie de valla, una valla humana para proteger a la marcha en su ingreso a la ciudad. Había muchisísima gente… Eso te reflejaba el sentir ya colectivo de la inconformidad y como siempre en México pasan las cosas y el político nunca tiene su castigo cuando hace su fechoría. No son 15, no son 30 inconformes, revoltosos, es gran parte de la población la que está inconforme. Ni puedes pensar que es un solo estado, son muchos estados.

Ya al entrar a la zona del centro de la Ciudad de México y a la tarima de la plaza central, del zócalo, los maestros volvieron a expresar sus intenciones de que se iba a hacer lo posible por destituir al gobernador y que la unificación de los pueblos era lo más importante para eso. Y agradecieron a todos los presentes por el apoyo brindado. Fue sorprendente ver la respuesta de la sociedad civil. En la enormidad monstruosa e impersonal de la Ciudad de México, fue maravilloso ser testigo de tamaña solidaridad y tener la oportunidad de conversar con gente que conoce el sentido de la lucha social, que ha experimentado en carne propia las consecuencias de la interminable represión que sufre nuestro país. Uno pensaría que en un lugar tan grande como la Ciudad de México nadie tendría tiempo para echar la mano. Quizás algunos sintieran simpatía, ¿pero quién alteraría su rutina por otra gente? Muchísima gente lo hizo, de muchas maneras distintas. Acamparon con los maestros, acercaron alimentos, medicinas y ofrecieron sus hogares para que los compañeros se ducharan.

Los maestros instalaron su plantón en la plaza que está frente a la Cámara de Diputados y bloquearon las entradas a la Cámara del Senado, donde se daban las negociaciones entre el Secretario de Gobernación y los líderes del sindicato de maestros. Levantaron lonas por toda la plaza y en algunos callejones aledaños. La gente de la Ciudad de México acercó víveres: bolsas de arroz, botellas de agua, todo tipo de cosas. Los hombres acarreaban los alimentos que no dejaban de llegar y las mujeres organizaban cocinas improvisadas y separaron los chiles para hacer salsas. Había un campamento con médicos que atendieron las heridas de las personas que habían venido caminando. Proveían atención de primeros auxilios para las llagas en los pies. Todos traían sus radios en la mano, estaban sentados siempre alrededor de la radio escuchando las noticias de cómo iban las negociaciones y los acuerdos.

Se vivían momentos muy tensos porque ya en ese tiempo ya empezaban a perder confianza en el líder del sindicato, Enrique Rueda Pacheco. Empezaban a dudar de él, incluso me tocó ver cuando salió de una mesa de negociaciones con Gobernación, la gente le empezó a abuchear. Le empezaron a seguir. Él salió caminando y los medios de comunicación se acercaron a él y lo empezaron a entrevistar pero él iba caminando y hablando, como intentando huir del acampamento. Pero la gente, que realmente estaba durmiendo en la calle, haciendo el esfuerzo, estaba atrás de él, gritándole, "Traidor, no vendas a tu pueblo, no vendas al magisterio". Él estaba dudando, ya, de mantener el movimiento firme, tal vez ya le estaba llegando el precio para vender el movimiento.

Sin consultar a las bases, Rueda Pacheco anunció que los maestros regresarían a clases. Se los compensaría por las semanas caídas y quizás se cumplirían algunos de sus reclamos laborales. Pero los maestros no querían regresar a clases hasta que se solucionaran los problemas sociales más profundos. Sobre todo, no querían darse por vencidos hasta que el gobernador hubiera renunciado.

Pasé dos noches en el distrito federal, intentando dormir a suelo raso bajo un cielo saturado de smog. Pequeñas gotas caían sobre mi cara y no se veía ni una sola estrella. Solo dos noches fueron suficientes para concretar el panorama diseñado en mi cabeza desde el extranjero. Toda esa información que leía en los medios de comunicación ahora me entregaba una fotografía hablada con palabras, gestos y protesta. Me era posible ver a través de los claroscuros de mi mente, el descontento colectivo que acompañaba a mis hermanos mexicanos. Regresé a Oaxaca en un autobús lleno de maestros.

Décadas atrás, a principios del siglo XX en un pueblo de Guerrero, mi bisabuelo, un fotógrafo empírico, tuvo la oportunidad de fotografiar a Emiliano Zapata en su campaña revolucionaria que el caudillo había emprendido por el sur del país. Esa foto se convertiría en emblema de la Revolución Mexicana. Ahora, años más tarde, yo estaba listo para fotografiar el movimiento social de la Asamblea Popular de los Pueblos de Oaxaca, la APPO, o tal vez la Revolución Mexicana del siglo XXI.

Había visitado Oaxaca algunos años atrás, eran los inicios de la fotografía en mi vida y solo quería conocer y captar las realidades que acompañan a mi país y en especial a las comunidades indígenas. En aquel entonces la ciudad me parecía hermosa, con muchos lugares interesantes por conocer y una arquitectura increíble. Cualquier persona dirá que la ciudad es preciosa. Pero hoy pienso muy diferente, reconozco que es alto el precio que ha pagado el pueblo oaxaqueño por la conservación de estos sitios "hermosos" a placer del turismo blanco.

Pasé el resto del mes de octubre en las calles. Quería fotografiar cada momento de la vida del pueblo sacudido por el enorme movimiento. Una noche decidí hospedarme definitivamente en el campamento del zócalo para conocer más de cerca las demandas del pueblo. Pedían la destitución de un gobernante asesino que ya había cobrado la vida de varios civiles, pedían la desaparición de poderes, entre otras demandas. Pero como siempre ha sucedido en México, el poder está en manos de unos cuantos y la justicia está al servicio del que tiene más y mejor paga. Nada parece cambiar.

Fue un mes de tensión creciente. El 27 de octubre, la APPO anunció que iban a radicalizar las acciones de la asamblea para aumentar la presión sobre el gobierno federal, que debía forzar la destitución del gobernador. Se cerraron calles con barricadas, se cerraron bancos, tiendas y restaurantes multinacionales. Yo vi cuando estaban cerrando bancos. Llegaban y pedían a los guardias de seguridad que dijeran a la gente que cerraran el banco. Siempre dejaban que salieran las personas. Nunca hizo falta que entraran a los bancos.

Esa tarde escuché el anuncio en la radio que pedían refuerzos en Calicanto porque acababan de dispararles a la barricada que se encontraban ahí. La barricada estaba en Santa Lucía del Camino, un municipio que básicamente forma parte de la Ciudad de Oaxaca. A la colonia se lo conoce por ser priísta, con autoridades municipales dominadas por el partido. Pero también existe allí una resistencia fuertemente organizada. El tráfico era un caos total, por supuesto. Aún así, junto con un contingente grande de gente incluyendo a muchos otros jóvenes, subí a un camión que había sido tomado por el movimiento que iba a la barricada.

Al llegar, un auto en llamas era la imagen que decoraba la situación. Había unas sesenta personas en la barricada. Todos se movían, hablaban, se organizaban. Pregunté qué estaba pasando y uno de los presentes me dijo: "Estábamos aquí sentados en la barricada cuando de lejos sobre la calle llegó un auto y salieron unos cabrones y comenzaron a dispararnos".

Allí estaba Brad, en medio de la gente, cámara en mano. Nos saludamos de mano y solo hice una pregunta. Era mi primera vez en esa barricada, pero Brad había pasado más tiempo allí. "¿Cómo ves la situación?" le pregunté. "Fuerte", contestó. "Cuídate", le dije.

Brad había seguido los eventos de Oaxaca desde el extranjero y quiso acercarse para cubrir el movimiento popular. Como fotógrafos, nos encontrábamos seguido: en asambleas, barricadas, funerales públicos de gente del movimiento, en el zócalo. Habíamos hablado algún tiempo atrás mientras yo comía un perro caliente en una esquina. Me pareció sincero, con la facilidad de acercarse a la gente y ser aceptado, algo que no siempre es fácil para los periodistas. Había viajado mucho por Latinoamérica y siempre había sido muy involucrado en las bases de la comunidad. En Oregon, Brad se puso a vivir arriba de un árbol para defender los bosques para que no fueran cortados. También había defendido parques y edificios históricos que pertenecían a las comunidades de Nueva York.

La gente de Santa Lucía ya lo conocía. Recuerdo que cuando llegué los manifestantes nos gritaron a todos que apagáramos nuestras cámaras, pero dejaron que Brad siguiera filmando. Yo saqué fotos, pero traté de no fotografiar a la gente para la seguridad de ellos.

Todos en la barricada se estaban organizando para ir al palacio municipal de Santa Lucía, donde se decía que estaban escondidos los sicarios del gobierno. Hay dos calles que llevan al palacio municipal: Juárez y Siracusa. Los manifestantes intentaron llegar por ambos caminos. Encendieron cohetes y llevaban piedras, palos y bazukas. Yo los seguí de cerca con mi cámara. En ambas calles recibimos disparos de policías vestidos de civil, aunque se supone que eran policías municipales. Había por lo menos diez hombres armados que nos disparaban constantemente.

Desde aquel día no han parado de cruzar por mi cabeza todas las imágenes y gritos de aquellas personas, el estruendo generado por detonación de cohetones y armas de fuego, el zumbido de balas rozando nuestras cabezas.

Alguien señaló una azotea desde donde nos lanzaban piedras unos priístas. Los manifestantes se reunieron frente a la casa e intentaron forzar la puerta. La gente gritaba y los cohetes detonaban mientras golpeaban la puerta, todos atentos ante una respuesta violenta. Me ubiqué del otro lado de la entrada para sacar fotos. Brad también estaba allí, filmando. Finalmente, alguien logró meter su pie entre la puerta y el marco y con un último empujón la puerta cedió. Inmediatamente el manifestante se movió a un lado del marco y se escucharon dos detonaciones que provenían del interior de la casa. Eran cerca de las 3:30pm del 27 de octubre del 2006. El sol de aquella tarde comenzaba a declinar hacia el horizonte oaxaqueño. Las sombras de los guerreros en combate se pintaban sobre las paredes de la calle.

Empuñando fuertemente mi cámara y con el cuerpo medio inclinado cruce la calle corriendo hacia la acera del frente. Fueron segundos de incertidumbre y miedo y la adrenalina se desplazaba velozmente hasta las puntas del cabello. También nos disparaban desde el final de la calle, desde al lado del palacio municipal. Todos, manifestantes, camarógrafos, fotógrafos y reporteros, nos replegamos corriendo hacia la calle Árboles en busca de protección.

Escuché el ruido de un motor. Un pequeño camión de carga se dirigía en reversa sobre la calle Árboles seguido de la mayoría de los manifestantes que buscaban resguardarse detrás de aquel montón de acero móvil. El valiente conductor del camión, simulando el ataque suicida de un kamikaze japonés, viró su nave terrestre en calle Juárez. Sorteándose la vida en una lluvia de balas, provenientes de los sujetos apostados en el otro extremo de la calle, arremetió en reversa contra el frente de la casa, logrando así, derribar el portón principal. El conductor bajó de prisa dejando el camión a la mitad de la calle, para la protección de los manifestantes.

Pareciera que alguna persona conocida o importante en el municipio de Santa Lucia del Camino corría peligro dentro de la casa; por que es en ese momento, supuestos policías del municipio vestidos de civiles y portando armas largas arremetieron con furia, disparándonos a todos. Corrimos despavoridos en todas direcciones, buscando protegernos en cualquier recoveco que nos lo permitiera. Las personas que quedamos atrapados en medio de las ráfagas, nos resguardábamos detrás de postes, árboles y carros que se encontraban en la zona de fuego. En ese momento cualquier hoyo era una trinchera.

En la calle Siracusa se estaba organizando un frente similar que también fue atacado con armas de fuego. Los manifestantes respondieron con bombas Molotov y cohetes, pero su poder no era suficiente para repeler el ataque de policías de civil fuertemente armados al servicio del presidente municipal. La balacera duró dos horas. Varias personas habían sido heridas y apenas si habíamos avanzado en dirección al palacio municipal.

El resto de la historia la han conocido los mexicanos y la gente de todo el mundo a partir de la TV, periódicos, radio, Internet o de boca en boca. La gente del pueblo en resistencia lo vivió personalmente al frente en el combate, otros tantos lo vimos detrás del lente de una cámara. Pero hay algo que es seguro, las personas que fuimos testigos de este atroz asesinato, nos cambió la vida.

Había buscado protección en la calle Árboles y estaba regresando a Juárez cuando vi a los manifestantes cargando un cuerpo. Gritaban pidiendo ayuda: "¡Un médico, una ambulancia! ¡Abran campo! ¡No estorben! ¡Le dieron al güero! ¡Le dieron al gringo! ¡Le pegaron a Brad! ¡Por favor, un médico!" De hecho, mucha gente gritaba su nombre, que prueba cuanta gente de la colonia ya lo conocía.

Su cuerpo estaba completamente flácido, así que no fue fácil cargarlo. La gente que lo llevaba lo bajó al suelo y muchas personas se juntaron alrededor. Pensé que necesitábamos sacarlo de allí lo más rápido posible. Yo lo cargué de la pierna izquierda y otras personas lo cargaban de otras extremidades. Avanzamos y cruzamos la calle Siracusa. Ni siquiera parábamos para ver si disparaban o no. Cruzando Siracusa, en un lugar seguro lo pusimos sobre el suelo a esperar que llegara la ayuda.

Lo habían alcanzado en el estómago. Era una herida pequeña. Apenas sangraba, pero se podía ver cómo la vida se le escurría del rostro. Le quité su bolso para que pudiera respirar mejor, pero era claro que estaba muriendo. Ya había perdido color, estaba pálido. Su respiración ya era difícil. Ya estaba totalmente inconsciente, medio abría los ojos. Ya no respondía a ninguna de las preguntas.

Lo único que pensaba, que por mi cabeza cruzó, pues, fue la situación de morir lejos de tu familia, de tus seres queridos, lejos de tu tierra. Debe ser difícil, saber que te estás yendo poco a poco, su alma tal vez ya estaba yendo. ¿Qué más puedes hacer por una persona que se está muriendo? Lo único que pensé era hablarle. Le hablé de cerca, le dije: "Brad, vas a estar bien. Brad, estamos aquí contigo". Por un momento, parecía que quería hacer esfuerzo porque se escuchaban los gritos de todas partes, diciendo: "¡Resiste, Brad! ¡Resiste!"

Finalmente apareció un carro y le sostuve la cabeza mientras lo subíamos. Todos decían: "Vas a estar bien, Brad, no te preocupes". No había lugar para todos nosotros en el carro. Pensé en colgarme en la defensa del auto, pero no había forma de sostenerme.

Más tarde averigüé que tuvieron muchos problemas para llegar al hospital. Primero con las barricadas y luego porque se quedaron sin gasolina. Un hombre con una camioneta se ofreció a llevarlo y una señora mayor lo cubrió con su rebozo. Pero unas cuadras antes de llegar a la Cruz Roja, Brad murió en los brazos de quienes lo venían acompañando desde Santa Lucía.

Las personas que apoyaron a Brad en ese momento fueron luego perseguidas por el Estado y presentadas por la procuradora como los culpables de su asesinato. El costado de su cuerpo mostraba un segundo disparo efectuado a corta distancia y se dijo que había sido propulsado por la misma arma. Así, la procuradora estatal inventó un caso para prevenir que el verdadero responsable fuera encarcelado y para desviar la culpa hacia los manifestantes. Nadie vio nunca la segunda bala. Es imposible afirmar cómo sucedió, pero me imagino que el gobierno pudo arreglar que se hiciera dentro de la morgue. El gobierno estatal es tan sucio y tan mentiroso que es capaz de cualquier cosa. Constantemente, el estado inventa sus propias historias. Fácilmente pudieron arreglar que la bala original fuera llevada a la morgue. Además, el gobierno estatal tiene infiltrados, por supuesto. También fueron lo suficientemente astutos como para encarcelar durante una semana a los policías responsables. Luego fueron liberados por falta de pruebas y no pueden volver a ser inculpados por el mismo delito. Inexplicablemente, el estado esperó seis meses antes de siquiera empezar a investigar el caso de Brad. Como siempre en México, el gobierno hace todo lo que tiene a su alcance para que el pueblo olvide o para que se sienta demasiado intimidado como para enjuiciar u organizarse.

La muerte de Brad atrajo mucha atención, por supuesto, pero por toda la ciudad, esa misma noche, los sicarios al servicio del gobierno estatal detuvieron, hirieron y asesinaron a simpatizantes de la Asamblea Popular de los Pueblos de Oaxaca. Varios manifestantes recibieron disparos en el pecho. El gobierno lo tenía todo planeado: armas de fuego contra los palos y machetes de las barricadas y campamentos.

Sabían bien a quiénes les apuntaban. Sería imposible creer que fueron balas perdidas. En el caso de Brad, quisieron enviar un mensaje a los periodistas que cubrían en profundidad al movimiento social y que representaban la voz del pueblo.

Es muy importante que la gente que se organiza sea conciente de lo que pasa en otros lugares. Nos da fuerza saber que nuestros reclamos son los mismos que los pueblos defienden en todas partes del mundo y nos resulta útil saber cómo se construyen distintos movimientos. El intercambio de información e imágenes refuerza la solidaridad y nos permite reconocer la lucha en común. Si permanecemos callados, los abusos continuarán y se profundizarán. Nos anima saber que la gente se rebela en todo el mundo.

No asesinaron a un periodista de los medios comerciales. Los medios comerciales, Televisa y TV Azteca, presentan siempre la perspectiva del gobierno. Se abalanzan para conseguir la noticia cuando hay asesinatos y luego retiran a sus reporteros inmediatamente. Los periodistas independientes como Brad no llegan con esas intenciones. Por el contrario, llegan para conocer a la gente, para reflejar el conflicto de cerca. No es fácil lograr la confianza del pueblo para poder documentar la resistencia, pero Brad lo logró.

Es difícil decir qué pasará en Oaxaca. El gobierno continúa anulando las formas de protesta pacífica del pueblo e incita a la violencia. Nuestra sociedad está cansada y herida y el estado nos empuja a las armas. Todos saben que eso sería terrible, que la violencia sólo engendra más violencia, ¿pero qué alternativas hay en este contexto?

Ese día, por un segundo, vi mi rostro en el de Brad. Todos sabemos que pudo haber sido cualquiera de nosotros. Es difícil mantener la esperanza dada la realidad que nos toca enfrentar.

---

* Gustavo y otros compañeros que auxiliaron a Brad tuvieron órdenes de aprehensión desde el 16 de octubre del 2008 hasta marzo de 2010. Todo esto sin una prueba de su culpabilidad. Los verdaderos responsables no han sido detenidos.

Hugo

El 28 de octubre del 2006, miles de tropas de la policía federal llegaron a Oaxaca con la misión de derribar las barricadas y ocupar la ciudad. Hugo, ciudadano oaxaqueño y artista visual de renombre internacional, formó parte de los movimientos de resistencia artística y desobediencia civil que surgieron espontáneamente en toda la ciudad.

Fui al zócalo la noche del 27 de octubre. Todos decían que la policía federal llegaría en cualquier momento. En el centro de la ciudad y las barricadas se respiraba el aire espeso de la tensión. Parecía que la gente se preparaba para una guerra

Había mucha gente y las mujeres tomaron un papel muy protagonista. Las amas de casa rezaban unidas. Otra señora tenía un discurso que pedía al gobierno federal, a través de los medios de comunicación, que no viniera la policía, explicándoles palabra por palabra cuál era la misión que tenían asignada: combatir contra gente humilde que luchaba por sobrevivir, por tener suficiente para comer. Gente que no merecía la represión que sufrió.

Hubo mucha incertidumbre. A la espera de la incursión de la policía, la noche se hizo larga por la angustia.

El 29 de octubre, finalmente llegó la policía federal. Tuvieron que ingresar por la barricada en Brenamiel, una de los puestos de resistencia mejor organizados de la ciudad y también uno de los más importantes estratégicamente: ahí está la entrada y la salida a la Ciudad de México.

En la barricada Brenamiel había mujeres esperando para recibir a la policía federal con flores. Radio Universidad llamaba al pueblo de Oaxaca a no confrontar a la policía y a demostrarles que el movimiento era pacifista. Pero, claro, no queríamos que la policía malinterpretara las flores como una señal de bienvenida, así que empezamos a imaginar otras formas de protesta pacífica y desobediencia civil.

Yo llevé una lata de pintura y cientos de personas se pintaron las manos de blanco. Uno de los argumentos que venía de la procuradora de justicia del estado de Oaxaca, Lisbeth Caña Cabeza, es que este movimiento se había convertido en una guerrilla urbana, que era un movimiento de guerrilleros urbanos. Frente al punto de reunión de la policía sostuvimos nuestras manos pintadas en alto como una manera de decir: "Miren, estas son nuestras armas, aquí está la guerrilla".

En una confrontación previa con la policía, un amigo cercano había sido asesinado en una barricada. Antes de poder vivir de la escultura, él y yo trabajábamos juntos por muchos años, pintando logotipos de cervezas o refrescos en las tiendas y cosas así. Él pintaba y yo hacia los diseños. Andábamos juntos por todo el estado trabajando. Su muerte me impactó profundamente. Fue el día que yo regresé de un viaje cuando me enteré y me causó mucha tristeza.

Me dieron ganas de crear un mensaje poderoso. Cuando la policía ya estaba ingresando a la ciudad, yo pensé que quería una forma de ofrecer parte de mi vida y de mi trabajo para simbolizar que si querían sangre, ahí estaba. Y saqué sangre a través del lado artístico. Como en el seguro social habían designado a enfermeras que apoyaban a los campamentos, encontré una enfermera que me apoyaba. Estaba pintando en el suelo con mi sangre cuando comenzaron a llegar las tanquetas. Pinté rostros de gente de Oaxaca y escribí "Ni una gota de sangre más".

Era algo simbólico. Yo ya sabía que no iba a cambiar nada, pero en ese momento sentí que era un crimen quedarse al margen de las cosas, dejar que los acontecimientos sucedieran. Yo pensé que como humano, como artista, amigo de un compañero caído y como ciudadano de esta ciudad, tenía la necesidad de manifestar mi posición.

***

Fue un enfrentamiento cruel, brutal. Me imagino que cuando los españoles llegaron a Oaxaca, cuando los indígenas enfrentaron a los españoles, creo que esta sensación tendría. No sabíamos como funcionaban las tanquetas. Estas tanquetas no eran nuevas pero nunca las habían utilizado en contra de la gente aquí.

Ese día, desde los momentos iniciales, las confrontaciones fueron de los más fuertes. Al lado de las flores, desesperados, empezaron a aventar piedras para intentar detener las tanquetas. Era increíble lo que hacían esas máquinas: podían levantar y sacar cualquier cosa que encontraran en su camino. Cuando las tanquetas comenzaron a atropellar las barricadas y a cualquiera que estuviera en su camino, ya nos había pasado esta sensación de ver que hacían los aparatos. Se nos había bajado el miedo y nos comenzamos a organizar.

Y, bueno, hay gente muy valiente. Las mujeres sobre todo. Las señoras empezaron a poner sus cuerpos en frente de las tanquetas. Se arrojaban al piso. Y prácticamente las llevaron a golpes. Hay un puente sobre un río cerca de Brenamiel y hubo un urbano que estaba ahí como barricada. La tanqueta venía sobre el camión y un muchacho subió el carro y se atentó sobre la tanqueta. Torció la manguera que estaba usando para aventar aguas. El conductor de la tanqueta aceleró y luego frenó y el muchacho se cayó por ahí. Nunca olvidaré la valentía que vi en el pueblo de Oaxaca ese día.

Cuando venían las tanquetas encima, yo tenía una jeringa aquí en el brazo y la sangre con el agua escurría. Entonces tenía un aspecto muy desagradable. Llevaba yo una camisa blanca y estuvo llena de sangre. No estaba herido realmente pero me veía muy mal. Pero entonces, al correr me lastimé una pierna y ya no podía caminar bien. La sangre que me cubría me hacía parecer más lastimado de lo que estaba y mucha gente se me acercaba para ver si necesitaba ayuda.

Me dirigí al Instituto Tecnológico porque había visto en televisión que se estaba desatando una confrontación terrible. Para cuando llegué, habían matado a un enfermero de la Cruz Roja con un cartucho de gases lacrimógenos en su estómago. La gente corría por su vida. Era un descontrol total.

La ciudad había quedado tan desordenada por la invasión policial que me costó trabajo atravesar las barricadas para regresar a casa. Una señora me enseñó el camino a seguir para regresar a mi casa, donde pude lavarme y quitarme la sangre de encima.

***

La gente resistía en todas partes de la ciudad. En las colonias la gente salía con espejos cuando pasaban los helicópteros y las colinas brillaban con su reflejo. Creo que alguien en Radio Universidad había sugerido que podíamos desorientar a los helicópteros de la policía que sobrevolaban amenazantes la ciudad. La gente también quemaba cosas para bloquear la visión de los pilotos con el humo. Era algo muy romántico pero ahí tiene una lectura muy interesante porque te da la idea de la angustia y la desesperación de la gente. Querían participar en algo.

En todas las confrontaciones, a pesar de la intensidad, en las barricadas había un ambiente bonito, de mucha solidaridad. A

Brenamiel, por ejemplo, llegaba todas las noches gente de distintos barrios (Santa Rosa, San Jacinto y Pueblo Nuevo) con café y tamales para compartir. La gente estaba muy organizada. Había quienes traían los equipos físicos, quienes los tiraban, quienes traía alimentos y quienes llevaba los desechos. Como mi taller está allí cerca, pude ver la barricada durante varias noches antes de la llegada de la policía federal. A pesar de las amenazas, el ambiente era muy bonito, muy alegre. Siempre traían música.

***

El 29 de octubre, durante todo el día, la policía federal atacó las barricadas estratégicas de la ciudad. Al día siguiente habían logrado llegar al centro de la ciudad. Convirtieron al zócalo en una base militar. Había tantos policías que parecía un plantón policial. El plantón de los maestros y la APPO había sido reemplazado por un plantón de policías. Por varios meses mantuvieron el zócalo cercado con mallas de alambres. Pusieron cercas electrificadas y había solo un espacio pequeño donde entrabas y salías. Incluso la gente que había festejado la llegada de la policía federal se quejaba. Con la ocupación de la ciudad se inauguraba una terrible guerra psicológica.

Pero el pueblo continuó resistiendo. Recuerdo una imagen que nunca me voy a olvidar. Fue una de las noches de la incursión de la policía en la catedral y estaba todo oscuro, pero ahí hubo un grupo de mujeres con rebozos y veladoras rezando, arrodilladas frente a la catedral principal. En medio de la oscuridad la gente mantenía la esperanza.

La gente, los maestros, todos los de la APPO volvieron a instalar su campamento en la plaza y las calles alrededor de la Catedral Santo Domingo, que está a algunas cuadras de distancia del zócalo. Continuamos marchando una y otra vez para reclamar el retiro de la policía a pesar de su presencia cada vez más firme.

Comencé a llevar mi equipo de primeros auxilios a todas las protestas y marchas. Tenía vendas, alcohol, bolitas de algodón, botellas con agua y vinagre, Coca-cola para los gases y gafas. Me tocó ir a muchas marchas y siempre llevaba mi equipo. Trataba de atender a tantos compañeros como podía y ayudaba a cargar a los heridos serios a las estaciones de primeros auxilios.

En algún sentido es difícil saber todo lo que pasó porque en ese momento el gobierno de Ulises Ruiz ya tenía muchos infiltrados, gente muy agresiva que venía a las marchas para hacer destrozos y a provocar a la policía. También había gente del movimiento que combatía con las armas mínimas que tenían disponibles: palos, piedras, lo que fuera. Mucha gente con sus frustraciones, con su odio. Además es algo bien difícil describir, entender. Cuando tú sientes que te han invadido, te han martillado, te han burlado y te han agredido, pues lo único que tienes para defenderte son piedras, ¿no?

***

"¡En el nombre de Dios no habrá represión en Oaxaca!"

Eso había dicho Abascal, el secretario de gobernación, frente al congreso nacional algunas semanas antes del envío de la fuerza pública. Luego un periodista norteamericano que simpatizaba con la APPO fue asesinado y el gobierno federal tuvo que demostrar que estaba haciendo algo al respecto del conflicto. Su respuesta no pudo haber sido más irónica: el periodista había sido asesinado por gente pagada por el gobierno estatal.

Oficialmente, el gobierno federal dijo que tuvieron que mandar la fuerza pública para quitar las barricadas. Expresaron que la intención era garantizar el libre tránsito del ciudadano. Así, consideraron más graves los problemas de tránsito que la horrible serie de crímenes sufridos por el pueblo de Oaxaca a manos del estado. Tanta gente fue asesinada o desaparecida… Parecía que el gobierno estatal tenía licencia para hacer lo que quisiera.

La razón que siempre argumentaron es que había que hacer valer el estado de derecho en Oaxaca. El "estado de derecho" es un juego de palabras que tiene mil interpretaciones. Yo siempre dije que más acá en México, no tenemos el estado de derecho, sino un "derecho de estado", por la forma en que el estado manipula las leyes y las utiliza contra el pueblo. En Oaxaca, los gobiernos estatales siempre han usado las leyes para garantizar su poder y sus privilegios a costo de los derechos del pueblo.

***

Para cuando la policía federal invadió Oaxaca, el pueblo ya estaba absolutamente distanciado del gobierno y conciente de que aquí sufrimos un total abandono. La situación política afectó a personas que no tenían nada que ver con los maestros, la APPO, la policía o el gobierno. Las señoras de los mercados, los niños cuyas clases fueron canceladas, todo el mundo tomó partido en la polarización entre el pueblo y el gobierno.

Así es que la gente es dolorosamente conciente de la situación que enfrentamos. Pero hay muchas personas que no quieren saber nada de los partidos políticos. Desafortunadamente, esto beneficia el partido del gobierno, porque la mayoría de la población no cree en el sistema de partidos políticos y no vota. Entre el ocho y el diez por ciento votan al PRI, pero eso es suficiente porque menos del 30% de la población vienen a votar. Y así es como el PRI tiene ya 80 años de gobernar este estado.

Pero cada vez hay más gente conciente que alza su voz, que vota, que sale a las calles. Creo que las cosas van a mejorar, que tienen que cambiar.

Antes de la rebelión en Oaxaca, yo no estuve de acuerdo con los maestros. Me parecía que sus métodos eran obsoletos: las marchas, los plantones, el bloqueo de carreteras. Creo que hoy en día hay que buscar otras formas más nuevas y mejores de protestar y exigir el cambio. Pero el ataque contra los maestros y la represión sostenida contra el resto de la sociedad nos demostraron que hay que hacer algo.

Fui a hablar en la radio a decir a mis compañeros artistas: "Estamos en un momento demasiado crucial para estar en la apatía. No importa la opinión que tengamos. Tenemos que manifestarnos independiente de nuestras ideas pero tenemos que manifestar". El momento no era para que fuéramos apáticos; teníamos que manifestar nuestra posición como artistas.

Es una palabra muy bonita, "radical": cambiar las cosas desde su raíz. Queríamos hacer esto con el movimiento y nuestra esperanza todavía sobrevive en esa idea.

EL INOCENTE   **EL CINICO**

EL REPRESOR   **EL RUIN**

Yescka

Durante meses, Oaxaca estuvo tapada por capas de pintura en aero-sol. Artistas del graffiti como Yescka se apropiaron de cada muro de la ciudad para protestar contra la brutalidad estatal y para dotar de voz y color a las visiones del movimiento sobre nuevas formas de organización y democracia real.

Tengo 22 años y soy estudiante de arte. Generalmente la gente me llama Yescka. Por el momento aun me es difícil dar mi nombre, ya que aún hay represión en mi estado (o en mi pueblo, como decimos acá). A pesar de todo, creo que en el movimiento popular oaxaqueño cada quien fue protagonista de su propia historia... Esta es la mía.

Me gusta mucho pintar graffiti y hacer esténcil. Tengo muchos años haciéndolo. Siempre me ha gustado expresarme libremente, haciendo imágenes que dejaran una huella, una historia de un tiempo, una era, un momento que nunca se borrara porque el recuerdo se revivirá siglo tras siglo. Con muchos jóvenes que conozco siempre pintamos las calles, pero creo que muchas veces sin ningún sentido. Lo que yo puedo agradecerle al movimiento es, justamente, que a muchos nos abrió la conciencia y nos dio una razón, un sentido. Es decir, nos abrió los ojos.

Muchos oaxaqueños tenemos algún familiar en el magisterio. En mi caso son varios, por lo que siempre estuve en contacto al plantón que los maestros mantenían en el centro histórico. Mis familiares saben que yo pinto, así que solían pedirme ayuda para hacer mantas para sus marchas.

El 14 de junio, alrededor de las cinco de la madrugada, un familiar llamó a mi casa. Mi madre me despertó un poco alterada y me dijo: "Hijo, acaban de desalojar a los maestros en el plantón. Dicen que hay muchos gases por todos lados y no encuentran a tu tío".

Traté de ir a ayudar, pero mi madre no me lo permitió. Ella tenía mucho miedo. Yo estaba frustrado por no poder salir, así que prendí mi radio y empecé a escuchar. Todas las estaciones decían muy poco y la tele era aun peor. La radio transmitía música y la tele la programación normal, como si nada pasara, mientras aquí en Oaxaca la gente estaba herida y era brutalmente golpeada. Esa noche, el zócalo quedó totalmente vacío y desecho. El gobierno nunca imaginó cómo respondería el pueblo.

A la mañana siguiente, se convocó a una marcha con la cual el pueblo retomó el zócalo. A partir de entonces mucha gente comenzó a apoyar a los maestros con agua y comida.

Unos días después se formó la APPO, a partir de la unión de muchas organizaciones que exigían la destitución del gobernador del estado. Allí nacieron las famosas megamarchas, con cientos de miles de personas. Y entonces empezamos a pintar en contra del sistema y del mal gobierno. Hacíamos esténciles pequeños pero muy simbólicos.

Era increíble ver a tanta gente sonriendo y apoyándonos con aerosoles para hacer más pintas, dándonos sus carteles para ponerles un esténcil o simplemente una pinta. Cuando llegamos al zócalo, nos dieron más pintura, con la que elaboramos murales con palabras de apoyo.

En las megamarchas conocimos a más compañeros que pintan, nos reencontramos con otros que ya conocíamos desde hace varios años y empezamos a ponernos de acuerdo para hacer cosas más significativas. En mi tiempo libre empecé a hacer más gráfica, grabados y esténciles que la APPO utilizaba en carteles que anunciaban las siguientes marchas y que se pegaban por todas partes.

En el transcurso de todo este movimiento fui conociendo a algunos compañeros. En el intercambio, las ideas crecían y evolucionaban. Conocí a Mario, un pintor joven y talentoso perteneciente al FPR (Frente Popular Revolucionario). Ya nos habíamos visto en marchas y reuniones. Él fue una pieza clave para poder juntar a los artistas jóvenes y callejeros que estábamos platicando. A pesar de las diferentes ideas e ideologías, estábamos de acuerdo en muchas cosas. Una fue la de formar un grupo y hacer actividades para el Día de los Muertos, eventos y exposiciones callejeras. En medio de todos los problemas que hundían a Oaxaca, nosotros tratábamos de alegrarlo, de decorarlo.

Las festividades del Día de los Muertos son una tradición muy mexicana y se celebran desde hace cientos de años, antes de la llegada de los españoles. Nuestros antiguos solían ofrendar frutas, comida, objetos, tabaco, mezcal y otras cosas en altares con el fin de venerar a sus muertos. Se cree que el día primero de noviembre los niños que están muertos vienen de visita a nuestro mundo. El dos de noviembre vienen los adultos a absorber los aromas, la luz, la esencia que despiden los altares.

En esos preparativos y asambleas de artistas jóvenes decidimos darle un nombre a nuestro grupo: ASARO, Asamblea de Artistas Revolucionarios de Oaxaca. Compartíamos la idea de que las asambleas eran una buena forma de relacionarse y organizarse.

En el movimiento se mezclaban todos los sentimientos: la tragedia y la felicidad, las risas y las lágrimas, el orden y el caos… La capacidad creativa era enorme. Pensábamos con y en libertad. Rompimos con los esquemas, con las imposiciones y encontramos el verdadero sentido del arte: la Libertad. Experimentamos con nuevos materiales y artes, generando imágenes para crear conciencia. Surgió mucha música, canto, baile, performance, teatro… Las bellas artes florecían desde el pueblo y para el pueblo. En cierta forma, siento que revolucionamos el arte y recobramos su sentido. Terminamos con el arte egoísta y mercantilista.

Entonces supe cuál era en verdad el sentido del arte: llegar a la sensibilidad del pueblo, crear conciencia y abrir nuevos espacios de expresión. Eran épocas difíciles. La comida se agotaba y la paciencia también. Un periodista estadounidense fue asesinado por el gobierno y eso se convirtió en un pretexto más para que la policía federal entrara en la ciudad. Así, los días grises de Oaxaca se iban oscureciendo y tiñéndose de rojo.

Para cuando llegó el día en que la PFP (Policía Federal Preventiva) entró a la ciudad, hasta la gente más tolerante había perdido la paciencia. Lo mismo me sucedió a mí. Mi conciencia y mis sentimientos me obligaban a ayudar a mi gente, a mi pueblo. Me dirigí al Instituto Tecnológico, donde ya se desataba una batalla campal entre la PFP y el pueblo.

Una vez allí, de pronto, sentí un impacto en el pecho. Un proyectil de gas lacrimógeno me había golpeado. Pensé que iba morir de un paro cardiaco. Me toqué el pecho y sentí que mi corazón estaba muy acelerado. Me dolía mucho. Pero noté que no había sangre. Entonces me pregunte: "¿Por qué no se me incrustó y me mató?" Había escuchado que a corta distancia esos proyectiles matan a la gente. Pero no morí, no me tocó. No me había dado cuenta de que a la altura del pecho tenía mi radio, con la cual escuchaba Radio Universidad. La radio quedó totalmente deshecha y me salvó la vida. Entonces pensé que tenía otra oportunidad, no para huir sino para seguir luchando por mis ideales y sentimientos. Y continué.

El Día de los Muertos adquirió nuevo sentido ese año. La presencia amedrentada de la policía federal le daba otro aspecto, triste y caótico, un ambiente raro coloreaba la ciudad. Pero a nosotros no nos importó. Logramos superar el miedo y la tristeza. La gente quería seguir con las tradiciones, no solo para sus antepasados, sino también para todos los caídos en el movimiento.

Aunque suena un poco controvertido, el Día de los Muertos es cuando más vida hay. Hacemos carnavales y la gente sale en comparsas con diferentes tipos de disfraces: la mayoría se disfraza de diablos y de calaveras, llevan plumas de colores y se inventan disfraces. La gente camina por las calles bailando y actuando en obras teatrales cómicas. Ese año, repletas de referencias políticas-sociales.

A pesar de la presencia policía, el corredor turístico de la calle Macedonio Alcalá se llenó de vida: había gente caminando y bailando, había pinturas, esculturas y performances en los que la gente también podía intervenir. Nosotros decidimos hacer los famosos y tradicionales tapetes de arena, elaborado además con pigmentos de colores. Los tapetes estuvieron dedicados a todos los muertos durante el movimiento. Los colores se mezclaban en la expresión también mixta de nuestras sensaciones: la represión y la libertad, la alegría y la tristeza, el odio y el amor. Los grabados y las consignas creaban un espectáculo inolvidable y la tristeza se convirtió en alegría.

Ese día fue impresionante. Frente a la policía, un festival total. Por un lado, las festividades del Día de los Muertos. Por el otro, la represión y el caos. Una combinación total de sentimientos de todo tipo. Imagino que hasta los policías que cuidaban el área se entretuvieron. Creo que entonces deben haber comprendido que Oaxaca está llena de artistas y guerreros.

Todo esto fue el primero de noviembre. No sabíamos nada de la batalla que se soltaría al día siguiente. Pero esa es otra historia.

Silvia

*Radio Universidad, instalada en la Ciudad Universitaria (CU)
de la universidad estatal, Universidad Autónoma Benito Juárez de
Oaxaca (UABJO), estuvo en el centro de la batalla por el control
de los medios de comunicación. Los estudiantes tomaron la radio
inmediatamente después del ataque policial contra los maestros y de
la consecuente destrucción de Radio Plantón. Radio Universidad se
convirtió en el blanco principal de varios ataques, incluyendo atentados directos a sus antenas y transmisores e interferencia de su señal.
Cinco Señores, la barricada que protegía la universidad y su radio,
fue una de los puestos de resistencia más valientes de la ciudad. Silvia, estudiante de sociología en la UABJO, se acercó a la barricada
de Cinco Señores como investigadora y luego se convirtió en partici-
pante activa. Estuvo entre las miles de personas que defendieron con
éxito a Radio Universidad del ataque de miles de unidades de la
policía federal el 2 de noviembre del 2006.*

1 de noviembre: Día de los Muertos en las barricadas

El 1 de noviembre me acerqué a la barricada de Cinco Señores
todavía en el plan de investigación. Estudio ciencias sociales y
hasta ese momento mi rol en el movimiento había sido el de
investigadora. Al principio quería llegar y preguntar, pero vi que
no era tan fácil. Nunca fueron muy bien vistas, estas cuestiones
de que llegas a investigar. Porque se vivía un estado completamente de represión, de intimidación, de miedo. Todos sospecha-
ban que estuviera trabajando para el gobierno cuando llegabas y
empezabas a hacer preguntas.

La barricada Cinco Señores era un espacio grande que tapa
siete vialidades y era una de las barricadas más importantes de la
ciudad. Como también bloqueaba el camino a mi colonia, cada

195

vez que se intensificaban las barricadas o los camiones no podían pasar yo tenía que caminar un montón para llegar a casa. En ese sentido, a la barricada veía con un poco de enojo. Pero el 1 de noviembre mi visión cambio por completo.

Yo estaba indecisa porque la misma realidad me estaba absorbiendo y de pronto descubrí que ya no podía verme ajena de la problemática que se estaba viviendo. No había teoría que me pudiera explicar lo que estaba pasando en Oaxaca. Sentí que para lograr entender profundamente lo que pasaba tenía que involucrarme.

Cuando llegué el primer de noviembre y veía todo desorganizado así. Les pregunté a unos chavos que estaban ahí reunidos si habían pensado en hacer un altar para el Día de los Muertos. Me parecía que era importante no sólo el cierre de la calle sino también recrear nuestras tradiciones culturales en la barricada. Así, tuviera también un impacto tradicional, que la gente sienta las cosas como suyas y así pudieran participar. "Pues, tienes razón, no", me dijeron. "¿Por qué no vas a anunciar a CU?" Entonces fuimos a la Ciudad Universitaria y yo todavía dije, pero como voy a ir, ni me van a hacer caso. Pero fui a la radio y les digo, "si pueden pasar este anuncio: que en Cinco Señores solicitamos fruta, cañas, flores y todo lo que pudieran llevar para un altar".

Me sorprendió la espontaneidad de la organización. Me gustaba que cualquier pudiera acercar sus ideas a la barricada. Pero me sorprendí aún más cuando regresé a la barricada y vi la respuesta de la gente. No me tardaría más de quince minutos en lo que me fui de CU a Cinco Señores. Yo llegué a la barricada y aunque parezca ilógico, aunque parezca insólito, la gente ya estaba haciendo el altar. Cuando yo llegué a la barricada el altar estaba casi terminado. Entonces en este momento me quedé boquiabierta, impresionada por la capacidad de organizarse de la gente, su espontaneidad de responder a que si estaba apoyando el movimiento, en las maneras o formas que ellos pudieran. Éramos como veinte personas construyendo el altar. En su mayoría ese día eran señoras, amas de casa. También había estudiantes y algunos trabajadores de ahí cerca de Cinco Señores. Parecíamos hormiguitas trabajando, ubicando frutas, flores y velas en el altar. Probábamos y cambiábamos: "¡No, aquí no queda bien! Prueba aquí". Armamos un arco con caña de azúcar. La gente se acercó con refrescos, cigarros, nueces y tamales para o-frendar. Pan fue llevado por hombres, no sé si eran panaderos pero fue mucho pan que llevaron. No sé de dónde sacó la gente el montón de frutas o quién llevó las mesas de madera que usamos. Incluso había una bandera que fue como algo raro, ir mezclando cosas. Era un altar supergrande y bonito, con veladoras, refrescos, pan de lema, tamales, recónditos, cigarros, nueces... Era un altar que tenía de todo, nunca había visto un altar así.

Lo bautizamos como Altar de Denuncia para denunciar los asesinatos y reclamar justicia por las diecisiete personas del movimiento que habían sido asesinadas hasta ese momento. Y después dijimos, "Bueno, si es un altar de denuncia, ¿dónde están las fotos de los muertos? ¿Dónde está una seria de fotografía, o pequeñas reseñas que digan quién murió de que o porque murió, no?" Entonces era un trabajo de investigación y yo en este momento estaba tan emocionada que la gente respondiera y que estuviera ahí, que hubiera un compromiso de tanta gente, que yo mismo dije que "¡Yo lo hago!" Así que me fui a buscar en los periódicos de los datos y las fechas de las personas que habían ido falleciendo, que hasta ese momento los últimos habían sido en la entrada de la policía federal preventiva. Se hacía siluetas de los muertos pintadas en blanco y al lado de la figura blanca del asesinado se pegaba un papel pequeño de tamaño carta que decía el nombre y la fecha de fallecimiento y el lugar donde falleció. Ubicamos las figuras en el suelo alrededor del altar y la gente se acercó y les ponía flores, así como les impactó, sentir de estos asesinados como sus muertos.

Terminamos el altar a las dos de la tarde, pero me quedé allí hasta las doce o la una. Hubo un rosario en la noche dentro de la barricada, una misa, y la gente que pasaba cantó el Ave María y el Padre Nuestro. Mucha de la gente que participó en la misa, como en mi caso, no eran creyentes. Pero ese día fue para conjuntar todo, desde lo cultural, lo tradicional y el respeto al otro. Ese día me sentí tan emocionada, no lo podía creer, simplemente. A veces las imágenes regresan en recuerdos y me dan ganas de ponerme a llorar.

2 de noviembre: La batalla de Radio Universidad

Al otro día me hablaron por teléfono y me dijeron que estaba entrando la policía para atacar la universidad. Cuando llegué a la barricada de Cinco Señores la policía ya estaba allí. Varias personas se me acercaron corriendo y me dijeron: "¡Mira lo que le hicieron a nuestro altar!" El altar estaba destruido. La gente se sentía muy adolorida porque la policía les había quitado su espacio de expresión, de manifestarse. No respetaron ni lo cultural y tradicional, ni nada.

Había muy poca gente al principio para defender la barricada. Dije, "Ay, estos van a entrar y van a matar". La policía estaba lista para ingresar a la Ciudad Universitaria. Sólo faltaba que les dieran la orden. Era un montón de policías e iban llegando las tanquetas.

La policía ingresó por el lado de Soriana. Mucha gente corrió hacia allí para apoyar, yo fui de los que corrieron allá, mientras otros se quedaban en Cinco Señores. Las tanquetas iban avanzando e iban roseando, lanzaban agua con chili piquín o químicos a la gente. Chavos corrían de un lado a otro con carritos de supermercado llenos de piedras o bombas Molotov que usaban para combatir a las tanquetas invasores. Por un momento, la policía retrocedió. Creo que se asustaron porque la gente no se rendía a pesar de que tenían suficientes armas como para matarnos a todos. Era como si dijéramos: "Si me vas a matar, me vas a matar pero un piedrazo vas a llevar". Sabíamos que luchábamos por algo justo y estábamos dispuestos a darle todo. Si no hubiéramos sabido que la justicia estaba de nuestro lado, es posible que hubiéramos huido.

Las tropas avanzaron y ocuparon gran parte de Avenida Universidad, que es parte de la ciudad universitaria. Las siete cuadras parecían zona de guerra: había helicópteros que bajaban súper bajo, aventando petardos a la gente que corría en todas las direcciones. Los tanques avanzaban y la policía disparaba espesas nubes de gas entre la multitud. La gente aventaba piedras con resorteras, bombas molotov, o sea, todo lo que se pudiera aventar porque era lo único que podían hacer. Incluso arrancaron un poste, un tubo de cemento que transporta la luz y lo tiraron para evitar que los policías pudieran pasar. Vi también a una señora que había llevado su tanque de gas y había aventado su tanque de gas como para tapar un espacio de fuego. También había mucha gente que les hablaba bonito a los policías, recordándoles que ellos también eran pueblo.

Llevábamos a los heridos a estaciones de primeros auxilios que había armadas dentro de la universidad. La doctora Berta, una de las principales locutoras de Radio Universidad, atendía a la gente. También había un grupo de estudiantes de medicina que sintieron su compromiso social de ayudar en tiempos de

guerra, se podría decir. Creo que si hubiera llegado un policía a los médicos, lo hubieran atendido. Sin embargo, les aventaba a los médicos también gases porque había una camioneta que circulaba alrededor de CU para ir recogiendo heridos, y los policías les aventaron piedrazos a la camioneta.

Fueron horas de batalla. Tenía una especie de miedo pero a la vez valentía. Daba fuerzas saber que la gente no te estaba dejando y así te fortalecía porque dices, "yo no me voy si no se va el otro" y porque no se va el otro, seguía el otro, entonces todos estábamos ahí.

Yo me creía incapaz de aventar una piedra y sin embargo la aventé. No me imaginaba en algo así, pero cuando ves como la contraparte de lo que la gente quiere representada en la fuerza publica, de los policías, y que tratan de guardar intereses de la gente adinerada del estado y del país, pues tú dices: "No vamos a dejar que eso suceda, vamos a luchar".

Había muchos estudiantes presentes ese día. La policía entraba a la universidad por la fuerza, violando la autonomía de la institución, y los estudiantes decían presente en la defensa de su espacio. Muchos recordábamos la represión policíaca en la UNAM, la Universidad Nacional Autónoma de México durante la huelga estudiantil en el 2000 y no queríamos que sucediera lo mismo aquí.

Hubo un momento increíble en el que la gente les rodea por afuera. O sea, ellos estaban entrando a CU y la gente les estaba dando la vuelta. Los policías se quedaron en este espacio, cercados prácticamente porque de un lado había un montón de universitarios y del otro ya se había rodeado los policías. ¿Y que hicieron los policías? Ellos se aventaron seis o siete petardazos al mismo tiempo, abriendo un espacio de fuego impresionante y sobre el fuego de los petardos ellos atravesaron, corrieron y salieron huyendo de Ciudad Universitaria. Fue un gran triunfo del pueblo.

Las órdenes de la policía eran entrar a la universidad porque el gobierno quería cerrar las instalaciones de Radio Universidad. ¿Por qué? Porque les tenían miedo a las voces del pueblo que se organizaba a través de la radio. Eso es lo que les molestaba.

Pero jamás nos dimos por vencidos. Ese mismo día, la radio volvió a utilizarse para organizar al pueblo. La doctora Berta y otros locutores convocaron al pueblo a defender Radio Universidad. Más y más gente comenzó a llegar desde todas partes de la ciudad.

La barricada de Cinco Señores

Después de aquel doloroso y glorioso día, las barricadas se convirtieron en parte de mi vida diaria. Yo anduve paseando en un tiempo por las tres barricadas, en Cinco Señores, en Soriana y en la de la Radio, pero más en Cinco Señores porque sentía que fue la parte que menos protección tenía, porque no tenía resguardo material, como la universidad. Por eso estaba ahí.

Las barricadas fueron parte de una estrategia política. Eran una forma de desnudar la incapacidad del gobierno a través de la desobediencia civil. Era como decir: "Bueno, Ulises Ruiz, si tú dices que de verdad gobiernas como dices que lo haces, ¿por qué tienes una obstrucción enorme en la carretera federal, construida por un pueblo que demanda tu salida?" Así presionábamos a los gobiernos estatal y federal. Y al mismo tiempo, nos protegíamos. Las barricadas se habían instalado en toda la ciudad para proteger los plantones y para evitar que los policías y paramilitares circularan en camionetas por la ciudad disparándole a la gente con absoluta impunidad.

La de Cinco Señores era una barricada esencial porque defendía Radio Universidad, estación que el gobierno intentaba acallar por todos los medios posibles. Entre otras cosas, hostigaban y amenazaban constantemente a los compañeros que trabajaban en la radio.

Toda la zona que rodeaba la Ciudad Universitaria sufría una intensa presión. No sé cómo pudimos soportar allí con la amenaza permanente de ser desalojados violentamente en cualquier momento. Porque no te estás metiendo con cualquier gente sino con el gobierno del estado que tiene toda una fuerza pública a su servicio.

La barricada consistía de siete carros atravesados para tapar las siete vialidades. Eran autobuses o camionetas de transporte público, camiones de Coca-Cola o Bombo y aún más grandes. De un lado del crucero se juntaban las botellas vacías de vidrio. En frente estaban acomodadas las despensas que llevaba la gente. Había muchas personas que no podían quedarse en la barricada todo el tiempo y decidían entonces llegar con despensas. Llegaba con papel higiénico, sopa, comida enlatada, cigarros, botiquín y lo que fuera que pensaran que la gente de la barricada podría necesitar. Hay una farmacia allí, Farmacia Mega, donde se instaló la cocina de la barricada. Y aunque suene chistoso, los camiones sirvieron como dormitorios porque no teníamos nada más.

En la universidad se usaron los salones de clases como dormitorios. La barricada estaba en el crucero, así que los camiones eran nuestro único refugio a pesar de que no te daba ninguna garantía en realidad porque llegaban a balacear los grupos paramilitares en la noche, en la madrugada, a cualquier hora.

Me llevó tiempo ganarme la confianza de la gente. Muchas diferencias sociales se hacían evidentes en la reunión de un grupo tan diverso de gente. Había gente que podían llegar en su coche a dejarte café mientras que otras personas ni siquiera tenían una casa. A diferencia de mucha gente, yo tuve la oportunidad de estudiar en la universidad. Había mucha gente en la barricada que no entendía por qué la gente se involucraba independientemente de su posición social. Había un chavo, Chino le decíamos, que tenía más o menos dieciséis años y era uno de los chicos de la calle que se quedaba en la barricada todo el día. "¿Por qué estás aquí?", me preguntó un día. "Si tú todo el tiempo andas limpia y llevas tus pulseras. Te ves bien fresa". Le contesté que estaba allí porque tengo una visión clara de que la lucha social en Oaxaca es justa porque es necesario que se vaya Ulises Ruiz, y si nos apoyamos entre todos es más fácil.

No eran todos así, pero a veces me costó trabajo relacionarse con unos chavos con la actitud de Chino. Están estigmatizados por toda la sociedad y eso los hace sospechar de los demás. Así se crea una gran cadena de prejuicios. La barricada Cinco Señores existía para romper ese esquema. A pesar de nuestras diferencias, estábamos allí por las mismas razones, para defender la voz del pueblo y para desafiar la idea que tiene el gobernador del estado sobre lo que significa gobernar. Aprendimos a tolerarnos y el tiempo compartido creó un sentimiento de apoyo mutuo y solidaridad.

La organización de un grupo de gente tan grande y plural implicó algunos desafíos. Nos organizamos en distintas comisiones. Por ejemplo, había una comisión de cocina y una comisión de información. Esta última difundía con boletines como era la situación de la barricada, porque era necesario. También había una comisión de seguridad formada por muchachos de dieciocho o diecinueve años y hasta algunos adolescentes del barrio. Estaban en la barricada noche y día, en pie de lucha. Siento un profundo respeto por el trabajo que hacían porque con ellos de guardia el resto de nosotros podíamos dormir un poco. Si llegaba un coche que quería atravesar la barricada. Le aventaban un cohetón para alertar a los demás. Era peligroso dejar pasar a los coches porque nunca se podía saber si los pasajeros eran provocadores o tenían armas. Por eso las barricadas desarrollaron el sistema de alarma con cohetones.

Yo era parte de la comisión que llevaba a los heridos a los puestos de primeros auxilios que había dentro de la universidad. Muchas veces los heridos eran muchachos de la comisión de seguridad. La verdad es que no estaban preparados para ningún tipo de confrontación. Hay una gran diferencia entre ellos y las fuerzas de seguridad pública entrenadas por el estado. Y las amenazas eran constantes y el miedo omnipresente. Había llamados telefónicos a la radio que nos informaban: "Un carro sin placas se dirige a la radio…" Los paramilitares, entrenados y contratados por el gobierno, o la policía estatal sin uniforme se acercaban y disparaban contra las barricadas a la mañana y durante todo el día y la noche. Esperaban intimidarnos para que nos rindiéramos.

***

Los recuerdos del 25 de noviembre todavía me atormentan. Vi a un chavo que le dispararon en la pierna y cómo agarraron a amigos por todas partes mientras se oía disparos detrás de mí. El gobierno quería buscar un culpable y cayó con todo su peso sobre la gente de las barricadas, especialmente barricadas estratégicas como la de Cinco Señores. Nos llamaron vándalos, ladrones y delincuentes.

Existía algo de tensión entre la dirección provisional de la APPO y las barricadas. En el interior del movimiento había gente que sentía que las barricadas eran demasiado peligrosas dada la presencia masiva de la policía. También había gente que quería negociar con el gobierno estatal. Nosotros decíamos: "¿Qué hay que negociar? Queremos que Ulises se vaya y eso no es negociable. ¿Qué hay que negociar con él?"

El gobierno no cambió y la intimidación continúa, pero creo que el pueblo de Oaxaca sí se ha transformado. Chino, el chavo que me cuestionaba en la barricada cuando apenas llegué, se pidió una disculpa más tarde. El 25 de noviembre lo hirieron y yo lo ayudé. "Tengo que pedir una disculpa", me dijo. "Porque ciertamente uno se siente rechazado por la sociedad, porque no he tenido estos espacios, pero por eso hace que uno también rechace a la gente que no es como tú". Me dijo que había aprendido muchas cosas que lo habían hecho cambiar de visión durante esos meses. También escuché a los chavos punk leer una carta en voz alta diciendo que la gente que antes los discriminaba por su apariencia ahora lucha junto a ellos. Creo que estas historias reflejan lo que pasó en Oaxaca en un nivel más profundo. El movimiento nos hizo ver a la gente que nos rodea de otra manera. En vez de creer que los problemas son de los demás, entendimos que nos afectan a todos, en una manera más global. Creo que en las calle aprendimos a ser más humanos.

---

* *El 16 de julio del 2007, varios meses después de esta entrevista, Silvia fue golpeada y detenida por varias semanas junto con otras 62 personas quienes intentaban ocupar el auditorio de la Guelaguetza para la segunda Guelaguetza Popular.*

PADRE ARIAS

Padre Manuel Arias Montes es sacerdote de la Diócesis de Oaxaca. Es un miembro progresista de la Iglesia Católica que ha dedicado su vida a trabajar por la justicia social y económica para los indígenas y los pobres del estado de Oaxaca. A pesar de la posición oficial de la iglesia, que se alió al gobierno y a la represión armada en contra del pueblo de Oaxaca, el Padre Manuel Arias Montes ha sido miembro activo de la APPO y del movimiento popular.

Nací en un pueblo mixteco que se llama Tlaxiaco. Durante diez años trabajé con los jóvenes de Oaxaca, ayudándolos a desarrollar la fe y el compromiso social. Después trabajé en una comunidad totalmente indígena de dos etnias: triqui y mixteco. Soy el coordinador del Consejo Presbiteral que es la representación más importante de los sacerdotes de Oaxaca. El cargo es el único en la iglesia católica que se realiza por elección y no por nombramiento del obispo.

Dentro de la iglesia católica hay dos visiones en competencia respecto al movimiento. Una que se caminó al dialogo con las cúpulas, para construir desde arriba. La otra se alía a los desposeídos y trabaja con ellos para consolidar cambios sociales de abajo hacia arriba. En el medio están los motivados por el miedo o los intereses personales y sirven de colchón entre los dos polos. Gustosamente y con total convicción, siempre he trabajado al lado del pueblo: la gente sencilla y humilde, los indígenas, que en el estado de Oaxaca son los más pobres entre los pobres.

Mi trabajo en la iglesia fue la base de mi acercamiento a aquellos que reclamaban justicia social en Oaxaca en el levantamiento del 2006. En octubre de dicho año nombré una comisión para dar seguimiento al conflicto. Esta comisión, en su mayoría, fue votada por los sacerdotes a favor de los que estábamos más acompañando al movimiento desde abajo. Sin embargo, había disenso dentro del grupo porque existían distintas visiones de cuál debía ser el rol de la iglesia en la lucha social. En última instancia, había demasiada tensión para continuar funcionando como una comisión de la iglesia, así que los que queríamos trabajar del lado de la gente nos separamos y comenzamos a trabajar de manera independiente. Nos dedicamos a ayudar a los que sufrían la represión: los presos, las víctimas y las viudas de los asesinados.

La historia de nuestro grupo de sacerdotes, que eligió el lado de los pobres y los indígenas, comenzó hace muchos años. El año 1976 es significativo. Fue entonces cuando llegó Bartolomé Carrasco a ser arzobispo. Comenzó a trabajar en la concientización dentro de la iglesia sobre la larga historia de represión, explotación, humillación y engaño que habían sufrido las comunidades indígenas de manos de líderes corruptos que se habían convertido en caciques de los peores. Ha sido un derroche de poder arbitrario ejercido sobre los pobres y con total impunidad.

Oaxaca es uno de los estados con mayor cultura indígena, con dieciséis etnias diferentes. Muchas de estas culturas, en particular la zapoteca y la mixteca, eran civilizaciones altamente desarrolladas que también eran muy agredidas por la invasión española. Aunque Oaxaca conserva una herencia cultural y étnica extraordinariamente rica y diversa, todos estos grupos étnicos han sido sometidos a años de agresión y explotación.

Hasta 1976, la iglesia, al igual que el estado, había excluido a los pueblos indígenas y los pueblos pobres de la participación política, económica, cultural y social. La iglesia había servido como herramienta de la conquista espiritual, cosa que resultó en la marginalización de los pueblos indígenas. A partir de la década del 70, la iglesia ha ido ganando conciencia de esta segregación. La iglesia comenzó entonces a organizar a distintos grupos de pobres para reclamar su lugar en la sociedad y en la iglesia.

Sin embargo, en 1988 fue reemplazado el obispo Carrasco. Entonces comprendimos que la iglesia institucional no permitiría la llegada de otros obispos que compartieran su visión. Tras atestiguar esta represión interna, decidimos fortalecernos yendo a aprender de la gente de nuestras comunidades, los pueblos indígenas. Las tradiciones indígenas de comunidad e igualdad (de una sociedad que se dedica a atender las necesidades de cada miembro en vez de a enriquecerse) son claves para lograr la igualdad social en Oaxaca. Según la tradición indígena, la vida de una persona no se juzga por la riqueza o los logros que ha obtenido sino por cuán bien ha servido a su comunidad.

Nuestra intención no era acercar la prédica específicamente cristiana, sino fortalecer a las comunidades ofreciéndoles enseñanzas cristianas que enfatizaran el compromiso social y que ellos pudieran utilizarlas junto a sus creencias espirituales indígenas.

Un punto clave de nuestro trabajo con la juventud era animarla a traducir sus creencias en acción. Otra intención era mostrarle la visión de Dios en la realidad humana y hacerlos concientes de su responsabilidad para con cada ser humano y en cada aspecto de la vida, incluyendo las actividades económicas, políticas y sociales de sus pueblos. El valor que los indígenas le dan a la comunidad era crucial para esta visión. Como dijo Freire, nadie libera a nadie más y nadie se libera solo: la comunidad debe trabajar en conjunto para lograr su liberación.

De allí en adelante, otros grupos organizados de distintas partes del estado comenzaron a participar. Esto resultó en una distribución más equitativa del poder en la iglesia y en la apertura de espacios para otras perspectivas.

En las últimas décadas la iglesia va formando líderes con mucha consciencia y compromiso social. Muchos de los líderes más visibles del movimiento, tanto en Oaxaca como en las comunidades indígenas de las afueras, se formaron en grupos de jóvenes católicos en los años 70 y 80, donde aprendieron encaminar sus esperanzas. Entre ellos están los del Comité 25 de noviembre y miembros de la Red Oaxaqueña de Derechos Humanos y EDUCA, junto a muchos maestros que participan en el movimiento. Numerosos simpatizantes del movimiento y personas activas en las barricadas también son miembros de la iglesia católica.

Dado que mucha de la gente que se vio en peligro como resultado de su participación en el movimiento social había recibido su formación social en nuestras iglesias, hubiera sido una alta traición que la iglesia católica los hubiera abandonado en ese momento.

Todos estos líderes tienen una conciencia profunda de la injusticia permanente de Oaxaca. Oaxaca tiene una historia tan larga de injusticia, incluyendo detenciones a líderes comunitarios bajo cargos falsificados, asesinatos e incluso masacres conjuradas por el anterior gobernador. Se trata, además, de casos que permanecen sin resolver. Con el gobierno de Ulises Ruiz, que la mayoría considera fue electo de manera ilegítima, aumentaron la represión, la represión y la injusticia. El gobierno venía actuando con tanta impunidad que iba preparando el terreno de explosión. Era sólo cuestión de tiempo para que la situación explotara. Por mucho tiempo me pregunté: ¿Hasta cuándo va a reaccionar Oaxaca? ¿Hasta cuando vamos a seguir soportando esta humillación y opresión? ¿Hasta cuándo que luchar por una causa justa vas a seguir siendo encarcelado o asesinado sin que el resto del pueblo haga nada, hasta cuando va a seguir esto? La respuesta vino el 14 de junio.

Creo que en este contexto de tanta represión, lo qué pasó el 14 de junio era previsible. Dada la naturaleza represiva del gobierno de Ruiz, se han encarado los problemas subyacentes de Oaxaca con amenazas, propaganda y represión y todo eso fue atropellando las sensibilidades del pueblo. La manifestación anual de los maestros recibió el mismo tratamiento. Tras el ataque policial del 14 de junio, la iglesia fue uno de los primeros organismos que se hizo presente y que denunció públicamente lo que estaba pasando y en reclamarle al gobierno que reflexionara sobre sus actos.

Ese mismo día, las comunidades eclesiásticas de base fueron los primeros que entraron en auxilio, incluso si ya no mantenían afiliación formal con la iglesia. Todas se declararon en solidaridad con los maestros y de esa respuesta inicial de organismos civiles surgió un movimiento amplio y organizado de miles de participantes.

En ese momento la iglesia, los que estábamos desde abajo apoyando, ofrecíamos nuestro apoyo llevando de comer, estando presentes en momentos duros, acompañando a los primeros asesinados a sus funerales, ayudando que hubiera presencia de personas en los lugares que estaban tomados. Muchos de nosotros participábamos en las marchas, así que un signo muy palpable de solidaridad. El rol de los sacerdotes era acompañar a la gente, darles apoyo y confianza. Pero al mismo tiempo había otra perspectiva en la iglesia. El obispo y un pequeño grupo de sacerdotes se alinearon con los poderosos, el gobierno federal y apoyaron otro tipo de solución.

En nuestro país, la palabra de un sacerdote puede tener un impacto fuerte, así que empezamos a hacer declaraciones independientes de las del arzobispo. Y así comenzamos a comunicarnos con la prensa y en algunos casos tuvimos impacto a nivel nacional. Por ejemplo, un encabezado en La Jornada anunció: "Sacerdotes de Oaxaca piden la salida de Ulises Ruiz". El número de sacerdotes que firmaban estos comunicados públicos fue creciendo. Continuamos expresando nuestra convicción de que Ulises Ruiz debía renunciar para que hubiera paz en Oaxaca. También criticamos a los sacerdotes que apoyaron la llegada de la policía federal, que estaban siendo cómplices de la próxima represión y que su invasión iba a traer represión, encarcelamientos y muertos, lo cual sucedió. Creo que ese documento que firmamos les presentó a los oaxaqueños una nueva visión dentro de la iglesia: no la de una iglesia que se alía con los poderosos sino la de una iglesia que se compromete con la lucha del pueblo.

Hubo persecuciones dentro y fuera de la iglesia contra quienes declaramos nuestras opiniones. Dentro de la iglesia no éramos silenciados abiertamente, pero se nos sugería que no apoyáramos al movimiento públicamente. La jerarquía eclesiástica intentó detener la publicación de un documento que todos los sacerdotes habían firmado en apoyo al movimiento, intentando limitar el apoyo público que ofrecíamos. También nos amenazó el gobierno, que instaló una radio clandestinamente que transmitía haciéndose pasar por la voz del pueblo. La llamaron "Radio Ciudadana", aunque su intención real era provocar conflictos denunciando a los líderes de la APPO y amenazando a los sacerdotes que habíamos participado en el movimiento. La situación culminó con una balacera contra una parroquia del centro.

El momento más tenso se dio la noche del 25 de noviembre. Fue la noche clave para la iglesia. Las iglesias del centro de Oaxaca, las más históricas e importantes, con las parroquias más antiguas, no hubo ni una sola parroquia que abriera sus puertas a salvar algunos de los que estaban siendo golpeados. Las iglesias del centro histórico cerraron sus puertas a pesar de que se había acordado ofrecer ayuda a los perjudicados por la violenta represión de la policía federal.

Mi iglesia estaba abierta, pero estaba lejos del foco de la violencia. Una mujer llegó a la iglesia a ver qué podíamos hacer al respecto de lo que pasaba en el centro, así que yo le hablé al obispo de la iglesia principal del centro y le pregunté qué podía hacer para detener esta masacre, como él tenía relación con los altos de gobernación. A pesar del miedo y el terror palpables de esa noche, dijo que no se había dado cuenta, que si yo estaba seguro. Le dije: "Señor obispo, yo creo que a usted le están llorando los ojos por tanto gas lacrimógeno que hay. No lo sé si lo hizo o no lo hizo, como todas las calles estaban cerradas, no había forma de que yo llegara al centro.

A los pocos días de la represión, un grupo de sacerdotes celebramos una misa a favor de los presos, las viudas y los pobres de Oaxaca. Un sacerdote denunció el accionar vergonzoso del obispo para con las víctimas del ataque de esa noche. Para ilustrar su argumento, describió al artista reconocido, Francisco Toledo, quien es anticlerical y declaradamente ateo, como el buen samaritano que empezó a preocuparse por los presos mientras que el obispo, un hombre de la iglesia, había ignorado el sufrimiento de la gente. Cuándo todo era terror y nadie quería hacer nada, el único que entró en auxilio fue el comité 25 de noviembre, creado por Toledo para exigir la libertad de los presos.

Desde ese momento, el rol de la iglesia ha sido el de acompañar a muchos de los detenidos y torturados. Visitamos a las familias de presos políticos y dirigimos las donaciones de dinero que se hacen para ayudar a las víctimas y sus familias. Muchas de las esposas y viudas de los presos y asesinados son muy pobres y apenas logran sobrevivir económicamente. Ayudamos a algunas mujeres a abrir pequeños negocios y a pagar la renta mientras sus esposos están en la cárcel. También nos dedicamos a escuchar e impulsar nuevamente el apoyo psicológico e espiritual a las víctimas y sus familias.

También continuamos apoyando a los presos liberados. Puede resultarles muy difícil reorganizar sus vidas y encontrar trabajo. También puede ser un momento duro para sus familias. Apoyamos al Comité 25 de noviembre. Organizamos días ecuménicas de reflexión a pesar de la prohibición específica del obispo y de que nuestro primer intento fue frustrado por la policía federal. Pero logramos organizar un día de reflexión semanas más tarde. Continuamos trabajando con los organismos civiles y grupos comunitarios de Oaxaca que apuntan a cambiar la estructura política del estado. Trabajan para lograr mayor transparencia gubernamental y financiera a través del diálogo con los ciudadanos, quienes, a pesar de su pobreza, han probado ser una fuerza de participación poderosa.

Existe una metáfora del historiador Antonio Gay que ilustra muy bien la fuerza de los pueblos indígenas. Dice que un pueblo indígena es como los arroyos. Desde su manantial parten y van salteando todas las piedras, por más grandes que sean y suavemente siguen avanzando. A veces se tienen que meter debajo de los cerros y aparecen del otro lado. Y dondequiera que van pasando, como el agua que es, va haciendo que se germine la tierra.

Yo creo que es lo que hacemos los sacerdotes. Bueno, sabemos que hay personas de la jerarquía de la iglesia que son hasta cómplices del poder, pero también hay sacerdotes que sabemos qué hacer para no tener que ni destruir a él ni destruirnos nosotros. Es decir, trabajaremos entre nosotros, organizadamente, con libertad, con decisión y dejar que el obispo crea que está haciendo algo, que se engañe a sí mismo y que piense que está gobernando. Y un día seguiremos nosotros como el arroyo, haciendo la historia.

El 25 de noviembre el pueblo oaxaqueño pagó el precio de querer construir un Oaxaca nuevo. La historia de Oaxaca, tal vez del país entero, se sostiene en esta conciencia adquirida de dignidad. Aunque es cierto que el pueblo de Oaxaca fue víctima de la represión de los poderosos (Fox, Calderón y Ruiz), también es verdad que adquirió nueva fuerza y energía en su lucha. Creo que el 25 de noviembre conmemora la fecha en que Oaxaca se volvió más poderosa y valiente y fortificó su espíritu y su lucha.

CARMELINA

Carmelina, indígena zapoteca de los Valles Centrales de Oaxaca, es una de las fundadoras del Centro de Derechos Indígenas "Flor y Canto". Nacido en 1995 en respuesta a las frecuentes violaciones a los derechos humanos en las comunidades indígenas, Flor y Canto ofrece asistencia legal y educación sobre derechos humanos en pueblos remotos de Oaxaca. Flor y Canto ha ocupado un rol activo en el movimiento social oaxaqueño organizando asambleas entre los ciudadanos para promover el diálogo y la elaboración de propuestas concretas hacia la construcción de un gobierno responsable.

Flor y Canto se originó en una organización católica, que en aquel tiempo se llamaba el centro diocesano pastoral indígena, dirigida por el Obispo Don Bartolomé Carrasco Briset. Me gusta hacer mención de esto porque es una parte fundamental de la historia de nuestra organización. Antes de conmemorar los 500 años de la llegada de la fe católica y hombres blancos a nuestra tierra, este Pastor Don Bartolomé propuso, en 1987, que en vez de imponer una celebración, quería convocar con el fin de consultarnos para saber qué estaba pasando después de estos 500 años.

Comenzamos a organizar reuniones entre mixtecos, chatinos, mixes y zapotecos de la Sierra Norte, los Valles Centrales y la Sierra Sur. También invitamos a los zapotecos del Istmo de Tehuantepec. Los mixtecos de la zona alta y de la zona baja tuvieron reuniones similares.

Luego, en 1992, convocamos al primer Encuentro de Pueblos Indígenas en donde hicimos escuchar nuestra palabra y determinamos cuáles habían sido las luces y las sombras de la evangelización católica, incluyendo la pérdida de muchos valores indígenas, la destrucción de la historia de nuestros pueblos a través de la desaparición de numerosos códigos tradicionales. Discutimos cuántas de nuestras tradiciones religiosas se habían contaminado y mezclado con la religión católica. Por ejemplo, nuestra religión propia, la religión indígena, ya estaba mezclada y en algunos casos físicamente y materialmente sobre nuestros templos habían edificado templos católicos, detrás de nuestras imágenes veneradas estaban las imágenes católicas. A partir de estas reuniones y discusiones, mucha gente empezó a pensar a los jóvenes. Nos dimos cuenta de cuántos valores habían perdido los indígenas y que ya no conocíamos nuestra historia por lo que habíamos leído en los libros que decían que los indios eran unos ignorantes y que vino el hombre blanco, el español, a traernos la civilización.

En 1994 organizamos el segundo encuentro en el que tocamos y trabajamos los derechos indígenas, en el ámbito político, social, cultural, económico y religioso. Pero el 1 de enero de 1994 nos despertamos con las noticias del levantamiento zapatista indígena en nuestro estado vecino de Chiapas. El año siguiente se caracterizó por la persecución contra todos los movimientos indígenas, incluyendo el nuestro. Cuando teníamos las reuniones éramos perseguidos, espiados, y forzados a trabajar en la clandestinidad.

En nuestra reunión de 1994, leímos la Constitución Mexicana y vimos que les garantizaba a todas las personas los derechos a la educación, la salud y el libre tránsito. Muchos de nosotros aun no lo sabíamos. Por muchos años en las comunidades con el tequio y las costumbres del pueblo se construían las escuelas con teja, adobe o con el material de la región y el gobierno no se preocupaba. Mientras leíamos y estudiábamos la constitución, descubrimos otro documento llamado Convenio 169, que trata los derechos de los indígenas y las tribus de todo el mundo. El resultado de tres días de encuentros fue nombrar una comisión de siete personas (seis hombres y una mujer, yo) para trabajar en la puesta en práctica de estos derechos.

Dado que las comunidades indígenas de Oaxaca generalmente desconocen sus derechos humanos básicos y cómo defenderse de las violaciones constantes que sufren, la misión del grupo era la promoción y defensa de los derechos humanos a través de la educación y la colaboración con otras organizaciones y grupos. Al principio nos sentíamos como si estuviéramos saltando al río sin saber nadar. Estábamos a cargo de defender, promover y difundir nuestros derechos, pero primero había que aprenderlos. Finalmente aceptamos el desafío. El 13 de enero de 1996, con la ayuda de muchas organizaciones, pastores, mujeres y misionarios, nació Flor y Canto.

***

¿Qué movió a la Ciudad de Oaxaca el 14 de junio? El gobierno atentó contra la vida de los demás y para nosotros la vida es muy sagrada. Para nosotros como oaxaqueños, este es el atentado más grande que pudo haber sido cometido por nuestro gobierno. Entonces se ha dado toda la cuestión de ingobernabilidad. Tenemos un pueblo enojado; cansado de demandar justicia, de demandar respeto para los derechos humanos en diferentes tiempos, un pueblo cansado de ser corrompido, un pueblo cansado de ser engañado, de ser manipulado. La falta de autonomía de las comunidades indígenas de Oaxaca es a raíz de toda esta situación.

El 14 de junio develó las injusticias que sufren especialmente los pueblos indígenas. No ha existido respuesta del gobierno a los reclamos sociales y las necesidades de las comunidades indígenas. No se ha hecho nada para resolver nuestras carencias.

Durante años, nuestra autonomía política ha sido atacada de manera continua y sistemática por el estado.

La política ya no se trata de la búsqueda del bien común, como era en la época de mis abuelos. En cambio, los caciques, oficiales locales corruptos, controlan las diferentes regiones del estado. Se han enriquecido con la ayuda del gobierno a costa del sufrimiento de las comunidades indígenas. Aquí, la justicia es para los ricos, para los que pueden comprarle sus derechos al gobierno. ¿A quién se abocan ahora nuestras autoridades? Suben y bajan de la ciudad de Oaxaca para tramitar el dinero, para equis obra, para construir un bonito palacio municipal. ¿Pero dentro de la comunidad, la demanda social crece: droga, alcoholismo, prostitución han crecido y dónde están los gobiernos? ¿Quién va a poner el orden si nuestros líderes persiguen sus propios intereses?

Los conflictos por la tierra han sido uno de los problemas más fuertes en nuestro estado. La corrupción de nuestros procesos políticos locales ha generado pobreza en nuestras comunidades. A su vez, la pobreza entre los campesinos ha favorecido la migración. Primero fueron los hombres, luego las mujeres y ahora incluso los adolescentes y niños abandonan sus comunidades y migran al norte. La migración ha traído consecuencias muy serias. Tal vez entran remesas, pero han entrado junto con ellas otros valores que han debilitado los valores indígenas. La migración deja a los pueblos abandonados. Hay pueblos que sólo cuentan con ancianos, mujeres y niños abandonados.

Incluso, y toco aquí un tema bastante espinudo, nos han impuesto credos que subestiman nuestras creencias y costumbres religiosas. Credos que, con todo respeto, provienen de otras naciones y tierras y no son compatibles con nuestras comunidades indígenas. Históricamente, la Iglesia Católica no ha respetado las creencias y valores de los pueblos indígenas.

Nuestra relación sagrada con la Madre Tierra es atacada desde distintos ángulos y se está deteriorando. Los recursos naturales que podrían usarse para el beneficio de los pueblos indígenas ya no nos pertenecen. Hasta el agua se privatiza cada vez más. Las agencias del gobierno administran nuestros recursos naturales pero no los cuidan como deberían.

Otro de los horcones muy importante es la lengua materna. ¿Cuántos años hemos sido atacados, criticados y castigados por hablar en nuestro idioma? Algunos de nosotros, que todavía lo hablamos, lo aprendimos gracias a nuestras abuelas, que no hablaban el castellano. Pero en la escuela se obliga a nuestros hijos a hablar español y ¿por cuánto tiempo metieron en la cabeza de los jóvenes que el inglés es el mejor?

La gente sufre en cuerpo propio. Tenemos clínicas, ¡pero están vacías! No hay medicinas para curar la diarrea u otras enfermedades comunes. Lo único que vas a encontrar allí son diferentes modos para planificar la familia, cuya verdadera intención es controlar a las mujeres para que ya no tengan hijos.

Bajo el control estatal, nuestras comunidades han experimentado pobreza, marginación y falta de cumplimiento con los derechos humanos. Me entristece mucho ver lo que sufre mi pueblo. Sin embargo, en estas comunidades hay hombres y mujeres que luchan por preservar nuestros usos y costumbres.

***

Antes de que llegara la PFP a Oaxaca, Flor y Canto estaba trabajando con la Red Oaxaqueña de Derechos Humanos, documentando las violaciones a los derechos humanos en distintos momentos de la lucha social. Concurrimos a la asamblea de la APPO para escuchar cómo estaban trabajando y organizándose.

Yo acompañaba a través de la observación en diferentes barricadas.

Fue pero muy triste constatar y ver los convoyes de la muerte, las camionetas de policías vestidos de civil, atacando las barricadas y ver la fuerza brutal del estado y las violaciones a los derechos humanos. En una comunidad que visité, los maestros habían sido golpeados y torturados. Fue muy fuerte enfrentar a un grupo de autoridades que nos blandeaban sus machetes en frente de nosotros. Cuando quise intervenir directamente para que soltaran y liberaran a los presos que los tenían en un volteo, fui amenazada por los machetes de los policías ahí.

Pero en un conflicto social tan grave, ¿de dónde te agarras? Nosotros agarramos los palos y piedras y las resorteras, instrumentos de nuestras comunidades. Así también al valor indígena de solidaridad, que hizo posible que nadie se quedara sin comer. Mis ojos lo vieron. Mi deber era estar en las barricadas como observadora de derechos humanos de diez de la mañana hasta las dos o tres de la madrugada. La radio transmitía las necesidades de la gente: agua, café, pan o incluso una tarjeta telefónica. La gente llegaba con sus carros, en bicicleta o a pie para acercar lo que se necesitaba.

Como observadora de derechos humanos, reporté lo que estaba pasando y me uní a los maestros y otros compañeros para buscar a los desaparecidos y apoyar a las barricadas. Invitamos a los jóvenes a tener cuidado y el respeto que se requiere para no provocar a las autoridades.

Mi participación activa en el movimiento fue para mí una gran experiencia para enriquecer mi vista y mi corazón con la fuerza grande de los jóvenes y la solidaridad de mucha gente que se acercó desde las colonias y comunidades. Fue una experiencia muy grande, también en las noches que me tocó observar algu-

nas barricadas, pues ahí, tomando un café y masticando una tla-
yuda o un pan con los compañeros, al ver sus rostros cansados,
alegres y de una mezcla de sentimientos.

***

Uno de los logros más significativos de Flor y Canto fue la
organización del Foro Estatal de los Pueblos Indígenas de Oaxaca, el 28 y 29 de noviembre del 2006. Asistieron más de 400
personas, incluido el Obispo de San Cristóbal de las Casas, Don
Samuel Ruiz, organizaciones civiles, miembros de la APPO y
representantes de las comunidades zapoteco, chinanteco, mixteco, chatino, mazateco, mixe, huave, cuicateco, chontal, zoque,
triqui, amuzgo, chocholteco y tacuate.

En la ceremonia del cierre del foro, había un altar que tenía
la forma de un caracol. Un caracol significa para nosotros que
somos los pueblos, las comunidades indígenas que van caminando en torno a una vida que está acompañada por diferentes
elementos, pero que no termina. A nuestra base de nuestro
caracol es la tierra que estaba acompañada por el maíz, por el
frijol, y las flores de diferentes colores. Los pueblos indígenas
sabemos que necesitamos caminar todos juntos, respetando la
diversidad y el conocimiento de todos quienes están caminando
con nosotros.

El foro se dividió en cuatro mesas redondas donde se discutió
la autonomía y la forma de organización de las comunidades
indígenas, cuestiones de tierra, territorio y recursos naturales,
cultura indígena, iniciativas de educación y comunicación y violaciones a los derechos humanos en comunidades indígenas.

La conclusión de estas discusiones fue una crítica formal a
la violencia sistemática del estado contra la identidad y la cul-

tura indígenas y la marginalización política, social y económica de las comunidades. En respuesta a esta agresión metódica, la asamblea propuso consolidar las radios comunitarias y declararlas un derecho inalienable como instrumento fundamental para la circulación de información y noticias en comunidades que no tienen acceso a periódicos e Internet. Con un puñado de medios alternativos y con el trabajo que hacemos como organizaciones, intentamos hacer llegar la información a las comunidades indígenas de todo el estado, pero el monopolio estatal de los medios de comunicación dificulta nuestra labor. La asamblea también denunció a la educación estatal que se da en las comunidades indígenas como una forma de conquista colonial y propuso a la educación autónoma, siguiendo el ejemplo zapatista, como camino para recuperar las tradiciones de los pueblos indígenas.

Sumamos estas propuestas a las demandas de la APPO para exigir al gobierno el rezago, el cumplimiento del rezago que tienen los gobiernos durante muchos años, hacerle saber al gobierno que el pueblo daba esta palabra, decirles que los ojos y los oídos de las comunidades indígenas estaban abiertos y atentos y demandantes ante la situación. El Foro Estatal de los Pueblos Indígenas de Oaxaca lanzó un proceso formal de integración entre la APPO y las comunidades indígenas, abriendo nuevos caminos para el diálogo y la inclusión dentro de la APPO.

***

El gobierno aprovecha la pobreza y la miseria en que están sumergidos en muchos pueblos, para utilizarlos a su antojo. Pero gracias a la habilidad de distintas organizaciones para trabajar en conjunto y escucharse mutuamente, creo que el gobierno de Ulises Ruiz finalmente fracasará. Este movimiento está formado por mucha gente con manos, hombros, pies, corazones y ojos que trabaja para la liberación de nuestro pueblo y que busca en su interior cómo podemos vivir con dignidad y hermandad.

Hombres, mujeres, jóvenes y niños continúan compartiendo a gritos sus esperanzas y denunciando que el poder encarnado en Ulises Ruiz Ortiz no nos representa.

Tenemos un gobernador que se le impone al pueblo, que quiere borrar, arrasar con una parte enorme de la realidad de Oaxaca. Pero, en contrapartida, tenemos un pueblo que empieza a cultivar nuevas costumbres, formas de vida y que se organiza para defender y extender sus derechos.

Ya cortaron nuestros frutos, ya cortaron nuestras ramas, quisieron quemar el tronco pero hay una raíz que está viva y que está en armonía con el cosmos y esto nos va a dar la fuerza para salir adelante.

Muchas comunidades están haciendo asambleas populares locales y regionales. A lo mejor no están poniendo barricadas o tirando petones con bazucas, pero están haciendo otro estilo de barricada en las comunidades. Ese es el trabajo de los sectores concientes de la sociedad, de la APPO y de los ciudadanos que trabajan por el cambio.

También hay mucho trabajo por hacer fuera del estado. Gente de todas partes se acerca a la lucha oaxaqueña en busca de esperanza. Quieren movilizarse en sus propias regiones por una vida mejor y más digna para su propia gente. Hemos podido compartir muchas cosas en conferencias que se hicieron por todo el país. Muchas personas me han dicho que todo México mira al sur, a Chiapas y Oaxaca, en busca de la luz que ilumine el camino hacia un país mejor. Comunidades de todo el país fundan asambleas populares en sus regiones. Tal vez no construyen barricadas, pero si arman otras formas de resistencia.

El proyecto neoliberal es un proyecto de muerte, está destruyendo la naturaleza. Pero la naturaleza es sabia y protesta. Por eso todos los hombres y mujeres, los pueblos indígenas, estamos invitados y exaltados a compartir esta concepción porque juntos con la naturaleza, la tierra, el sol, la luna, el río, las nubes, los árboles, las montañas, los pájaros, el mar, todos tenemos que luchar y caminar para conseguir una vida digna para todos. No nos podemos quedar pasivos. Tenemos que trabajar, doblar los esfuerzos. Tenemos que articularnos y retomar estos valores que nos han dejado nuestros antepasados en comunalidad. Esta lucha no es una semilla vana. Es una semilla que va a germinar y que va a dar frutos.

PEDRO

Pedro Matías, periodista avezado y reportero del periódico de mayor distribución en Oaxaca, Noticias, experimentó, una y otra vez, los esfuerzos del gobierno por controlar los medios de comunicación y violar las libertades de expresión y de prensa. Ha documentado todo el movimiento social oaxaqueño, incluida la represión del 25 de noviembre, que describe como la peor ola de violencia estatal que ha visto en toda su carrera periodística.

Trabajo como reportero hace veinte años. Hoy en día, soy periodista de Noticias, el periódico principal del estado de Oaxaca. También escribo para Progreso, una revista de distribución nacional, y trabajo para la estación de radio independiente Radio Jit.

El acoso a la prensa que se da en el estado de Oaxaca bajo el gobierno de Ulises Ruiz Ortiz nació en gobiernos anteriores del PRI. He recibido amenazas de tres gobiernos estatales consecutivos: Carrasco, José Murat y Ulises Ruiz.

Trabajé también en periódicos pequeñitos que fueron hostigados por el gobierno y fueron cerrados, como Contrapunto, Presente, Enlace y Expresión. Eran periódicos con una postura crítica hacia el gobierno, así que el gobierno los clausuró bloqueando sus espacios publicitarios y estrangulándolos económicamente hasta que desaparecieron.

El caso del periódico Expresión fue más allá. El dueño del periódico, Humberto López Leña, lo encarcelaron por publicar una información que ni siquiera se generó aquí en Oaxaca. Le había enviado el periódico nacional La Jornada, de la Ciudad de México. Su periódico lo retomó y lo publicó así como tal. Eso fue en abril del 2004. El gobernador de aquel entonces, José Murat, consiguió una orden de aprehensión y orden de cateo domiciliario en un día. Esa era su "aplicación de justicia". Eso es lo que hacía para eliminar enemigos. Mantuvieron a López Leña en prisión, lo acusaron de difamación y daño moral y cancelaron todas sus cuentas bancarias.

Hubo órdenes de aprehensión contra varios de nosotros. Tuvimos que ampararnos y andar escondidos, trabajando en la clandestinidad.

Más o menos para ese entonces empezaron los problemas entre José Murat y Noticias. Al cerrar el periódico de López Leña, comencé a trabajar en la radio. Allí estaba cuando Noticias me ofreció trabajo como reportero. Cuando me ofrecieron trabajo era para fortalecer lo que es la crítica. De alguna forma yo he sido una persona que el gobierno ha visto como crítico y en ocasiones ha intentando cerrarme los espacios y cortarme oportunidades laborales.

Noticias siempre ha tenido cierto prestigio por ser el periódico de mayor venta en el estado Oaxaca. Pero no era propiamente crítico del gobierno. Por el contrario, Noticias tenía lo que se podría llamar un trato muy preferencial con el gobierno del estado a través de convenios de publicidad.

La historia del dueño es la siguiente. En el 2004, José Murat intentó comprar las acciones del periódico y por fuerza quería apropiarse de Noticias. Como no pudo, el gobierno empezó a generar una serie de controversias legales para detonarlo, o sea, cerrarlo como se hizo con los otros periódicos.

En el mes de noviembre vino la invasión a las bodegas de Noticias. Sucedieron una serie de cosas. Hubo un asesinato. Hubo bloqueos en los que participaron porros, el CROC y hasta la policía. Oficialmente, la CROC (Confederación Revolucionaria de Obreros y Campesinos) era el sindicato que representaba a algunos trabajadores de Noticias. Sin embargo, en vez de apoyar a los trabajadores, la organización permaneció bajo el control del PRI y el gobierno estatal. Cuando llegó la hora de la revisión de los contratos colectivos, la CROC obedeció las órdenes del gobierno de Ulises Ruiz.

Tras la ruptura con José Murat, Noticias finalmente se convirtió en un periódico sin miedo de criticar al sistema.

José Murat le entregó el poder el primer día de diciembre de 2005 y lo recibe Ulises Ruiz Ortiz. En lugar de apaciguar o calmar o volver a la normalidad con respecto al trato de los medios de comunicación, él continúa el golpeteo a la prensa y hace suyo el problema.

Primero, su administración intentó estrangular al periódico económicamente. Ulises Ruiz Ortiz había apostado que en tres meses el periódico Noticias, sin la publicidad del gobierno del estado ni de la iniciativa privada, iba a quedar rebasado e iba a cerrar. Pero no fue así. Y entonces comenzó la verdadera persecución contra Noticias.

La primera marcha que se realizó en la administración de Ulises Ruiz Ortiz fue la de Noticias. Protestábamos por la toma de las bodegas donde se guarda el papel y los químicos que se utilizan para imprimir. Como Noticias compra cada vez la cantidad necesaria para un período de seis meses de publicación, el gobierno pensó que destruyendo los materiales o negándonos el acceso a ellos, no podríamos trabajar. Pero comenzamos a comprar los materiales de Puebla y otros estados y el periódico seguía saliendo día tras día sin interrupción.

Más adelante en el 2005, cuando llegó el tiempo de la revisión contractual, el gobierno, a través de la CROC, fomentó una enorme huelga ficticia para cerrar Noticias. Bajo las órdenes del gobernador, la CROC reclamó aumentos salariales radicales para justificar el comienzo de una huelga. Los trabajadores de Noticias no queríamos hacer huelga. Por eso la CROC tuvo que recurrir a los transportistas, taxistas, materialistas y de otros sectores para poder tomar el edificio del periódico.

En junio escuchamos un rumor que decía que intentarían cerrar el edificio de Noticias, así que todos los trabajadores decidimos quedarnos allí todo el día, redactando y editando. Eran las seis de la tarde y todavía nadie había llegado. Esperamos: siete, ocho, nueve, diez de la noche. A las once nos agarró hambre y formamos dos comisiones para que algunos fueran a buscar comida y la trajeran a los demás. Caminé con un colega calle abajo a Libres para comprar tlayudas y otros compañeros fueron a comprar tacos para los que estaban adentro.

En cuanto salíamos, habíamos avanzado dos cuadras cuando de repente llegaron muchos policías vestidos de civil. Marchando y gritando, tomaron el periódico. No conocía a ninguno, pero algunos de nuestros reporteros de la sección policial pudieron identificar a varios de ellos como policías. No había una sola persona entre ellos que tuviera contrato con Noticias.

Nosotros queríamos regresar y entrar, pero ya no podíamos. En total había treinta y un compañeros retenidos en el edificio. Luego nos relataron que dieron horas de infierno, porque desde el momento que entraron los agredieron. No podían dormir pues estaban pendientes y de todos modos cuando era noche, o de madrugada, ya era para aterrorizarlos. Había varios compañeros con diabetes a quienes no se les permitió dejar el edificio, aunque necesitaban inyecciones.

Los porros los mantuvieron a todos secuestrados: periodistas, técnicos, directores, diseñadores gráficos y trabajadores de imprenta. La policía y los porros hacían guardia en el edificio. Obligaron a nuestros colegas a permanecer dentro del edificio durante un mes. Finalmente los sacaron porque hubo mucha presión internacional.

A pesar de todo, no hubo un solo día en que el periódico no se publicara. Los que no éramos rehenes reportábamos desde afuera. Hacíamos imprimir el periódico en Tuxtepec. La policía estatal y ministerial trató de que el periódico no circulara. Hicimos llegar copias en camionetas y por avión. Los que teníamos coches fuimos por dos o tres paquetes y los llevamos a Xoxo u otro lugar donde clandestinamente estuvimos operando.

Fue cuando más venta tuvo el periódico. Yo tengo entendido que Noticias tenía una circulación, en promedio, 25.000 por día, pero que durante ese período se vendieron hasta 80.000. La policía confiscaba los periódicos, pero la gente los buscaba en las esquinas o en los puestos de diarios que los vendían en secreto. Hasta compraban periódicos viejos, de varios días atrás.

***

A mi me duele mucho el hecho que la constitución solo está para las bibliotecas, solo está para la clase política para cuando ellos quieren aplicarlo, pero para la población no existe. En la constitución dice que la gente tiene derecho a expresarse, pero, en realidad, si se alza la voz, se arriesga sufrir todo tipo de persecuciones.

Me sorprende que los políticos esperen que respetemos la constitución de nuestro país, las instituciones, los resultados de las elecciones y la clase política, pero no nos permitan cuestionar nada sin acusarnos de rebeldes. Para los mexicanos, especialmente para los oaxaqueños, su condición de ciudadano existe por un solo día: el día que vamos a votar. Al segundo día, si protestamos, si tratamos de buscar una explicación a su inconformidad, se nos acusa de revoltosos, insurrectos, guerrilleros y delincuentes. Nuestras instituciones están exclusivamente al servicio de una clase política elitista. La victimización de los pobres también ha empeorado. Hay más violencia y represión que nunca. Quienes protestan, son atacados. Durante todo el año pasado estuve siguiendo el movimiento, compartiendo información a medida que surgía. Vi el 14 de junio cuando se desalojaron a los maestros, la violencia de la policía estatal y cómo tuvieron que retirarse porque nunca habían imaginado que los maestros reaccionarían como lo hicieron, porque nunca habían imaginado que se iba a levantar el pueblo.

Se fusionaron muchas inconformidades, muchos rencores, muchas arbitrariedades cometidas por los gobiernos, el actual, el pasado, el antepasado, que venían arrastrando y sometiendo a una población. Tan pronto como Ulises Ruiz llegó al poder, las violaciones a los derechos humanos se agravaron. Algunas siguen sin esclarecimiento, incluyendo asesinatos en la Sierra Sur y el Istmo. Inmediatamente atacó los símbolos culturales de la ciudad: el zócalo, la Plaza de la Danza, la Fuente de las Siete Regiones y el auditorio de la Guelaguetza. Hizo talar un árbol grande que había en el zócalo. La gente se enojó mucho. Se podría decir que cuando tiraron este primer árbol en el zócalo, esto fue la chispita que empezó todo.

El 14 de junio fue el estallido para sacar y exigir ese respeto a la población. Se convocaron marchas enormes. La cuarta megamarcha contó con más de 800.000 personas en la capital. Algunos dicen que alcanzó el millón. De cualquier manera, 800.000 gentes que se hayan manifestado contra una sola persona para que se vaya del estado—eso es evidencia del grado de descomposición del sistema político.

El 25 de noviembre fue un día doloroso para este pueblo. Yo estuve cuando los ataques del EPR y hubo varios muertos. He estado en conflictos agrarios, he visto enfrentamientos, pero ese 25 de noviembre, nunca en mi vida había vivido algo así. Me mostré impotente, me mostré temeroso. No sabíamos que hacer ante una circunstancia así.

Hubo gente infiltrada. Si de verdad el gobierno hiciera los análisis correctos, se daría cuenta de que, ¿a quién le convenía que hubiera edificios incendiados, que hubiera confrontación con la PFP? Al gobierno, porque le daba el instrumento para ordenar la represión y eso fue lo que pasó. Nadie, por muy tonto que sea, va a creer que con una bomba Molotov vaya a incendiar un edificio del tribunal superior de justicia y lo arde en su totalidad. Es algo ingenuo, que vaya con una bomba Molotov y encienda espacios donde el gobierno le conviene que desaparezcan documentos... no es posible eso. ¿Quién incendió esos edificios, entonces? Pues los enviados del gobierno. ¿No hay pruebas? ¡Claro que no hay pruebas! No se van a delatar ellos mismos. Pero ese tipo de hechos sí fueron útiles para el gobierno porque le permitió justificar la escalada de violencia contra el pueblo.

El 25 de noviembre estuvimos ahí todo el tiempo. La policía reprimió y reprimió y nos replegó hasta lo que es el Centro Pastoral. Después ya eran tanquetas, ya eran balazos. Había que correr, o sea, uno mismo como medio de comunicación no te podías quedar así como: "Bueno, soy de la prensa", porque ahí arrasaron todo. A un compañero de El Financiero le dieron toletazo y le abrieron. Le tuvieron que dar diez puntadas.

A las cinco de la tarde un grupito de chavos rockeros, o que querían estar en su guerra, querían confrontar la PFP. Confrontaron a la PFP y entonces estalló todo. Hubo un gran enfrentamiento con gases lacrimógenos, armas de fuego (sí, hubo balazos)

y más tarde hubo incendios. Oaxaca, de las 5pm y las 11pm, yo lo vi incendiado, la nube de gases lacrimógenos competía con la espesa masa de humo negro.

Nos obligaron a replegarnos. En la primera fila de batalla, había los chavitos de 15, 16 y 17 años con sus escudos tan rústicos. Detrás había una segunda fila de manifestantes que lanzaban bazukas. Más atrás estaban las mujeres, arrojando piedras. Habían agarrado centenares de ladrillos y los hicieron piedras. Buscaron piedras de entre las piedras, de los bloques de cantera los desprendieron y los azotaron contra el piso para sacar más piedras.

La multitud de hombres y mujeres gritaba y se subían. Y en retaguardia estaban los ancianos, llevando agua, llevando toallas sanitarias y vinagre como cubrebocas. Al fondo estaban los chavos universitarios de medicina, atendiendo a los gaseados, a los que estaban descalabrados. A nosotros mismos nos daban refrescos de cola y vinagre para aliviar los efectos del gas. Andaban limpiándote. Cuando llegó la policía, nos replegaron. La policía quemó el campamento de la APPO en Santo Domingo y nos obligó a retirarnos.

El 25 de noviembre fue un día determinante en mi vida como periodista. Me hizo ver muchas cosas. Quería ser pueblo, quería hacer frente. Es algo difícil de explicar. Yo, la verdad, en mis veinte años de reportero, nunca había visto una situación así. El pueblo salió a las calles, se manifestó y protestó. Sin estar organizados se organizaron. Fue asombroso.

En el Seguro Social, dos grupos de policías avanzaron hacia nosotros: uno desde el Parque Llano y el otro desde Santo Domingo. Éramos cerca de cien personas entre hombres, mujeres y ancianos. Agarramos la carretera rumbo al Cerro del Fortín. Eran como las 9:30pm cuando llegamos.

Me junté a un grupo de periodistas independientes de Francia, Nueva York y España. Éramos ocho o nueve. Dije: "Yo aquí me quedo con ellos", pensando que sería menos probable que atacaran a extranjeros. En cambio si me agarraban a mí, hasta me podían desaparecer.

En el crucero donde está el Hotel Fortín, entre diez y doce de nosotros nos subimos a una camioneta roja y se enfilaron a la colonia Estrella. No pudimos llegar muy lejos y terminamos caminando en busca de un taxi. Entonces llegaron varias camionetas de la PFP y la policía estatal desde la calle Crespo o Tinoco y Palacios. Nos rodearon a todas las gentes. Me golpearon despiadadamente. No sabíamos qué hacer. Corrimos de vuelta hacia el Cerro. La gente seguía gritando.

Los periodistas internacionales estaban aterrorizados ante lo que estaban viendo. Una camioneta se jaló y cayeron varios. Eran gritos desgarradores, de mujeres. No pudimos sacar ninguna fotografía. Los fotógrafos que se encontraban ahí ni siquiera tomaron fotos por temor a delatarse, para que después la policía no nos siguiera a nosotros.

Yo no supe qué hacer. Ayudar no podía uno, nada, me quedó esa impotencia. Tuvimos que escondernos en el Cerro del Fortín, como si fuéramos delincuentes, para poder salvar nuestras vidas, o por lo menos para evitar una golpiza. Desde lejos, incluso desde el Centro Pastoral, se escuchaban los gritos desesperados de la gente…Estuvo muy cabrón.

La gente salía de sus casas y nos decía: "Ahí está la policía, váyanse por allá". Así anduvimos media hora protegiéndonos. Creo que los reporteros internacionales nunca habían visto algo así en sus vidas. Me preocupé por ellos al día siguiente porque ya no los vi. Creo que salieron en el primer vuelo de Oaxaca.

Ya después recibí una llamada de compañeras de Radio Red en México. "Pedro, ¿cómo está el asunto, estás bien?" "Sí, estoy bien, pero no puedo hablar", contesté. Luego hablé con mi jefe de Noticias y le dije que no podía salir a ninguna parte, que estaba atrapado y que la policía estaba agarrando y madreando a todos. Entonces mandaron por mí en una motocicleta alrededor de las 10:30 y logré llegar a las oficinas del periódico.

De lejos cuando estábamos en el cerro, se veía todo humeante. Parecía que todo el estado estaba en llamas. Pero lo que más me dolía fue que estaba acusando a gente inocente, incluso a una anciana que vi, de haber incendiado los edificios. Fueron abusos excesos.

El gobierno tuvo la oportunidad de resolver la situación, pero decidió encarcelar a personas que sólo pedían justicia. Mientras tanto, Vicente Fox deja que los narcotraficantes circulen con libertad. Su lucha contra el narcotráfico nunca funcionó, que ahí no hubo mano dura. Para este gobierno, los peligrosos son la gente que pide un cambio.

---

* *Pedro Matías ha sufrido amenazas por su trabajo constantemente. El 25 de octubre de 2008 fue secuestrado durante 12 horas por personas no identificadas. En agosto de 2010 obtiene el premio Johann Philipp Palm en Alemania por su contribución a la defensa de la libertad de prensa y opinión.*

AURELIA

En las protestas del 25 de noviembre, cientos de personas fueron detenidas y torturadas, incluyendo a muchas que no tenían nada que ver con el movimiento social, ni habían asistido a la marcha. Aurelia, que trabaja como empleada domestica en el centro de la ciudad, salió de la casa donde trabajaba y se encontró en el medio del terror que se desató esa tarde.

El 25 de noviembre, yo trabajaba en una casa así que no sabía que estaba pasando fuera. Trabajo en casa como no sé leer ni escribir. Tengo 50 años y soy viuda. Tengo tres hijos.

Yo acababa de salir de trabajar cuando me detuvieron, media cuadra de donde yo trabajo. Yo venía caminando y vi que la gente corría por todos lados. Yo no sabía porque, yo estaba encerrada en la casa todo el día. De repente vi muchas policías por todos lados. Traían sus rifles y empezaron a disparar a todo mundo, con su gas o yo no sé que era. Ya cuando vi todo el humo y me empezaron a llorar los ojos, ya no podía caminar. Me estaba asfixiando y me quedé parada. Tanto miedo que tenía.

Vi policías por todos lados con sus riflotes. Todos traían rifles. Me detuvieron y me llevaron al zócalo. Me jalaron del cabello, diciendo "¡Órale, camínele!" Me empezaron a decir groserías. Les dije, "Déjenme ir, mi familia no sabe donde estoy. Yo salí de trabajar. ¡No tengo nada que ver con lo que están haciendo!" Me dieron una patada. En el zócalo, me amarraron. Las policías me tiraron al piso y me amarraron las manos hacia atrás y me amarraron los pies. "Órale hija de tu quien sabe que, cántale a tu APPO". Yo les dije que no sabía quien era el APPO: "Yo salí de trabajar. No sé de que me están hablando".

Veía que había muchas mujeres ahí que les habían sentado sobre las piedras. A mí me sentaron cruzados de pie y agachada en la pared de la catedral del zócalo.

Traía yo una mochila y una chamarra. Me quitaron la mochila diciendo, "Que tienes aquí, hija de tu…" Me empezaron a esculcar. "¡¿Que traes en tu bolsa!?" me preguntaron. Les contesté, "Traigo mi dinero de la semana que me pagaron". "Es dinero de tu APPO. Sácaselo", una dijo. Y me quitaron el dinero.

Me tuvieron tirada en el piso como dos horas. Hacía mucho frío. Traía una sudadera blanca pero me la quitaron. Yo veía un montón de hombres heridos, llenos de sangre, quejándose. La policía pasaba y les daba patadas. Les agarraba el cabello y los azotaba en el piso. Yo me acordé de mis hijos. Pensé, "Dios mío, que tal si aquí está uno de mis hijos, porque ellos salen de trabajar a esta hora". Pensé si aquí está uno de mis hijos o sobrinos.

Yo veía que pasaban y gritaban, "Cállense hijos de su quien sabe quién. No se estén quejando si aquí no están en el baile". Los policías nos decían muchas groserías

Uno de los policías, y no era policía de verdad porque yo veía que traía pantalón de mezclilla, me ponía una rodilla en el hombro diciendo, "Cuidado si te mueves". Yo ya no aguantaba, me cansaba mucho porque me tenían amarrada y todavía así aplastándome con la rodilla. Yo ya no aguantaba y le dije, "Déjeme descansar un ratito". Pero el policía decía, "No, ni que descansar ni que nada si aquí no estás en tu casa, hija de quién sabe qué. ¡Aquí vas a hacer lo que te decimos!"

Después de otras dos horas sentadas ahí, nos levantaron y nos llevaron, casi gateando. Nos subieron en una camioneta roja ahí mismo en el zócalo. No vi que modelo era, solo que era roja. Yo veía muchas señoras amarradas igual que yo, tiradas así, unas encima de otras, así como animales, amarradas de manos y pies.

Me empujaron encima de las otras, y las que estaban abajo se quejaban: "Por favor, mueva a las otras personas para que me saquen porque ya no aguanto, ya me duelen los pies, ya no siento el cuerpo". A mí me dolía mucho estar arriba de ellas. Ahí nos tuvieron fácil otra hora. A mí se me hizo muy largo el tiempo.

Ya de ahí arrancaron y se fueron. Yo no sé ni por dónde porque nos tiraron así boca abajo. "Cuidado si te mueves", nos decían y una de las policías puso su pie sobre mí para que no me moviera. A mí se me hizo mucho tiempo que nos estaban llevando y hacía muchísimo frío. Las otras estaban quejándose. Las pobres que estaban abajo se quejaban, "Por favor, ya no siento mis piernas. Ya no siento mi cuerpo". Y las policías les contestaban, "Muéranse, viejas de su quien sabe que. Si se mueren, mejor, aquí hay muchos botes de la basura para tirarlas. En el camino al cabo está oscuro. Nadie nos ve. Aquí yo las puedo tirar o echarlas al bote de la basura. Hay muchos botes de la basura".

Después de mucho tiempo llegamos a un lugar muy oscuro. No veía nada para saber dónde estaba. Después de mucho tiempo se escuchó el motor de un carro grande. Nos bajaron de la camioneta, así amarradas, jalándonos del cabello y dándonos de patadas, empujándonos porque no nos apurábamos a bajar. Yo vi un portón grandísimo. Pensé, "Ay, Dios, quien sabe donde nos tienen…" Estaba yo bien asustada. Las otras señoras también lloraban. "¿Dónde están mis hijos? Por favor, díganme dónde están. Yo tengo dos hijos. Tienen ocho años y doce años". Y otra decía, "Yo tengo una hija de doce años. ¿Dónde está? Dígame dónde está". Las policías les respondían, "Ustedes cállense hijas de su quién sabe qué. Camínenle". Nos empujaron y nos metimos en el portón. Nos sentaron en la pared y nos desamarraron tantito. Nos tuvieron así, con las manos en la cabeza.

De un lado había una pared más o menos y de ahí empezaron a bajar a los hombres. Para mi mala suerte yo vi a mi hijo en frente de mí. Sentí bien feo porque mi hijo salió de trabajar y vi que estaba golpeado. Bajaron a todos los hombres bien golpeados. Sin zapatos los bajaron. Me dolió mucho ver a mi hijo. Seguían bajando a los hombres golpeándoles y dándoles de patadas.

Los policías seguían golpeándoles y diciendo groserías. Vi, también, a uno de mis sobrinos pensé, "Ay dios mío, aquí está otro de mi familia". Mi sobrino va en el Tecnológico. Que feo se sentía ver la familia ahí golpeados. Ya que los bajaron todos los hombres y nos tenían ahí, los policías decían, "Cuidado si se mueven, eh". Y nos tuvieron así, nuestras manos y pies encogidos. Estábamos bien cansados y seguían diciendo que no nos moviéramos. Se reían y se echaban relajo entre ellos y decían, "Órale, a cargar en ese camión. Primero los hombres".

Empezaron a levantar los hombres, torciéndoles las manos bien feo, jalándoles el cabello y dándoles puñazos por atrás. Yo pensé que nos iban a matar. Estaba bien asustada.

Yo tengo 50 años y jamás de los jamases había pisado en ese lugar. Dije, "Se me hace que nos van a matar". Empezaron a llevar a los hombres y vi como se llevaron a mi familia y todos los hombres que estaban ahí. Me dolió muchísimo y yo dije, "Aquí nos van a matar". Yo escuchaba mucho ruido y ellos chiflaban. Yo empecé a pensar lo peor de mi familia y de los hombres.

Como a la media hora que se llevaron a los hombres, nos llevaron a las mujeres. Otra vez nos volvieron a amarrar hacia atrás y nos aplastaban la cabeza para que no viéramos por donde íbamos. Yo sentía que no podía respirar y nos decían, "Córranle, córranle, hija de tu quién sabe qué". Puras groserías nos decían. Ya corrimos. Llegamos y se escuchó que empezaron a abrir las puertas. Yo pensé lo más feo, o sea como yo no había estado nunca en ese lugar. Nos metieron en un cuarto chiquito. Apenas cabía una cama, una taza de baño y un lavabo.

Las policías mujeres les dicen al policías hombre: "Ahí están, es todo tuyo, puedes hacer lo que tu quieras". Yo me puse a pensar lo peor y dije, "No, mis hijos, mi familia, ¿dónde están?" Iban metiendo a las mujeres y cerrando las puertas. Me puse a rezar. Se quedó todo en silencio.

Había una cama de piedra, de cemento. Teníamos muchísimo frío. Yo estaba temblando pero era más miedo que frío. Dije, "bueno, que dios nos acompañe esta noche".

Como a la hora que regresan los policías hombres, uno pasó y le dije, "Oiga, ¿no tiene una cobija que me regale? Hace mucho frío". Y dice el policía, "No sé, voy a tratar de conseguirla, a ver si la consigo". Y la señora que llegó conmigo dijo, "Sí, porque hace mucho frío, nos vamos a morir de frío, por favor". Ella estaba llorando. El policía se fue y no regresó hasta el otro día.

Luego se escuchaba hasta por allá que gritaban los hombres y yo me puse a pensar que era mi familia que estaba por allá, gritando golpeada.

El siguiente día, nos sacó el policía, como a las dos o tres de la tarde. No habíamos comido ni tomado agua. Nada nos dieron y yo tenía mucha hambre y sed. Nos sacaron y nos dijeron, "Salgan, las vamos a llevar al medico", y nos llevaron al medico. Había muchas compañeras que estaban muy golpeadas. Yo tenía moretones pero no me sacaron sangre. Tenía chipotes y estaba bien adolorida pero hasta ahí nada más. Unas de las otras compañeras estaban descalabradas y otras estaban lastimadas de las manos. Estaban bien golpeadas las otras señoras.

Los doctores según nos checaron, pero nada nos preguntaron que nos hicieron. Solo: "¿Que tal estuvo la marcha?" Yo le dije,

"No sé de que me está usted hablando. ¿De que marcha me habla?" Me dijo, "Que tal estuvo la marcha, ustedes anduvieron haciendo relajo ayer". Le dije, "Doctor, ¿me trajeron aquí para que usted me cure o para que usted investigue que hago y que no hago?" Una doctora me preguntó, "¿Dónde le pegaron?" le enseñé los moretes y chipotes. Ella me preguntó, "¿No la descalabraron?" "No", le dije. Entonces la doctora dijo, "Ella no tiene nada. Que se salga y llamen a otra". Así nos fuimos pasando todas las señoras que estábamos ahí.

Ya cuando salimos del doctor fue cuando vi a mi hermana. Sentí bien feo porque estaba golpeada. Pensé tanto en mi familia y me preguntaba que les estaban haciendo. Mi hermana salió porque había ido a comprar útiles para sus hijos que habían entrado a la escuela.

Después de salir de los doctores, nos llevaron a dónde habíamos estado antes, una casa grande, donde nos dieron comida. Ya eran como las cuatro o cinco de la tarde. Nos dijeron los policías: "Apúrense porque tenemos cosas que hacer". Comimos y nos volvieron a subir a la celda y salieron.

Llegó la noche y nos sacaron y dijeron: "Vámonos porque ya llegó el ministerio público y van a declarar el daño que hicieron". Nos llevaron por el mismo edificio pero lejos de las celdas. Vi a mi hijo y mi sobrino. Los hombres, todos bien golpeados, pasaron a declarar. Hacía mucho frío y tuvimos que pasar la noche ahí porque éramos un montón de gente. Amanecimos en ese cuarto.

Eran como las cinco de la mañana, porque estaba oscuro todavía, cuando empezaron a formar a los hombres. Ya los habían subido a sus celdas y los volvieron a bajar de a cuatro o de a ocho. Los empezaron a amarrar con un plástico blanco que aprieta bien feo, y ya vi que los empezaron a amarrar y vi a mi familia y pensé,

"¿A donde nos van a llevar? Dios mío, ¿que nos van a hacer?" Las policías estaban bien armadas con sus rifles enormes que nos daban mucho miedo. Usaban chalecos antibalas y les empujaban a los hombres con la punta del rifle, diciendo, "Órale, camínele". Terminaron con los hombres y empezaron con las mujeres: "Órale, a ustedes les tocan". Y se me ocurre preguntarle a una de las policías que estaba ahí hablando por teléfono. Le dije, "Oiga, señorita, ¿a dónde nos van a llevar? Díganme, por favor, porque mi familia no sabe dónde estamos. Quisiera saber donde nos van a llevar". Ella dice, "Yo no tengo la menor idea a donde los van a llevar. Usted lo único que debe de hacer es obedecer órdenes y ¡no haga preguntas!"

Empezaron a amarrar a las mujeres y que nos empujaban con la punta del rifle, diciendo: "Cuidado si levantas la cara". Yo alcancé a ver el autobús que era azul con rayas anaranjadas. Nos subieron y ahí estaban todos los hombrecitos bien agachados hechos bolas atrás de los asientos. Todos los policías estaban en los pasillos del autobús. Queríamos ver a donde íbamos, pero corrieron las cortinas de las ventanillas. Tardaron para llegar al lugar a donde iban. Cuando nos bajaron del carro estaba un avión grandísimo.

Otra vez nos formaron y ahí nos tuvieron como unas dos horas. Cuando nos subieron al avión ya estaba alto el sol, ya se sentía el calorcito. Empezaron otra vez con los hombres, todos los hombres así como estaban de golpeados, ya estaban amarrados pero ahí los volvieron a amarrar con una esposa de fierro, de su pie y su mano con la cadena de la mano al pie. Vi a mi hijo y a mi sobrinito como los llevaban. Yo sentí bien feo. Pensé que ahí era el fin de nosotros.

Antes de subir al avión había muchas cámaras. Todos los policías estaban uniformados y uno traía pasamontañas. Ese cargaba cámara y decía: "Grita tu número", y decía groserías. Los hombres decían su nombre, dirección y edad. Y ya que subieron los hombres al avión, vuelven con las mujeres a tomar fotos, película, preguntándonos la edad, donde vivíamos, dónde nacimos y todo eso. Ya nos subieron al avión y entre ellos platicaban y se hacían señas.

Yo tenía mucho miedo. No sé cuánto tiempo después llegamos al lugar a donde nos llevaron.

Ahí nos separaron. Nos bajaron del avión a las puras mujeres. Me preocupaba mucho por los hombres. Nos subieron a un autobús y llegamos a lo que era como un túnel oscuro. Y estaba oscuro cuando nos bajaron y se oía que ladraban muchos perros y las policías que estaban allá nos empezaron a gritar: "Órale, viejas, hijas de su tal por cuál, apúrale y córrale. Desvístanse. Quiten toda su ropa y apúrense que aquí no están en su fiesta".

Nos quitaron la ropa y todo lo que llevábamos y nos dieron el uniforme que ocupan los presos. Nos cambiamos rápidamente. Las policías nos estaban gritando groserías. Nos llevaron a nuestra celda, agachadas para no ver. Luego nos trajeron de comer.

En aquella cárcel, empezaron a darnos de comer y ya no nos golpearon. Nos daban de comer tres veces al día. Nunca nos dejaron de gritarnos, cada vez que venían nos gritaban pero hasta ahí.

Estuvimos ahí, en la cárcel en Nayarit, por veintiún días. Durante esos veintiún días, nunca escuchamos nada sobre los hombres o el resto de nuestras familias.

Un día nos dijeron que fuéramos a firmar porque ya íbamos a salir. Nos levantaron como a la una de la mañana y el policía nos dijo, "Dale su cobija, sus sábanas, todo lo que ustedes ocuparon. Nada pueden dejar a la compañera que se va a quedar". Y yo acomodé mis cosas, lo que yo ocupé, y nos bajaron. Entregamos las cosas que ocupamos y nos sacaron fotos. Nos contaron las cicatrices que teníamos. Nos tomaron huellas, fotos, películas. Antes de salir de la celda se quedaron las compañeritas que estaban todavía detenidas. Esas mujercitas eran de Huajuapan. Hacen tenantitos y sopladores para la lumbre, esos hacen para mantenerse. Uno de sus esposos era albañil y otras dos eran viudas. Otras pues no tenían esposos pero tenían ocho, cinco o tres hijos chiquitos. Todos los hijos tenían diez años para abajo. Las mujeres no sabían ellas como estaban sus hijos porque decían ellas que vinieron a Oaxaca a comprar cosas para la escuela de sus hijos. Ya estaban para regresarse a su tierra cuando los policías las detuvieron.

Ellas se quedaron llorando y nos pedían que no nos fuéramos. A mí me dolió mucho dejarlas, porque pobrecitas, porque que feo se siente estar dentro. Aquellas personas que dejamos allá, nos dolió mucho, porque su familia y sus hijos chiquitos no sabían nada de ellos. No saben cómo están sus hijos y están muy preocupadas.

Todo eso viví. El primer día, el día que me detuvieron, la policía y los gases, ese día era el más terrible porque no entendía que estaba pasando. Pero todos los veintiún días eran horribles.

Nunca fui a una marcha, pero ahora, después de lo que el gobierno me hizo, voy a apoyar. No sé lo que es el APPO porque yo nunca he estado en este lugar pero los apoyaré. He escuchado de los maestros y también los voy a apoyar, porque me dolió mucho lo que me hicieron. No solo me hicieron sufrir a mí sino a toda mi familia.

Los policías me dijeron que soy de los APPOs, que voy a las marchas y los plantones. Ahora sí, voy a ir a las marchas. Voy a ir al plantón. Voy a ir a dónde sea hasta que salgan las mujeres que están en la cárcel. Me dolió mucho dejarlas. Ellas también son inocentes. No sabían porque se las llevaron. Algunas no sabían español, puro mixteco hablaban.

Yo no apoyaba a ninguna organización pero ahora iré dónde sea con tal de que se acabe esto, que se vaya el gobernador. Ulises debe de irse porque ya no lo soporto. Solo lo he visto en fotos pero ya ni en foto lo quiero ver. No lo soporto.

Quiero luchar para que salgan todas las mujeres inocentes que siguen en Nayarit. Son personas humildes.

Iré con las personas que andan luchando, con cualquier organización, la APPO o la que sea. No quiero que mis nietos sufran lo que yo he sufrido.

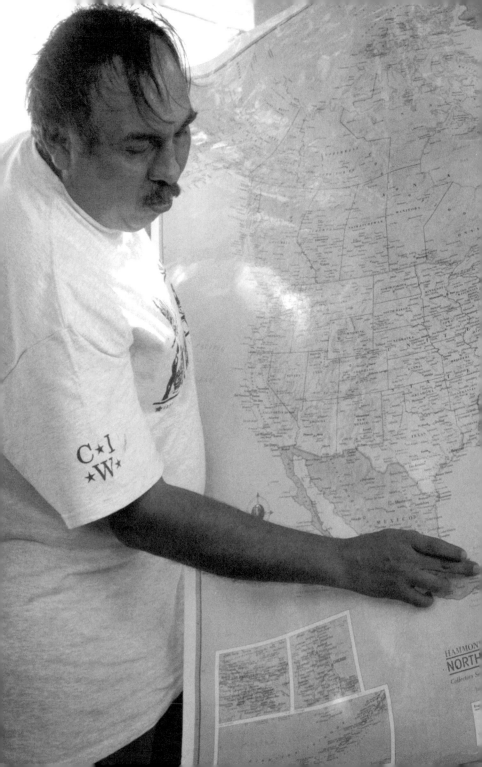

CARLOS

Según muchos activistas experimentados, el desalojo de los maestros fue la gota que derramó el vaso. La explotación y la represión en un sistema de gobierno de partido único no es algo nuevo para los oaxaqueños, especialmente para las comunidades indígenas que han sufrido una marginalización progresiva durante siglos. Beas, uno de los fundadores de UCIZONI, la Unión de Comunidades Indígenas de la Zona Norte del Istmo, organiza la resistencia en esas comunidades en contra de megaproyectos de desarrollo explotadores como el Plan Puebla Panamá. UCIZONI es una de las fuerzas movilizadoras más importantes del istmo y articula un espacio clave en la unión de movimientos urbanos y rurales.

Soy un economista descalzo, ya que he dedicado toda mi vida a trabajar con las comunidades indígenas. Mi gusto y mi misión personal ha sido enfrentar los atropellos de los poderosos y organizar la resistencia de los pueblos en contra del Gobierno y de las grandes compañías.

Tengo poco más de 50 años y desde que era un chamaco me interesé por la lucha social, por ello lloré cuando supe de la matanza del 2 de octubre de 1968. Por esos tiempos leí sobre la vida de un infatigable luchador social de origen oaxaqueño: Ricardo Flores Magón. Su coherencia y sus ideas me marcaron para siempre; desde esa época creo en la autoorganización del pueblo y no en los partidos políticos.

Estudié Economía en la Universidad Nacional Autónoma de México (UNAM), pero nunca me gustó el mundo académico. Por ello decidí acompañar las luchas de los sindicatos independientes y de los campesinos e indígenas. Como resultado de mi activismo, antes de cumplir los veinte años fui secuestrado por un grupo parapoliciáco y encerrado en una cárcel clandestina.

Me asusté mucho, pues pensé que me iban a matar, pero creo que salí de esa experiencia más fortalecido.

En la década del setenta, participé en el Colectivo Regeneración, que publicaba un periódico con el mismo nombre. También acompañé ocupaciones de tierra y huelgas radicales en varios lugares de la República Mexicana. Fuimos un grupo muy perseguido y en 1978 tuve que salir del país. Fuera de México promoví acciones por la liberación de los presos políticos y ello me permitió conocer a luchadores sociales en Europa y en los Estados Unidos.

Tiempo después regresé a México y me vine a vivir al Istmo de Tehuantepec, donde hace más de 25 años creamos un pequeño grupo en el que participaban profesores indígenas, dirigentes comunitarios y profesionales: este colectivo de activistas se llamó "El Nahual". Le pusimos ese nombre pues el Nahual es el animal o el elemento de la naturaleza que está presente cuando nace una persona y es parte de su identidad toda la vida.

El Nahual era un grupo clandestino que se reunía de noche, pues en esos tiempos había mucho cacicazgo en los pueblos indígenas. Los poderosos tenían pistoleros a su servicio que asesinaban y amenazaban a los opositores. El Nahual también era el nombre de la revista que publicábamos. En ella denunciábamos los atropellos del gobierno y de los terratenientes ricos, llamábamos a los pueblos a organizarse y a luchar en contra de los atropellos.

Este grupo logró convocar asambleas en los pueblos de la región y en 1985 se formó la Unión de Comunidades Indígenas de la Zona Norte del Istmo, la UCIZONI. Al principio sólo había pocos integrantes de once pueblos, pero con el paso de los años creció mucho, extendiéndose por más de cien pueblos de Oaxaca y también de Veracruz.

Los primeros años de la organización fueron realmente difíciles: ni el Gobierno ni los grupos de poder local del PRI querían que los pueblos se organizaran de manera independiente. Apenas empezábamos a caminar y enseguida encarcelaron al líder Mixe Armando Agustín Bonifacio, a quién, por cierto, los caciques mandaron a matar en 1995. Armando se parecía a Chico Méndez, pues defendía con gran pasión los bosques propiedad de nuestras comunidades.

La década del ochenta fue una época peligrosa en nuestra región. Recuerdo que un profesor indígena que llamaba a la lucha fue asesinado a golpes de piedra y otras personas que se defendían de los atropellos del cacique, llamado El Tigre, eran asesinadas o corridas de su pueblo. Pero de todas formas la organización creció y se consolidó porque los pueblos estaban cansados de tanta injusticia.

Desde el principio luchamos en contra de los terratenientes y de las grandes empresas forestales. La lucha de UCIZONI siempre ha sido en contra del despojo de tierras y bosques y por la defensa de los derechos humanos de nuestros indígenas. Pero también desde el principio hemos luchado por mejorar la calidad de vida de nuestros pueblos y para ello organizamos en cooperativas a los productores de maíz y café. Además, gestionamos la construcción de escuelas, caminos y clínicas.

Por el año 1989, UCIZONI enfrentó con energía las violaciones a los derechos humanos que cometían los militares y eso nos trajo mucha persecución y hostigamiento. En esa época, nuestras oficinas ubicadas en la ciudad de Matías Romero, Oaxaca, fueron allanadas por los soldados y algunos dirigentes tuvimos que huir. Ante tanta agresión, UCIZONI convocó a un Foro Internacional sobre Derechos Humanos de los Pueblos Indios, al cual se presentaron más de mil delegados y delegadas de muchos lugares de México y de otros 7 países. Este encuentro tuvo gran importancia, pues reunió por vez primera a las organizaciones y pueblos que hasta entonces luchaban aislados. De ese foro nació el Consejo Mexicano 500 Años de Resistencia Indígena, Negra y Popular, que años después realizaría grandes movilizaciones.

En 1992, cientos de hombres y mujeres de UCIZONI caminamos más de 600 kilómetros para llegar a la ciudad de México y exigirle al gobierno mexicano la atención y el respeto a los derechos de los pueblos indígenas. Llegamos muy cansados y enfermos a México, pero regresamos muy felices y con la frente en alto. Durante la marcha creamos un espíritu de mucha solidaridad entre los participantes.

El 9 de enero de 1994, nuestros pueblos se movilizaron de inmediato para apoyar el levantamiento zapatista, pues por ferrocarril y carretera pasaban a diario convoyes del ejército que iban a Chiapas a atacar a nuestros hermanos indígenas. UCIZONI organizó un bloqueo de carretera para impedir que los militares siguieran avanzando sobre Chiapas y para exigir una salida pacífica y justa al conflicto.

UCIZONI envió a Las Cañadas de Chiapas una comisión con alimentos y ropa tras el ataque de los militares a las comunidades zapatistas en febrero de 1995. A mí me tocó ir a la pequeña comunidad llamada Nueva Estrella, donde grupos de militares habían causado destrozos terribles, defecando y tirando detergente y diesel sobre las mazorcas de maíz. Además, habían asesinado a un indígena. Recuerdo ver, con indignación, a un joven que lloraba frente a su guitarra rota. Tiempo después, los zapatistas me invitaron a ser su asesor en el tema agrario y así fue como participé en los Diálogos de San Andrés de los Pobres.

En 1996, el entonces presidente Zedillo hizo pública la intención de avanzar con el Megaproyecto del Istmo, un programa de inversiones que incluía la creación de granjas de camarón, plantaciones de eucalipto y palma africana, además de la modernización de la infraestructura energética y de comunicaciones. De inmediato nos organizamos para informar a los pueblos. Hicimos muchas reuniones y editamos materiales. Para 1999 esta ofensiva del gran capital había sido frenada y las consecuencias de este megaproyecto en nuestra región se habían reducido. Pero vendría una nueva oleada aún más poderosa.

Hacia 1998 fundamos junto a otras organizaciones el Consejo Indígena y Popular de Oaxaca "Ricardo Flores Magón". Durante casi dos años nos movilizamos intensamente porque el gobierno había desatado una intensa oleada represiva contra el movimiento indígena. Varios de los dirigentes del Consejo fueron encarcelados y yo estuve escondido un tiempo hasta que debí salir por varios meses del país. Gracias a la movilización de las mujeres de UCIZONI y de otras organizaciones, los presos fueron liberados.

A fines del año 2000, apenas Vicente Fox asumió el cargo de Presidente de la República, se anunció un nuevo megaproyecto que meses después se llamaría Plan Puebla-Panamá. A fines de febrero del 2001, la comandancia zapatista hizo la Marcha del Color de la Tierra en el pueblo istmeño de La Ventosa y allí nos reunimos con el Subcomandante Marcos. Le acercamos nuestro compromiso de resistencia y establecimos que el istmo no estaba en venta.

A partir de ese año empezamos a organizarnos para enfrentar esta nueva mega-amenaza. Hicimos una amplia campaña para promover la resistencia: producimos videos y publicaciones y realizamos decenas de reuniones informativas. Gracias a este esfuerzo las comunidades chontales lograron detener la construcción de la autopista que se suponía uniría el Istmo y Huatulco. Pero en otros lugares los pueblos resistieron de manera muy aislada y fueron derrotados rápidamente. La Coalición Obrera Campesina Estudiantil del Istmo (COCEI), la mayor y más antigua organización de la región, que había sido muy combativa durante años, ya había abandonado la lucha social en aquel entonces. Sus dirigentes abandonaron a los pueblos y trabajaban únicamente por sus intereses personales. Eso les hizo mucho daño a los pueblos, pues los desorganizó y desánimo.

Mientras el gobierno imponía su megaproyecto, la crisis económica afectaba muy gravemente a nuestros pueblos: no había buenos precios para el café y la naranja y el mercado de maíz había sido invadido por importaciones de un maíz amarillo barato pero de pésima calidad. El Tratado de Libre Comercio dañó seriamente a los pequeños campesinos y ganaderos y hubo mucha migración hacia el Norte. Muchas familias se destruyeron y reaparecieron enfermedades vinculadas a la pobreza como la tuberculosis. Otras enfermedades se desataron con fuerza como la diabetes.

Además, seguía habiendo mucha corrupción y violación a los derechos de la gente. Los gobernantes del PRI, como suele suceder, sólo empleaban los recursos públicos para comprar votos y enriquecerse. La situación se agravó con la llegada del Gobernador Ulises Ruiz, quien desde el principio le agarró odio a UCIZONI, pues en nuestra región lo derrotamos en las elecciones, a pesar de que luego alcanzó la gobernación con trampas.

Ulises Ruiz fue represor desde el principio. Supimos que había encarcelado a gente de Lalana, Xanica y San Blas Atempa simplemente por reclamar respeto a sus autoridades comunitarias. UCIZONI exigió en ese momento la libertad de los presos políticos. A principios del 2006 fuimos a Oaxaca en una gran comisión formada por más de 250 representantes de comunidades de UCIZONI para pedir atención a nuestras demandas. Fuimos rodeados e inmovilizados por cientos de policías. A pesar de ello, logramos ocupar oficinas públicas.

El 14 de junio del 2006, supimos que la policía había desalojado violentamente un plantón de profesores. De inmediato corrimos la voz, y organizamos un bloqueo carretero para reclamar el cese a la represión. UCIZONI mandó una comisión a la ciudad de Oaxaca que participó en la creación de la APPO, la Asamblea Popular de los Pueblos de Oaxaca.

En UCIZONI entendíamos que la caída del mal gobernador era el principio de una democratización necesaria en la vida pública de Oaxaca, que con la caída del gobierno priísta se lograrían políticas públicas que atendieran las necesidades de los más pobres, de las mujeres y de los indígenas, que las oficinas públicas y los juzgados serían limpiados de funcionarios ineptos y corruptos, que por fin podríamos hacer valer los derechos humanos. Eso significaba para nosotros que se fuera Ulises Ruiz.

Así fue que UCIZONI participó muy activamente en el movimiento. Durante meses tuvimos un campamento en el plantón del Zócalo de Oaxaca. Además, mantuvimos informada a la población de nuestra región a través de nuestras radios comunitarias. Durante meses mantuvimos cerradas las oficinas de gobierno, hicimos muchas asambleas y marchas y además bloqueamos las carreteras unas quince veces. También participamos en los contingentes que UCIZONI envió a todas las megamarchas que se hicieron en la capital de Oaxaca. Las manifestaciones eran gigantescas y los trayectos eran muy largos, pero nunca faltaban el entusiasmo y el ánimo de la gente. Uno terminaba la marcha con los pies destrozados de tanto caminar sobre pavimento caliente, pero siempre regresábamos al Istmo con el espíritu fortalecido, ya que era emocionante caminar por las calles y encontrarse con miles de personas que aplaudían y nos regalaban frutas o agua.

La resistencia de los vecinos de la ciudad de Oaxaca fue impresionante y nos motivaron las muestras de gran valentía. El ambiente de tensión, miedo, coraje y fraternidad que encontramos en el plantón del Zócalo y en las barricadas nos hizo entender que más allá de las organizaciones y de la propia APPO, había un pueblo agraviado y cansado por siglos de atropellos y exclusión.

El gran movimiento que se desarrolló en la ciudad de Oaxaca durante varios meses estuvo animado por los habitantes de las colonias más pobres, muchos de ellos migrantes e indígenas que la pobreza había traído a la ciudad a desempeñar los trabajos más difíciles y peor pagados.

UCIZONI impulsó la creación de la APPO-Istmo, en la que participábamos estudiantes de Ixtepec, indígenas de Guichicovi y San Blas Atempa, algunos profesores de la Sección 22, campesinos de Tehuantepec y colonos de Matías Romero y Salina Cruz. Juntos hicimos movilizaciones en diferentes lugares.

Sin embargo, los istmeños eran mal vistos en este movimiento, pues la organización COCEI y el presidente municipal de Juchitán, que pertenece al PRD, apoyaron a Ulises Ruiz, en un gran acto de traición. También el papel de los profesores istmeños fue muy cuestionado, pues casi desde el principio quisieron terminar con las movilizaciones. A nosotros siempre nos molestó esa actitud débil y traidora, más aún cuando veíamos cómo luchaban y sufrían miles de maestros de otras regiones.

UCIZONI se mantuvo firme. Incluso el terrible 25 de noviembre del 2006, un grupo de hombres y mujeres de nuestra organización participó en la movilización que sería tan duramente reprimida. Ese día yo estaba en una reunión en el sur de Veracruz y ahí me enteré de la brutal agresión. Por teléfono escuchaba los gritos y llantos de los compañeros con los que hablaba.

El 26 de noviembre, con el apoyo de nuestros compañeros y compañeras veracruzanos, tomamos una radio comercial de Minatitlán y a través de los micrófonos de Radio Lobo denunciamos la brutalidad policíaca que sufría Oaxaca en esos momentos. Después bloqueamos la carretera. Esa misma noche se desataron acciones represivas en esa región.

El 10 de diciembre del 2006, cuando el reflujo del movimiento era ya evidente, los pueblos del Istmo bloquearon una vez más la carretera transístmica reclamando la liberación de nuestros compañeros presos. La movilización atrajo la represión: casi de inmediato se establecieron retenes policíacos y se intensificó la vigilancia sobre nuestros domicilios. Según las declaraciones de la Policía Federal Preventiva en diciembre, Matías Romero, Oaxaca, se había convertido un foco de resistencia.

Pero en UCIZONI no sólo luchamos en contra de los malos gobernantes. Hemos mantenido una lucha desigual y difícil en contra de la imposición de megaproyectos en la región istmeña. Por ello impulsamos la creación de la Red de Radios Comunitarias Indígenas del Istmo y también el Frente de los Pueblos del Istmo en Defensa de la Tierra, que lucha en contra del megaproyecto Parque Eolo-eléctrico del Istmo, impulsado por el Banco Mundial, USAID y empresas españolas como Iberdrola. También mantenemos firme nuestra lucha en contra del deterioro ambiental que provoca la empresa petrolera PEMEX en la región. Tenemos muchos frentes abiertos, pues la ofensiva neoliberal es ahora realmente brutal.

Terminé el 2006 muy cansado y enfermo, igual que otros compañeros. Por eso empecé el 2007 con una intervención quirúrgica, que me obligó a descansar unos días. Pero pronto regresé a mis actividades y me encuentro animado y muy activo, preparando nuevas acciones, escribiendo un libro, participando en nuevas luchas y esperando el nacimiento de otra hija.

Sé que aún hay compañeros y compañeras detenidos, sé que aún no logramos expulsar de estas tierras a las grandes corporaciones y que el mal gobernador sigue provocando sufrimiento en la gente. Sé que hay mucho por que luchar, sé que esta lucha continúa y que nos mantendremos firmes en ella hasta que Dios y el cuerpo lo permitan. La lucha sigue, Oaxaca vive. *Salud.*

Jenny

Tras el asesinato del periodista independiente estadounidense Brad Will el 27 de octubre en una barricada, la atención del mundo entero se centró en el levantamiento de Oaxaca y en la represión gubernamental que ya se había cobrado las vidas de otros veintiséis activistas oaxaqueños. La procuradora general del estado, quien, como en la mayoría de los países, opera en el entramado de maniobras políticas (y totalmente subordinada a las órdenes del gobernador), manipuló evidencia para hacer responsables del asesinato a activistas del movimiento en vez de a las fuerzas paramilitares contratadas por el gobierno. La familia de Brad visitó Oaxaca para reclamar que el caso fuera tratado en cortes federales y para pedir justicia no sólo para su hijo sino también para todas las víctimas de la represión. Jenny, observadora internacional de derechos humanos, acompañó a la familia en sus reuniones con oficiales del gobierno, en la reconstrucción del asesinato de su hijo, en una marcha en memoria de los activistas asesinados y en visitas a otras familias que habían perdido a seres queridos como resultado de la violenta represión.

Hace varias semanas que los días 23, 24 y 25 de marzo están marcados en mi calendario. Son los días en que la familia de Brad Will visitará Oaxaca. No conocí personalmente al periodista de Indymedia, llegué a Oaxaca pocos días después de su asesinato, pero su muerte y la visita de su familia afectan mi vida de muchas maneras. De los cinco testigos que darán testimonio frente a la procuraduría general federal a favor de la familia, algunos son amigos míos y otros son la única familia que tengo aquí en Oaxaca. Todos ellos son concientes del peligro que enfrentan al testificar: los eventos del año pasado en Oaxaca no han dejado dudas acerca del riesgo que implica alzar la voz en contra del gobierno estatal. Cada testigo ha sufrido abusos e intimidaciones de parte de distintos agentes del gobierno (un testigo fue obligado a ocultarse) y sus hogares están bajo vigilancia constante. Aún así, todos están dispuestos a aceptar los riesgos y lo hacen para honrar la memoria de Brad.

No conozco a la familia Will, pero imagino el trauma que sufrirán durante su visita. Al igual que ellos, yo también soy una extranjera en México. Al igual que ellos, provengo de un lugar donde las categorías y las expectativas que conciernen a la responsabilidad gubernamental, a la ley y al sistema judicial son diferentes. Vengo de un país donde la muerte no es tan común, donde la fe no es tan aguerrida y donde los horrores cotidianos que enfrenta el pueblo de México son apenas imágenes que recibimos de la televisión. Nuestra habilidad de comprender y de lidiar con la muerte de un niño, de un hijo o una hija, de una hermana o un hermano son distintas porque los asesinatos perpetrados por el gobierno no son ni remotamente tan comunes en nuestros países. Sin vivir en México, no existe contexto para poder entender el sistema local, al menos para las clases privilegiadas de los países del norte. Se trata de un sistema en el que políticos corruptos pueden manipular investigaciones y en el que jueces estatales arman causas alrededor de hipótesis que apuntan siempre a absolver al estado de cualquier falta.

Así que estoy preocupada, porque no sé cuánto cree la familia de Brad en la historia de la procuradora estatal o cuanto creen, de igual modo, en las historias de la prensa. Sólo sé que vienen a reclamar una investigación justa e imparcial sobre el asesinato de su hijo y para asegurarse de que los responsables de su muerte sean juzgados. Sólo me queda confiar en que la compasión y la integridad exhibida por su hijo aquí en Oaxaca sea el reflejo del tipo de personas que son.

Hay una reunión privada planeada para el 21 de marzo entre los testigos, la familia, los abogados y los traductores, antes de reconstruir los últimos pasos de Brad en la Barricada Calicanto. Cuando finalmente llega el día, encendemos las cámaras de video y los equipos de audio bajo la sombra de 27 cruces negras pintadas con los nombres de los 27 activistas caídos durante los diez meses de lucha. En el centro del cuarto, dos flores rojas cuelgan de la cruz con el nombre de Bradley Roland Will. Nadie habla mucho y permanecemos sentados en los bancos de madera ubicados en semicírculo. Esperamos.

Y finalmente llega el momento. Los padres de Brad, Kathy y Hardy, y su hijo mayor, Craig, atraviesan el patio acompañados de su abogado y de su traductor. Todos se ponen de pie y Kathy explota en llanto. Frente a ella hay cinco personas cuyos rostros estoy segura la familia ha visto cientos de veces en videos, noticias y periódicos, pero aquí están ahora en carne y hueso, cinco personas que intentaron salvar la vida de su hijo y que ahora están acusadas de su asesinato. Apenas puedo imaginar la profundidad de su dolor y su ira… Después de un momento, la familia Will se repone y comienzan las presentaciones. Cuando llega el momento de que Hardy se presente, él se queda en silencio. Atraviesa el cuarto para abrazar a quienes intentaron ayudar a su hijo y les susurra: "Gracias, gracias por todo lo que intentaron hacer". Todos suspiramos aliviados y comienza la reunión. Cada testigo relatará su experiencia del día de la muerte de Brad y la familia hará preguntas. Eso es todo. Se suponía que la reunión duraría dos horas, pero si hay algo que uno aprende enseguida en México, es que nada nunca funciona según lo planeado.

Mientras los testigos desarrollan sus relatos, otras personas comienzan a llegar: rostros que reconozco de las barricadas y de las marchas, de fotografías y videos de los días 2, 20 y 25 de noviembre. Estas son las personas que estuvieron en las primeras líneas durante los momentos más intensos del conflicto y todas han venido a ofrecer sus respetos a la familia Will. Con la llegada de los testimonios llegan, también, las historias personales sobre Brad. El respeto y el amor de estas personas por él es más que evidente. Entre las lágrimas hay risas, entre las lágrimas hay afecto. Ceden las barreras entre extraños, entre idiomas y entre culturas.

Este fenómeno es el legado de Brad, de su habilidad, como extranjero, para ganarse en apenas un mes los corazones de todo un movimiento. Se ganó la confianza y el respeto de las personas y, una y otra vez, surgen esta mañana testimonios sobre su fuerza, coraje, profesionalismo y, sobre todo, sobre su humanismo, humildad y solidaridad. Y entonces llega el momento de que hable la familia y ya han sido dejadas de lado todas las formalidades. Kathy les agradece a todos su presencia. Reconoce el peligro que enfrentan los testigos y promete ayudarlos en todo lo que pueda. La familia ha viajado mucho, dice, y más allá de las reuniones con oficiales de gobierno y procuradores, esta es la gente que ha venido a ver a Oaxaca porque esta es la gente que se aseguró de que su hijo no muriera solo. Siente tanta gratitud por ellos, explica, porque en los días más oscuros de su dolor el único pensamiento reconfortante que tenían ella y su familia era la certeza de que Brad había muerto rodeado de amor, en brazos de sus amigos, en brazos de la gente por la que había venido a Oaxaca a luchar.

Y llega el momento de retirarse. La prensa aguarda y miembros de la APPO, VOCAL y otra gente de las barricadas han organizado una marcha para acompañar a la familia en el difícil viaje por las calles de Santa Lucía. Los medios se abalanzan, desesperados por la foto clásica de los padres golpeados y para grabar los quince segundos perfectos que saldrán en el noticiero de las 10:30. Cuando obtienen lo que querían, desaparecen y nosotros continuamos por las calles. La mamá de Brad comparte historias de la niñez de su hijo con los traductores, la gente sostiene en alto carteles fluorescentes con palabras de aliento y canta: "¡Brad no murió, Ulises lo mató!"

Marchamos juntos siguiendo las 27 cruces negras, cada una en representación de un activista asesinado. Y aunque las tensiones de la mañana se han disipado, todos somos concientes de que caminamos por un barrio peligroso, un fortín del PRI, y de que somos vulnerables. Han aparecido dos motocicletas policiales a los lados de la columna, lo suficientemente cerca para no pasar desapercibidas, pero la marcha continúa. Kathy, Hardy y Craig quieren dejar flores en el lugar donde cayó Brad, pero al llegar descubrimos que la cruz que señalaba el lugar ha sido robada en algún momento de la mañana. Ha sucedido antes, pero nadie imaginó que podía suceder hoy. La marcha se detiene por un momento. Poco después, al doblar una esquina, ya terminando nuestra caminata, aparecen dos camionetas de la policía municipal. Hay al menos ocho oficiales dentro. Algunos traen rifles de alto poder. Los vemos intentar detener a un hombre de mediana edad, el miedo se transforma en ira y miembros de la prensa independiente intervienen. Con cámaras y micrófonos increpándolos, los policías dejan ir al hombre y se defienden explicando que están ahí para proteger a los niños que salen de la escuela. No hay nada más que hacer. Esta forma de intimidación no resulta para nada nueva y regresamos otra vez con la familia, con la determinación de continuar con los eventos del día.

Cuando regresamos a la casa, nos comunican que los padres de Brad y su hermano Craig han cancelado su siguiente conferencia de prensa. Quieren quedarse para pasar más tiempo con quienes se arriesgaron acompañándolos en el camino a Santa Lucía. La mamá de Brad recibe el zapato perdido de su hijo, el único objeto personal que no había sido devuelto a la familia después de su muerte. Fue puesto en su altar aquí en Oaxaca y luego guardado hasta el día en que sus amigos pudieran devolverlo a los padres personalmente. Pero no sólo los amigos de Brad han llegado para hablar con Kathy, Hardy y Craig. Viudas y madres de otros activistas muertos también llegan y comienzan a presentarse reconociendo el dolor y la pérdida en común. Mientras las mujeres se abrazan, una viuda dice con claridad: "Ahora eres parte de nuestra familia".

El dolor atraviesa cualquier barrera cultural, cruza todas las fronteras. Pero con Kathy sentada junto a estas mujeres fuertes y orgullosas, las diferencias entre ellas también se vuelven claras. Mientras la familia Will está en México luchando por lograr una investigación federal de la muerte de su hijo, estas mujeres saben que hay pocas chances de que alguien investigue las muertes de sus maridos e hijos. Hasta la fecha no se ha investigado ningún otro caso. "Qué triste", dice una viuda, "que haga falta que muera un extranjero para que alguien preste atención a las injusticias que sufrimos".

Es un sentimiento encontrado con el que he estado luchando por algún tiempo. Porque aunque la familia Will ha dicho permanente y enfáticamente, en cada conferencia de prensa, que no reclaman justicia sólo para su hijo sino también para todos los asesinados, desaparecidos y torturados, me pregunto cuánta gente conoce los nombres de los demás: Emilio Alonso Fabián, José Alberto López Bernal, Fidel Sánchez García y Esteban Zurita López… las otras víctimas asesinadas aquí en la ciudad en la misma semana. ¿Por qué hizo falta la muerte de un periodista estadounidense para que alguien prestara atención? Pero dejo esos

pensamientos para otro día porque me resulta más inspirador observar a estas mujeres intercambiar abrazos, lágrimas y direcciones de correo electrónico. Cuando el día culmina, siento una enorme gratitud por haber sido testigo de una reunión tan poderosa.

Al día siguiente, nos despertamos temprano y los sentimientos de afecto del día anterior parecen lejanos. Hoy entramos a la boca del lobo, hoy los cinco testigos darán testimonio frente a la procuradora general federal. Llegamos antes de las 9:00am y otra vez nos encontramos con la familia de Brad. Las 27 cruces están apoyadas contra la cerca verde de metal que rodea el edificio federal en San Bartolo Coyotepec. Hay cerca de 50 personas aquí para apoyar a los testigos y también continúan los reclamos de justicia para las otras 26 causas. Hay banderas y estandartes, cantos y huelgas de hambre para presionar al gobierno y para atraer la atención de los medios. Por eso estarán sujetos a una jornada de tácticas intimidatorias que parecerán sacadas de una película de Hollywood. Hay oficiales de policía caminando por los alrededores, helicópteros sobrevolando la zona y policías de civil circulando de un extremo a otro de la calle sin salida.

La policía federal patrulla la entrada principal: cruzan la puerta periódicamente para fotografiarnos y filmarnos. Durante el día, varios automóviles sin placa se detienen delante de nosotros, recordándonos que siempre hay un precio que pagar por la inconformidad. Pero tal vez el aspecto más frustrante del día lo forman las constantes demoras que se imponen desde la Procuraduría General. Para las cuatro de la tarde, sólo un testigo ha terminado de dar testimonio y todos están nerviosos. En un momento, los testigos le piden al abogado de la familia Will que negocie algún tipo de protección para ellos y los demás que están afuera, pero la familia no tiene ningún poder. Finalmente las partes dialogan y otra vez los testigos aceptan entrar al edificio. Le pregunto a uno de ellos por qué lo hacen, por qué están arriesgando sus vidas. Y él contesta que es lo correcto y que es su forma de homenajear a un amigo y hermano. Es un sentimiento compartido por todos los que han acudido con sus pancartas y sus flores, sus poemas y sus historias sobre un activista idealista que dio su vida tratando de dar a conocer su lucha.

Son las 11:00pm cuando el último testigo abandona el edificio y lentamente emprendemos el regreso a casa, agotados por las quince horas de vigilia y conferencias de prensa. La familia Will también está cansada, pero a la vez están satisfechos. Once causas, incluida la de su hijo, han sido quitadas de las manos de la procuradora estatal. En la conferencia de prensa, reiteran que la hipótesis del estado de que Brad fue asesinado por un disparo efectuado por los manifestantes desde corta distancia y que luego recibió otro disparo mientras era llevado a la Cruz Roja es "ridícula, falsa, insustancial, viciada e inconvincente". Repiten, además, su convicción de que la procuradora estatal Lizbeth Caña Cabeza actuó de mala fe, alterando evidencia para librar al estado de toda responsabilidad y para proteger a los asesinos paramilitares del gobierno. Kathy y Hardy cancelan su vuelo para poder acompañar el inicio de la investigación federal de la muerte de su hijo con la esperanza de que finalmente se haga justicia. Se cita a los testigos a un encuentro en la escena del crimen al día siguiente.

La investigación federal comienza el 23 de marzo a las 11:00am. Hombres y mujeres vestidos con uniformes blancos de laboratorio empiezan a cercar las infames calles de Santa Lucía del Camino con cintas amarillas. Planean reconstruir los eventos del 27 de octubre del 2006 paso a paso, medida por medida. La gente que apoya a los familiares y a los testigos se hace presente una vez más y la prensa llega a horario. El espectáculo comienza y sólo me queda sentarme a esperar. Veo fotógrafos que no recuerdo haber visto antes y rostros en la multitud que no reconozco. Me siento junto a la madre de Brad y ella me enseña las fotografías que ha estado cargando con ella desde el día en que llegó a México.

Hay fotos de vacaciones familiares, viajes de esquí, bodas, imágenes de Brad con sus sobrinos y sobrinas. Se ve como el típico adolescente de familia de clase media estadounidense, excepto que en casi todas las fotos tiene puesta una camiseta en apoyo de uno u otro movimiento social. Es difícil pasar por alto el puño izquierdo, firme y colorado, que le cruza el pecho.

Dejo de prestarle atención al grupo de voluntarios que cargan a un hombre por la calle, un hombre con la estatura y el peso de Brad Will, porque una niña pequeña se acerca con una tarjeta que preparó para la madre de Brad. Es un dibujo con flores y un sol que dice: "Brad era amigo de la APPO". Entonces veo cómo, por un instante, Kathy deja de ser una madre abrumada y se convierte en una figura que conoce bien, la de maestra de escuela primaria de Illinois. De pronto es fácil imaginar cómo creció Brad.

Es claro que al final del día Kathy y Hardy están esperanzados. Su fe en que esta nueva investigación finalmente culmine en justicia para su hijo es más que evidente. En su última conferencia de prensa agradecen al pueblo de Oaxaca por todo el apoyo que les ha brindado y una vez más Kathy reclama protección para todos los testigos que arriesgaron sus vidas brindando sus testimonios el día anterior. Y entonces salimos para compartir una última cena con los padres de Brad antes de que regresen a la Ciudad de México.

Hay pocas cosas que se comparan al sentimiento que brinda sentarse en una larga mesa rodeada de amigos, tortillas y mole.

Es innegable el vínculo que se ha formado entre esta gente en a-
penas tres días. Por un momento, la tristeza y la ausencia quedan
de lado y reímos recordando experiencias compartidas. También
es innegable que la familia Will no olvidará al pueblo de Oaxaca.
Desean continuar luchando hasta lograr justicia no sólo para su
hijo sino también para la gente por la que dio su vida.
Si visitan la página de Internet bradwill.org, verán que se
ha creado una fundación en su nombre. Su misión es apoyar a
grupos no violentos y contribuir con dedicación al progreso de
pueblos y comunidades necesitadas de todo el mundo. Pienso
que es una prueba de cómo la familia Will considera al pueblo
de Oaxaca y de su convicción de profundizar la visión de su hijo
en la construcción de un mundo mejor.

En lo personal, completo esta experiencia sintiéndome privilegiada por haber conocido a esta valiente y afectuosa familia, por
haber compartido las historias de un periodista independiente y
poeta que ayudó a enfocar la atención del mundo entero en las
luchas de base a favor de la libertad y la democracia en Oaxaca.

---

*Hasta la fecha de publicación de este libro, el asesinato de Brad continua
impune. El 16 de octubre de 2008 fue detenido Juan Manuel Martínez
Moreno miembro del movimiento popular y fue liberado el 14 de febrero
de 2010. Durante los 14 meses en prisión jamás vio una prueba en su
contra.*

DAVID

Después de los ataques masivos de noviembre, el gobierno inauguró un proceso de represión selectiva, deteniendo en particular a los activistas más visibles e intentando de descalificarlos, acusándolos de cargos criminales en vez de cargos relacionados con la protesta social. David Venegas Reyes, agrónomo y activista de la ciudad de Oaxaca, ha estado cautivo en el penal Ixcotel, ilegalmente y bajo cargos falsos, desde el 13 de abril, 2007. David reconoce que fue perseguido no solo por sus críticas y su activismo en contra del gobierno estatal, sino también por su negativa absoluta a participar en procesos que legitiman el poder estatal, tales como negociaciones y elecciones. Por la misma razón, también quedó en conflicto con sectores más moderados u oportunistas dentro de la APPO. David discute divisiones y tensiones dentro de la APPO y la creación consecuente de VOCAL (Voces Oaxaqueñas Construyendo Autonomía y Libertad).

Al principio, el espacio físico de lucha de la gente del pueblo que no era maestro estaba restringido. Porque el plantón era magisterial y de las organizaciones políticas. La gente del pueblo podía participar en el movimiento asistiendo a las marchas, cuando el magisterio las convocaba, y hablando en la radio. Pero vimos una evolución desde las personas tomando acciones en solidaridad con los maestros y como simpatizantes de la APPO a personas realmente tomando acciones independientes basadas en sus propias convicciones e ideas sobre la movilización social.

Sabemos que Oaxaca no ha sido el único lugar donde los medios han ocupado un papel fundamental en la movilización de la gente, pero aquí en particular el control popular sobre los medios y la lucha para mantenerlo hizo una diferencia enorme. La historia de las barricadas está íntimamente relacionada con la historia de las radios ocupadas en Oaxaca. Radio Plantón, propiedad de los maestros, se pierden por las agresiones del 14 de junio. Radio Universidad, que pertenece a los estudiantes, en su primera etapa se pierde por qué infiltrados alojarán ácidos a las consolas de la radio. El día 21 de agosto, Canal 9 es desalojado violentamente a punto de balazos por sicarios del gobierno de Ulises Ruiz. Esa noche, ante esa situación, mucha gente salimos a las calles y se decide la toma de las radios privadas. Ese día marca el nacimiento de las barricadas porque cuando lo logramos, nos preguntamos: "¿Cómo podemos defender las tomas y proteger a las personas involucradas?"

Así inician las barricadas y fue entonces que mi participación, junto con cientos de miles de personas en el movimiento, empieza a hacer un cambio sustancial. Deja de ser puramente atender convocatorias del magisterio o de la APPO para empezar a ejercer el control físico territorial de sus propias comunidades por medio de las barricadas.

Cada barricada tuvo su caracterización diferente. Fueron barricadas muy pequeñas formadas sólo por una familia o dos en una calle por ahí remota y en grandes cruceros, barricadas bien grandes. La barricada de Brenamiel, dónde yo participaba, era de las más grandes. Es un crucero importante en una zona bien proletarizada, habitada por trabajadores donde está unas de las colonias más pobres de la ciudad hasta unos pocos fraccionamientos de ricos. No hay en esa zona ni centros culturales, ni deportivos ni parques. Allí confluimos hombres y mujeres, chicos y grandes, profesionales o no y de diferentes cantidades de dinero en sus bolsillos. Por ser un crucero tan importante, gente de diferentes partes de la ciudad, también llegó gente de colonias no tan cercanas.

Lo que le da una composición y dimensión muy interesante era una confluencia en la defensa. Más allá de la forma de pensamiento, del planteamiento ideológico o no que tuviera cada quién o de la necesidad ingente o no de cuestiones económicas, fue la defensa. La gente que acudía era por defender, desde esa trinchera, el movimiento social.

Nosotros formamos la barricada de Brenamiel, junto con mucha gente de esa zona, para proteger las antenas de la instalación de Radio Oro, pero ese espacio pronto cobró vida propia. Podría describir la experiencia como una fiesta, una fiesta de autogobierno, en que empezamos a hacer real la emancipación a través de la autodeterminación. Estos novísimos espacios eran tanto de lucha, de confrontación y de organización. Se llegó el momento en el que se discutían los dictados por los órganos dirigentes del movimiento como la Sección 22 y la APPO. No fueron pocas las veces que la barricada, de manera autónoma e independiente, tomaba decisiones, determinaban acciones que iban en oposición a lo que convocaba los dirigentes y la mayor parte de esas veces, tienen como resultado una combatividad mayor.

De manera de que las barricadas replantearon, modificaron el tejido social de las colonias, de las comunidades donde estuvieran porque definitivamente las relaciones de confianza y amistad que existían antes de las barricadas fueron modificadas por ellas. Muchos que consideramos nuestros amigos, y con los que coincidíamos no estuvieron ahí, mientras que algunos otros tal vez nunca le dábamos la palabra en las colonias o no los considerábamos interesantes para hablar estuvieron en las barricadas. Y allá en las barricadas se formaban nuevas relaciones, nuevas formaciones y enlaces de amistad y de confianza en las mismas comunidades. Por eso digo que el tejido social cambió a través de las barricadas, Oaxaca cambió por ellas.

Mi formación política y mi motivación para participar en el movimiento social han provenido de mi vida diaria, de ser parte del pueblo pobre y explotado de México. Me ha tocado vivir en ese contexto personal y familiarmente, además de tener que ver a mis vecinos sufrir la misma explotación. En el ámbito laboral y otros, es la misma explotación que padece la mayor parte de la gente del país. También el hecho de haber sido educado en México, en el sistema de educación pública, tiene una connotación diferente. Sobre todo en Oaxaca, donde aprendemos acerca de las movilizaciones sociales desde que vamos a la escuela primaria.

***

El 9 de octubre del 2006, me nombraron concejal de las barricadas para un congreso de la APPO. En el congreso había miles de personas. Entre ellas, 1300 delegados de todo el estado provenientes de barricadas, colonias, sectores sociales, sindicatos, organizaciones no gubernamentales, colectivos, comunidades y de asociaciones radicadas fuera del estado y fuera del país. Ante la imposibilidad de convocar congresos estatales constantemente, se formó el Consejo Estatal como órgano mínimo de representación, para la toma decisiones operativas, no fundamentales. Yo participaría en el Consejo en representación de las barricadas.

La entrada de la Policía Federal a Oaxaca y el comienzo de la represión brutal y asesina coincide con esas fechas. A raíz de los hechos del 25 de noviembre, el gobierno de Vicente Fox y Ulises Ruiz reprime de manera genocida a nuestro pueblo, asesinando, violando y desapareciendo personas. Junto con otros compañeros, tuve que salir del estado hacia el Distrito Federal y permanecí allí cerca de un mes. Pero la gente de Oaxaca nunca dejó de participar. Considerando eso con los demás compañeros, regresé al estado de Oaxaca el 23 de diciembre.

***

En febrero yo, junto con otros compañeros, formamos VO-CAL: Voces Oaxaqueñas Construyendo Autonomía y Libertad. Sentimos la necesidad de crear un espacio en donde poder ejercer nuestras formas de pensar y nuestro activismo dentro del movimiento social. La idea surge a raíz de una asamblea estatal de la APPO en donde se nota, claramente, que ante la cercanía de las elecciones, existían por lo menos dos posiciones. Una posición decía que el movimiento de la APPO es un movimiento plural, diverso y que en sus principios dejaba claro que estaba al margen: los partidos políticos y cualquier institución de poder corrupto. Por lo tanto decía que no debería de inmiscuirse en las elecciones para no ir en contra de sus principios y porque atacaba la unidad construida en respecto a la diversidad de pensamientos de todas las corrientes que confluían en el movimiento.

Otra posición sostenía que a pesar de esto, de manera pragmática, había que participar con nuestros propios candidatos. Era una discusión muy amplia, en la que algunos compañeros coincidíamos en la idea de respetar los principios bajo los cuales se había formado el movimiento: la no participación en los procesos que legitiman a los gobiernos represores. Muchos de los compañeros que formaron VOCAL ni siquiera participaban en la APPO, sin embargo, sí participaban valientemente en el movimiento social.

VOCAL, desde el comienzo, es un espacio muy diverso con diferentes corrientes de pensamiento: magonismo, anarquismo libertario, anarquismo de acción directa, anarquismo comunitario. Incluso hay compañeros activos en la organización que no tienen ninguna doctrina ideológica definida. Participamos en el movimiento social de manera callejera.

Lo que todos tenemos en común es nuestra idea de autonomía como principio fundamental. Defendemos la diversidad de formas de organización de los pueblos y su derecho de autogobernarse en todos los ámbitos de vida. A diferencia de otras ideologías hegemónicas, creemos que para promover nuestra línea de pensamiento, no es necesario excluir las de los demás.

La autonomía no necesita levantar su frente orgullosa por sobre las demás formas de pensamiento para poder existir. Tanto por la diversidad dentro de nuestra organización como por la diversidad que observamos en el movimiento social oaxaqueño, fundamos nuestra organización sobre este principio. Precisamente, la autonomía en que nosotros creemos hace posible la convivencia de diferentes formas de pensamiento, siempre y cuando respeten y se correspondan con las acciones de la organización y compartan una visión de vida colectiva y personal.

Encontramos que en México, Oaxaca y América Latina, las luchas por la autonomía son ya una parte constante del paisaje de insurgencia. Muchas de ellas están motivadas por el resurgimiento de los pueblos indios de todo el continente. La mayor parte de los pueblos indios se han levantado en contra del gobierno, como pueblos aislados o como regiones enteras, y proponen sus propias formas de gobierno y de vida. Aquí tenemos nuestros compañeros zapatistas, que se levantan en 1994 contra el estado. Su discurso era herencia de los discursos de las guerrillas revolucionarias que actuaban en Centroamérica en los años 80. Las luchas por la autonomía han encontrado tierras fértiles en los pueblos indios, definiendo su forma de resistencia en los últimos 500 años.

Casi todos somos indios o mestizos, hijos de indios. Todos venimos, por descendencia cercana o remota, de los pueblos. Venimos de las montañas o los valles lejanos. Para mí la lucha por la autonomía es redescubrir lo que hemos sido, lo que somos, lo que no queremos dejar de ser: indios, hijos de indios.

***

Cabe mencionar que a pesar de basarse en la diversidad, VOCAL también ha tenido confrontaciones concretas y constantes con grupos e individuos de la APPO a quienes no consideramos actores alineados con los valores intrínsicos del movimiento social. Siempre he dejado en claro mi posición en las disputas del movimiento y el Consejo de la APPO con respecto a las personas que traicionaron al movimiento, que se aprovecharon de él para beneficio propio, que se vendieron política o económicamente. Siempre he hablado con convicción porque pienso que es nuestra responsabilidad. Creo que una parte de nuestras limitaciones y desorganización como movimiento se debe a los conflictos que provocan e influencia que tienen estos grupos. Creo que es nuestro deber denunciarlos y enfrentarlos. Tenemos que tener la valentía de defender lo nuestro.

.

***

El monstruo del terror estatal que apareció en noviembre nunca se retiró. Reconocimos enseguida que la represión había quedado para llegarse. Con ese trasfondo y en el contexto de las divisiones del movimiento, me arrestaron en abril del 2007. Me detuvieron violentamente sin una orden de aprehensión ni explicaciones. Me sometieron y me transportaron a un lugar desconocido donde me sembraron drogas, tratando de que las sostuviera para fotografiarme con ellas. Como no pudieron, me golpearon. Después de cinco horas de estar en su poder, me entregaron a la Procuraduría General de la República. Ahí, me presentaron con drogas que supuestamente yo llevaba y me mantuvieron ahí durante dos días antes de trasladarme a la penitenciaria de Santa María Ixcotel, donde me encuentro hasta el día de la fecha.

Finalmente, me presentaron una orden de aprehensión que me involucraba directamente con el movimiento social y con los hechos de violencia del 25 de noviembre. Me acusaron de sedición, delincuencia organizada, de los incendios de edificios que ocurrieron el día 25. Ahí queda evidenciado que mi detención por posesión de drogas fue un mero pretexto fabricado por el gobierno para detenerme y desacreditarme, con la idea clara de emitir la orden de aprensión política una vez que estuviera en prisión.

Obviamente, me detuvieron porque tenía una presencia visible en el movimiento. La policía estatal, en sus investigaciones en el movimiento, sabían que yo era activo. Pero yo no creo que eso me distinga de otros compañeros que también participaba activamente en el movimiento. No tiene que ver tanto con la visibilidad sino con la forma de conducirme dentro del movimiento. En todos los momentos traté de ser respetuoso del sentir, del empuje de nuestros pueblos. No solo confronté al estado sino también grupos moderados dentro del movimiento que a toda costa buscaba una reconciliación. Observo que es en ese contexto en que yo fui detenido. Fui detenido por la policía estatal pero con la colaboración indirecta de oportunistas dentro del movimiento.

Yo recibí apoyo de solidaridad de organizaciones de derechos humanos en México y de muchas partes del mundo, esto ayudó para que me retiraran el cargo de posesión de drogas. Para los cargos que me pusieron, relacionados con los hechos del 25 de noviembre, mi defensa jurídica hizo un amparo, el cuál ganamos. El juez dijo que no soy responsable ni para los delitos que me imputan y que dos de estos delitos ni siquiera acredita el cuerpo de delito. Es decir, el amparo que me resuelve dice que no existe el delito de delincuencia organizada, ni de sedición. El único delito que existe es el de daños por incendio porque ahí están pero no soy yo él responsable de estos delitos.

Sin embargo, ese amparo fue impugnado por el ministerio público federal, que me tuvo dos meses más en prisión. Volvimos a ganar la revisión de ese amparo, lo que debería traer como consecuencia mi libertad. En vez de liberarme, reclasificaron los delitos: sedición, daños por incendio, delincuencia organizada ya me habían resuelto así que me dictaron un auto de formal prisión por cinco delitos nuevos: ataques a vías generales de comunicación, ataques peligrosos, delitos contra funcionarios públicos, resistencia de particulares y rebelión. Son delitos de muy diverso tipo, el más grave, sin duda, es rebelión que quiere decir levantarse en armas en contra del gobierno.

A pesar de que no hay elementos en las pruebas que el gobierno de Ulises Ruiz presenta que fundamenten estos delitos, las leyes en México y en Oaxaca les permiten a ellos mantenernos en prisión mientras resuelvan si es o no es cierto la culpabilidad. La ley en México es una ley de los poderosos hecha a modo para que ellos se beneficien. Aquí, somos culpables hasta que demostremos nuestra inocencia. Una prueba es que yo estoy aquí por nuevos delitos que obviamente no son fundamentados pero mientras nosotros demostramos que no son fundamentados, tengo que estar en prisión.

No nos es extraño por qué desafortunadamente en México la ley es utilizada como medio de venganza en contra de los que impugnan al gobierno y a sus actos. Hay alrededor de 500 presos políticos en el país, algunos ya llevan hasta quince años. En Oaxaca, hay trece presos políticos de San Juan Loxicha que llevan doce años en prisión acusados de ser guerrilleros. Las cárceles de México están llenas de inocentes, llenas de presos políticos de conciencia aún cuando para el gobierno federal y estatal siguen diciendo que en México no existen presos políticos. Ulises Ruiz Ortiz, quien es un criminal y un asesino, y que yo en lo personal no he dejado de denunciarlo en la misma manera estando fuera o aquí dentro de la prisión. Él ha utilizado a los jueces, a los procuradores, a todo el sistema judicial para mantenerme en prisión, de manera injusta, obviamente, y también ilegal inclusive en la legalidad que ellos manejan.

***

Aún aquí en la prisión, me siento esperanzado porque observo en el movimiento de los pueblos de Oaxaca ímpetus y motivación. Ahí están las causas del conflicto y del movimiento social: la injusticia, la violencia, la miseria. No ha cambiado nada.

Ulises Ruiz Ortiz representa en su persona todo un sistema, el proyecto neoliberal en Oaxaca. Por medio de esa persona, el pleito neoliberal busca imponerse en Oaxaca por los métodos que ya conocemos en otras partes de México y el mundo. Los movimientos sociales se han notado los avances de explotación pero por la traición abierta de algunos de sus dirigentes nuevamente buscará extender sus tentáculos en nuestras tierras.

Hoy mismo en muchos proyectos en Oaxaca que buscan despojar de sus recursos a nuestros pueblos: minas, presas, carreteras. Se dispersen y mutilan a nuestras tierras por todos lados. Pero también ahí está la resistencia de todos nosotros. Yo veo un movimiento, que a pesar de las agresiones y la violencia, se está revitalizando.

A pesar de que tenemos uno de los peores estados represivos que hemos tenido en México en los últimos años, sin decir que no en los años anteriores no ha habido represión, también tenemos la esperanza. Tenemos nuestros corazones calientes, nuestras manos y nuestros motivos. Los que faltan, nuestros caídos, también forman parte de nuestros motivos.

El movimiento de los pueblos de Oaxaca cayó solo por medio de la violencia. No pudieron derrumbarlo con mentiras, chantajes ni traiciones. Solo la violencia logró detenernos por ahora.

Estoy muy seguro de la justeza de nuestras causas y tengo fe en nuestros pueblos y en nuestros corazones. Más temprano que tarde, habremos que triunfar.

Después de casi un año en la cárcel, David salió el 5 de marzo 2008.

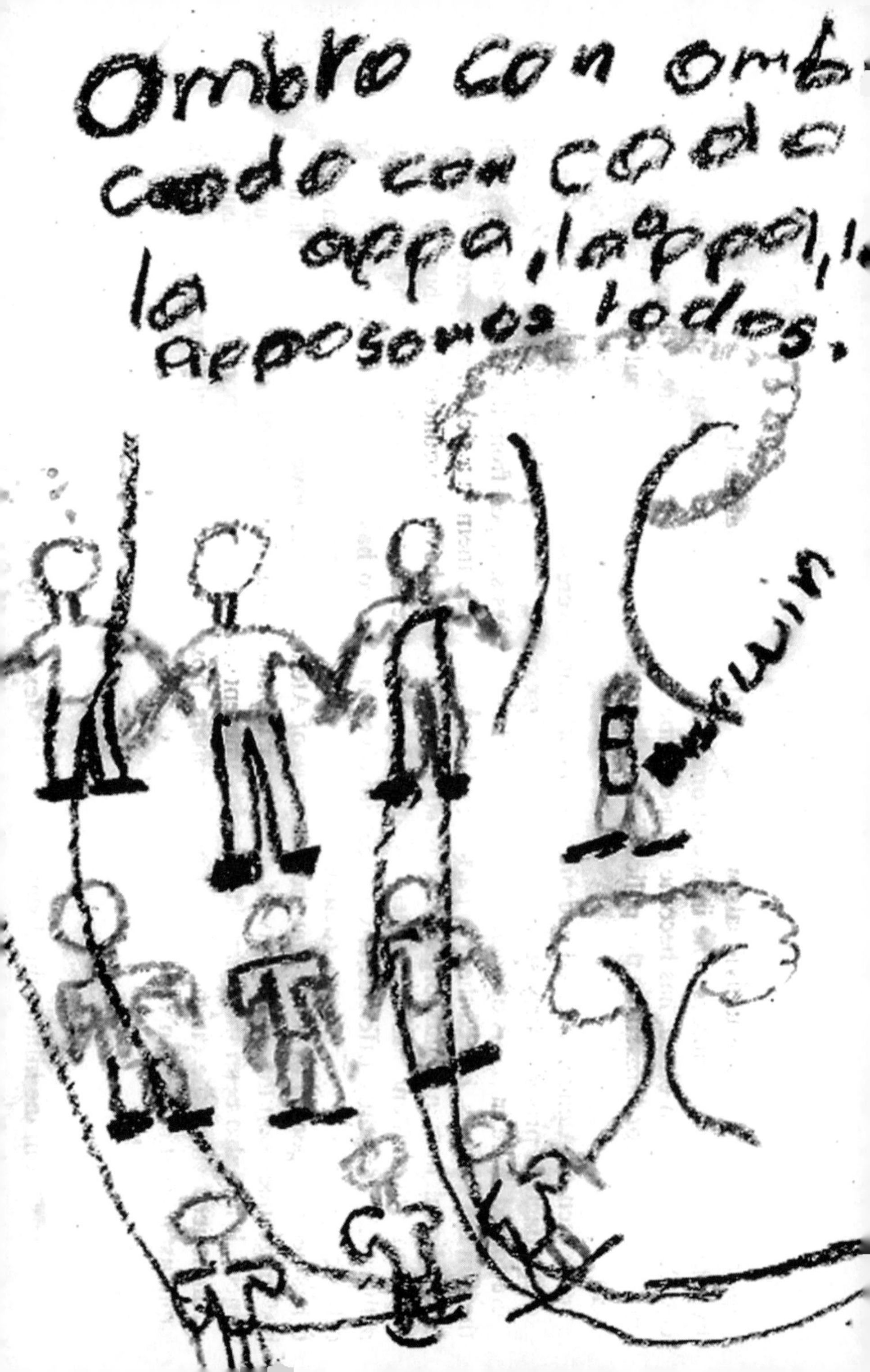
Ombro con omb
codo con codo
la appa, la appa, l
Apposomos todos.

DERWIN

El conflicto de Oaxaca afectó a familias enteras. Los niños vieron cómo la furia transformaba a los adultos cercanos y escucharon que sus maestros habían sido atacados en el plantón. Algunos niños sintieron la represión de manera mucho más personal. Derwin, de nueve años, ha sumado su voz al movimiento desde que su padre, Marcelino Coache, vocero de la APPO, fue arrestado en diciembre. Coache se dirigió a la Ciudad de México junto a otros voceros de la APPO para participar en reuniones convocados por el gobierno federal. En vez de cumplir el protocolo de las negociaciones, el gobierno federal organizó una operación policial que desembocó en el arresto y tortura de cuatro miembros de la APPO. El padre de Derwin estuvo encerrado en una prisión de máxima seguridad durante seis meses.

Tengo nueve años y estoy en cuarto año en Andrés Portillo. Me gusta la escuela. Matemática es mi materia preferida porque me gusta contar. Y dibujo un poco también. Isidoro García es mi maestro. Me cae bien porque nos enseña buenas cosas como historia, geografía y matemática. Mi maestro estaba en el plantón.

Había visto el plantón cuando pasaba yo con mi papá. Todo el centro estaba lleno de casas de campaña. Unos estaban pintando, otros tejiendo y otros leyendo. Un plantón es donde se pone toda la gente en casas de campañas pero en el sol y en la lluvia, en la noche y en el frío.

No todos nuestros maestros nos explicaron qué era el plantón, pero yo si supe porque tenían que salir en paro. Tenían que exigir el salario mínimo para los maestros. Mis papas me explicaron que los maestros no eran como decían: arrastrados que ni sabían porque luchaban. Mi papá me explicó que su lucha era para tener más recursos para todos los oaxaqueños.

Mi papá jugó un papel importante en la APPO. La APPO es la Asamblea Popular de los Pueblos de Oaxaca. El era vocero de la APPO. La APPO es una reunión pero de todos los pueblos de Oaxaca. Todos los pueblos de Oaxaca se reunieron para exigir los salarios mínimos. También exigían otras cosas más como la libertad de los presos y justicia por los asesinados y los desaparecidos. Yo fui a casi la mitad de las reuniones. Ahí se sentaban los voceros, los dirigentes y algunos de la sección 22. Hablaron de muchas cosas.

Mi papá siempre salía a una marcha y mi mamá se quedaba cuidándonos. Antes de que detuvieran a mi papá, a veces recibíamos llamadas de muerte. Yo contesté el teléfono en algunas llamadas que eran amenazas de muerte. Una vez yo contesté el teléfono y me dijeron: "Ya sabemos tu nombre, donde estudias, cuántos años tienes y te vamos a matar". Me sentí triste y pasé la llamada a mi papá. Le hablaron, pero a mí no me dijo que le dijeron.

Había hombres que empezaron a andar por fuera de nuestra casa. El día que detuvieron a mi papá estuvieron ahí parados todo el día. Cuando uno se iba, regresaba otro. No nos dejaron en paz hasta que nos fuimos a la otra casa y dejamos esa casa cerrada, sin papeles ni nada, para estarnos más seguros en otra casa.

También recuerdo los helicópteros. Un día que estaba con mi abuelita escuché un helicóptero que pasó y yo salí a asomarme cuando lo vi pasar bajito. Era color como la ropa de los militares. Yo me metí rápido corriendo.

***

Nadie me dijo nada el día que detuvieron a mi papá. Esa noche me fui a dormir sin que nadie me hubiera dicho nada. Pregunté por él y me dijeron que estaba en una reunión en la Ciudad de México. Dije: "Sé que alguien me está mintiendo. Alguien me está ocultando algo de mi papá". Estaba con mi abuelita, mi tío y toda mi familia menos mi mamá. Todos dijeron: "No te estamos ocultando nada". Yo contesté: "Sí, sí me están ocultando algo. Me dijeron que iba a llegar hoy. ¿Por qué no llegó?" Finalmente, mi mamá me dijo que estaba en la Ciudad de México y que había sido detenido. Mi papá estaba con Flavio, Eric, Ignacio y Horacio. Los detuvieron a todos. Grité y me puse muy triste. Creo que tuve presión baja porque esa mañana me desmayé. Cuando mi papá estuvo encarcelado yo me sentía con un enojo y tristeza a la vez, porque no podía yo creer que mi papá estuviera ahí. De un día para el otro, ya no estaba con mi familia. Ya no quería despertarme. Pensaba: "¿Para qué me voy a despertar, si no tiene caso, si mi papá no está en casa?"

Pero me dijo mi mamá: "Tenemos que entrar en la lucha para exigir la libertad de tu papá". Yo así entré, empecé a ir a las marchas. Hice una cartulina que decía: "Exijo la liberación de mi papá". También le escribí una carta a Santa Claus. Le puse, "Querido Santa: No quiero regalos este año. Lo que pido es la libertad de mi papá". Pero no lo liberaron hasta el 31 de mayo.

Gritaba muchas cosas en las marchas. Exigía yo la libertad de mi papá y las consignas. No quiero decirles las consignas que yo inventé porque les va a dar risa. Cosas como "¡Calderón, se te rompió el calzón!" La consigna que inventé para que liberaran a mi papá era: "¡Ulises, Tlacuache, Libéranos a Coache!" Y me gusta la consigna que dice "Hombro con hombro, codo con codo, la APPO, la APPO, la APPO somos todos". Es mi preferido porque lo inventó mi papá. También gritaba la de: "¡Lucha, lucha, lucha, no dejes de luchar, por un gobierno obrero, campesino y popular!" Y la de: "¡Si Ulises no se va, la paz no lle-

gará!" Cuando nosotros fuimos a las marchas y yo daba la vuelta, veía las colas. Ni alcanzaban todavía las calles.

En el Kilómetro de Pesos, la gente ponía sus monedas en el piso tratando de construir un camino de un kilómetro para recaudar dinero para los presos políticos y sus familias. Yo andaba pidiendo dinero a la gente para sumar. Había gente que no me creía: "Eso es para ti, no es para los presos". Pero en vez de quedarlo conmigo, lo entregaba todo al Kilómetro de Pesos. Una vez logramos llegar al kilómetro, pero las demás veces ya casi no.

***

Cuando fui a visitar a mi papá en la cárcel, tuvimos que viajar seis horas hasta Córdoba y después otra hora y media hasta Tezonapa. De allí, otra media hora hasta Cosolapa. Fui con mi mamá, mi hermanita Luz Divina, que tiene cuatro años, y mi hermano Edgar, de quince.

Los guardias de la cárcel tenían primero que revisarnos, para que pasáramos, no lleváramos drogas ni armas. Llevábamos la comida de mi papá. A veces jitomates o frijoles. Pero no podíamos llevarle muchas cosas porque a los guardias no les gustaba. Era un edificio grande pero todo viejo. En donde jugaba fútbol había malla.

Mi papa jugaba el fútbol, pero no podía porque con su brazo dislocado. El día que lo detuvieron en México le dislocaron su brazo. Adentro de la cárcel había mucha gente, muchos hombres. La primera vez que vi a mi papá, le dije: "¡Papá, regresa!" Ya quería verlo en casa. Sentí una gran tristeza cuando no podía regresar con nosotros. Teníamos que regresar a Oaxaca e ir a las marchas.

Yo quería hablar con el director. Una vez estábamos dentro del carro de los maestros que habían venido a buscarnos, en el estacionamiento, y vimos llegar al director. Me bajé del carro y me acerqué. Le dije: "Señor Director, mi papá no es un delincuente, como le dicen. Es un luchador social. No quiero que esté sufriendo". El director dijo: "Estamos haciendo lo más posible que podamos para cuidar a tu papá". Me sentí un poco mejor, pero no mucho.

***

El día que mi papá salió de la cárcel, no me avisaron porque no querían que estuviera decepcionado. Ya nos habían dicho que lo liberarían un mes antes y nosotros esperando a mi papá, a que llegara, pero luego reclasificaron sus delitos. Fue terrible porque teníamos muchas ganas de verlo.

Así que yo no sabía. Nos habló por teléfono, estaban preguntando por mi mamá. Me dijeron: "Va a venir el licenciado para arreglar unos papeles". Había reporteros. Y después se me acercó Mario y me dice: "Coachito, ¿qué estás haciendo aquí? ¿No te avisaron que ya viene tu papá? Ve a alcanzarlos porque ya vienen". Me puse a correr y me puse yo a llorar. De alegría porque ya podía ver otra vez a mi papá.

Esa primera noche de su liberación casi hicieron como una marcha. Porque la casa se llenó toda. Había como doscientas personas en esta casita.

La marcha que estoy dibujando fue después que liberaran a mi papá. Fue como veinte días después. Las personas son de la Sección 22 y familiares de los presos políticos. Yo estoy acá, debajo un árbol, y apenas voy a meterme para pedir la liberación de los demás presos políticos. Es importante porque sus familias están muy tristes de que su familiar ya no está con ellos.

Seguí participando en las marchas después de la liberación de mi papá. La marcha de los niños fue el 30 de abril. Encabezamos la marcha todos los niños. Había por lo menos cien niños allí. Salimos de la Plaza de la Danza y nos fuimos directo toda la calle de Independencia. Llegamos casi una cuadra antes del zócalo y dimos la vuelta y cuando ya terminamos llegamos a Carmen Alto. Allí estaban muchos de mis amigos. Tengo amigos en la escuela que no se enteran, no saben de nada. Yo he tratado de convencerlos de que el PRI y el PAN son malos, pero no han querido hacer caso. Les dije: "¿Para qué votar por ellos si ellos son nada más unos asesinos, que quieren asesinar a la gente?" Apenas logré convencer a uno de mis amigos. Ahora, él me dice: "Tienes razón. ¿Para que votar? Ya no voy a hacer ninguna cosa con el PRI ni el PAN".

Todavía me preocupo por mi papá. El 14 de junio de este año, tres policías lo detuvieron mientras iba en carro. Le dieron dos cachetadas y le quitaron su celular. Yo estaba con él, pero no pude hacer nada porque, haciendo algo, me iban a agarrar a mí también. Ese momento me dolió porque yo creí que lo iban a agarrar otra vez. Ya que mi papá está en casa me siento mucho más contento. A veces me gusta que me lleve al campo. Vamos caminando hasta ahí arribita a recoger flores como azucenas o las biznagas que dan flores en la montaña.

Es bueno lo que hizo mi papá. Porque así defiende los derechos de los demás, como poder exigir libertad y hablar de muchas cosas. Pero el gobierno no quiere que hablemos de nada porque cuando hablamos es como un arma mortal. Los del gobierno se enojan de que hablemos de ellos.

Me gustaría ver al pueblo no tan pobre. Que tuvieran mejores casas, no hechas de lámina y cartón. También me gustaría que hubiera mejores escuelas. De grande quiero ser dentista. Así voy a evitar que a la gente se le infecten los dientes. He ido al dentista y da miedo, pero sigo pensando en ser dentista de todas formas. Mis pacientes serán mi mamá, mi papá, mi hermana y mi hermano. Y me gustaría ayudar a la gente pobre porque así los ayudo por lo menos en algo. También voy a seguir en la lucha para una mejor sociedad.

Reflexión de los Padres de Derwin

Reyna

Era difícil darle ánimo a mi esposo y dar fortalezas a mis hijos porque había momentos en que a mí me preocupaba mucho que yo no iba a poder más seguir adelante. Durante un tiempo sacamos a nuestros hijos de la escuela porque las amenazas que recibíamos eran terribles. También por la situación económica había momentos en que mis hijos ni tenían leche ni siquiera para tomar porque no teníamos dinero. Para juntar dinero y visitar a mi esposo tan lejos, llevarle algo de comer era muy difícil. Sólo lo podíamos visitar cada dos o tres semanas. Tal vez doce veces en total en esos seis meses.

Jamás voy a poder perdonar al gobierno por todo el dolor que les causó a mis hijos. Todavía no han superado los traumas de esta experiencia. Y si así están mis hijos, imagínense cómo están los hijos de la gente asesinada por el gobierno. Primero se siente angustia y después miedo. He visto a mis hijos tan tristes, tan impotentes a veces, porque sienten que el gobierno es un monstruo grande que los podría destruir en cualquier momento.

Pero les dije a mis hijos que no podemos sentirnos víctimas ni sentir lástima por nosotros. Tenemos que seguir adelante y aprender de estas experiencias. Tenemos que seguir luchando.

Coache

La cárcel era de represión, de hostigamiento pero terminó siendo una cárcel donde me querían y me respetaban. Pero cárcel aunque de oro no deja de ser prisión porque es una soledad terrible que no se compara con nada. Cuando mi familia me visitaba, me lastimó ver a mis hijos y a mi esposa, que estaban sufriendo.

Pienso que los seis meses que pasé en esa cárcel sirvieron para reforzar mi convicción de trabajar por la democracia, la libertad y la justicia para mi pueblo. La libertad que quiero no es sólo la de salir de la cárcel. Quiero libertad para mi pueblo. Quiero que realmente el pueblo pueda hablar, pueda tener lo que necesite. Siempre le he dicho a mi familia que nosotros somos pobres, y es cierto, pero yo ya tengo un trabajo seguro. Tengo poco de salario, pero lo tengo fijo. Hay gente que está más pobre todavía que nosotros, entonces lo poco que podemos hacer por ellos lo vamos a hacer. Este movimiento ha sido un paso adelante. La gente abrió los ojos frente a los abusos y sabe que es posible denunciarlos. Hay gente que denuncia la represión en sus comunidades.

Mi padre decía que cada ser humano es un líder. Pero hay líderes que crecen y líderes que nacen. Creo que mis hijos nacieron líderes. Derwin sabe por qué existe el movimiento y hacia dónde va. No habla de él por pura fe. Lo sé porque es algo que he vivido. En 1977 yo tenía diez años y viví junto a mi padre el movimiento estudiantil para destituir al entonces gobernador Manuel Zárate Alquino. Juntos vimos represión y muerte y también el crecimiento de un movimiento de importancia similar. Ahora le toca a Derwin. Es un ciclo. Así como hablamos de la revolución de 1910 a un paso del 2010, esperando que el ciclo continúe. Ahora estamos en la primera línea y allí nos quedaremos.

---

* Luego de salir de la prisión Coache sufrió varias amenazas y atentados contra su vida y la seguridad de su familia. La Comisión Intteramericana de Derechos Humanos (CIDH) le otorgó medidas cautelares de seguridad en mayo de 2009. De todas maneras el 12 de mayo de 2010 fue amenazado de muerte y los agresores lo hirieron en el abdomen.

ADÁN

Mientras la gente coordinaba un frente unido a lo ancho del estado para destituir al gobernador de Oaxaca Ulises Ruiz Ortiz, muchos movimientos locales se organizaron simultáneamente para ocuparse de políticas locales inconsistentes con las tradiciones de autogobierno. Por todo el estado de Oaxaca surgieron municipalidades independientes que reemplazaron a los alcaldes corruptos por asambleas populares. Zaachila es un municipio que ha tenido éxito en la conformación de un gobierno popular de amplio apoyo comunal y en la conquista de una estación de radio al servicio del pueblo. Adán, director de una escuela primaria y director de la radio comunitaria, fue testigo del levantamiento de la ciudad oaxaqueña que hoy sirve de ejemplo a otras comunidades del estado.

Zaachila, una pequeña ciudad del sur de Oaxaca, fue la cuna de la civilización zapoteca. Tiene aproximadamente 25.000 residentes, pero hoy en día sólo los ancianos de la comunidad hablan zapoteco. Cultivamos maíz, cacahuates y jícama, que es una fruta que se produce en la época de Todos los Santos. Mucha gente tiene ganado y cerdos y otros hacen pan y moles. Afortunadamente, también tenemos un manantial así que todavía tenemos bastante agua, algo raro en los Valles Centrales de Oaxaca y en todas partes a medida que la población aumenta.

En Zaachila, al igual que en el resto de Oaxaca, la gente lucha para sobrevivir. Cuando era niño, no teníamos suficiente para comer y no había empleo. Comencé a trabajar cuando tenía seis u ocho años, sembrando maíz y limpiando la milpa, recolectando basura, barriendo el mercado y ayudando a mi mamá a vender tortillas. Estas son algunas de las experiencias y condiciones que le dieron forma a mi visión del mundo. Para los niños que siempre tuvieron zapatos y pudieron ir a la universidad, es distinto.

Estamos rodeados de estilos de vida que no tienen nada que ver con nuestros intereses, aspiraciones, esperanzas y sueños. ¿Pero por qué tenemos que estar siempre peleando con quienes nos dicen qué pensar, qué marca de televisión o carro comprar? Podemos pensar y tomar nuestras propias decisiones. Somos víctimas de una minoría privilegiada económicamente que toma las decisiones que terminan afectando a mucha gente. Tenemos derecho a cuestionar por qué es así. Y a partir de ese porqué, podemos buscar respuestas e iniciar un proceso de transformación.

En Zaachila siempre hubo gente haciendo estos cuestionamientos. Hace algunos años, Coca-Cola quiso poner una fábrica allí. Supuestamente, crearía muchos puestos de trabajo en la comunidad. Pero algunas personas se dieron cuenta de que se utilizarían cantidades enormes de agua, limitando el acceso de los demás a ese recurso. Entonces, un grupo de gente se organizó y evitó la construcción de la planta de Coca-Cola. Siempre han existido estos activistas, aunque en la mayoría de los casos no han logrado llegar a la mayoría de la población. Los regímenes autoritarios siempre construyen campañas para desacreditar a los organizadores sociales y tratan de convencer al pueblo de que quienes protestan están locos.

Hasta el desalojo violento del campamento de los maestros el 14 de junio, la mayoría de la gente no había vislumbrado que existen problemas fundamentales aquí. Ese fue un momento clave y la gente empezó a apoyar al movimiento que se engendró durante el último año.

***

Tras el ataque al sindicato de maestros, todos los maestros de Zaachila comenzaron a organizarse y a unir a la gente. A principios de julio, un mes después de la represión, se convocó a la gente haciendo sonar las campanas. Hacer sonar las campanas en Zaachila es algo muy simbólico, nace en la tradición de soplar la concha. Sólo se hacen sonar en circunstancias especiales. En este caso, fue para convocar a todas las personas al centro de la ciudad para la primera asamblea popular. Allí determinamos nuestra postura frente al alcalde, José Coronel Martínez, que había enviado a la policía de la ciudad en apoyo del gobernador el 14 de junio. También había enfurecido al pueblo organizando que junto al PRI hicieron varias marchas que denominaron "marchas por la paz", en las que le pagaban a la gente para que marchara por la ciudad vestida de blanco para mostrar su apoyo al gobernador Ulises.

Hubo una serie de reuniones en las que discutimos acerca del movimiento y el rol que había jugado nuestro gobierno municipal en la represión. Descubrimos cosas que no anticipamos y eso le sumó fuerza a nuestras frustraciones más inmediatas. Por ejemplo, investigamos y averiguamos que había sido aprobado un contrato de desarrollo habitacional que afectaría la disponibilidad de agua en la ciudad. El trato se cerró porque el contratista había aceptado darles once casas al gobernador y sus amigos. También descubrimos una larga historia de malversación de fondos que correspondía invertir en los niños, los estudiantes y los ancianos. Por primera vez, la mayoría de la gente de Zaachila pudo ver la corrupción. Así que después de hacer sonar las campanas y reunir al pueblo, decidimos que José Coronel tenía que abandonar el palacio municipal para nunca más volver.

Sin embargo, al igual que Ulises Ruiz, él no aceptó la decisión del pueblo. Eventualmente dejó el palacio municipal, llevándose todos los vehículos, computadoras y archivos, pero se refugió en una comunidad cercana y luego se mantuvo en movimiento por todo Oaxaca. Hizo las mismas declaraciones que hacía Ulises

Ruiz: "No me voy", "El pueblo me eligió", "No le presto atención a la APPO, sólo a mis electores".

Hombres, mujeres, niños y miembros del consejo municipal se unieron para tomar el palacio municipal. Muchas partes del edificio estaban bajo llave, así que sólo ocupamos los pasillos y las oficinas que estaban abiertas. Nos quedamos allí noche y día, ocupándonos de todo. Y así fue que nacieron las asambleas de colonias. Decíamos: "Hoy es el turno del barrio La Soledad y mañana le toca a San Jacinto". Así se usaron las asambleas barriales al principio. Luego se convirtieron en órganos de toma de decisiones y así están funcionando ahora.

La toma del palacio municipal fue totalmente espontánea. Los activistas comprometidos ocuparon un lugar importante y dirigieron las cosas al principio, pero la estructura de la asamblea popular se fue desarrollando poco a poco. Muchos de los activistas se retiraron del movimiento porque tenían una perspectiva distinta de cómo debía desarrollarse la transformación social. Hoy, sólo queda un puñado de los primeros activistas entre la gente más comprometida.

La toma del palacio municipal atrajo el conflicto de la Ciudad de Oaxaca hasta Zaachila. Queríamos la renuncia de José Coronel tanto como queríamos que se fuera Ulises Ruiz. En los momentos más intensos del conflicto, construimos barricadas en las principales calles de la ciudad. Usamos las campanas para alertar al pueblo de las confrontaciones que se daban entre la APPO y la policía, para poder acudir en ayuda de los compañeros de la Ciudad de Oaxaca. Cuando oían las campanas, la gente acudía corriendo con piedras, palos, pistolas y cualquier cosa que tuvieran, listos para proteger a Zaachila del gobierno estatal. Nos habíamos metido en el corazón de la lucha.

***

Tras la toma del palacio municipal, la gente interesada en la transformación de Zaachila comenzó a conversar. Surgieron muchas visiones distintas: algunos querían pavimentar todas las calles de la ciudad y otros querían construir un hospital o un instituto cultural. Sin embargo, algunos de nosotros no queríamos basar la transformación en el mundo moderno. Queríamos resucitar las antiguas estructuras de nuestros antepasados. Comenzamos a preguntarle a la gente cómo quería que funcionara la ciudad y a estudiar cómo se habían organizado las cosas en el pasado. Por supuesto que había gente dirigiendo esta iniciativa, porque siempre le preguntaban a la comunidad: "Considerando la información que tenemos, ¿qué hacemos?" Ese proceso culminó en la creación de una asamblea popular permanente para gobernar la ciudad.

No teníamos un alcalde y no queríamos ceder a la autoridad del gobierno estatal, así que nombramos nuestro propio alcalde popular y nuestro propio consejo ciudadano. También se formaron asambleas de colonia compuestas por cinco personas con funciones rotativas. Todas juntas conformarían la asamblea popular permanente, el Consejo Popular de Zaachila. Puede que la gente de las asambleas vecinas no tenga experiencia en activismo social, pero de a poco, cumpliendo sus obligaciones y dialogando dinámicamente con el Consejo, desarrollan su capacidad de liderazgo. Las cinco personas de cada asamblea barrial estudian todos los convenios del consejo y los revisan en sus barrios. Las asambleas son absolutamente abiertas; cualquier puede presentarse y sumar su voz. Las decisiones siempre desembocan en un voto general al que acceden todos los adultos presentes. Por ejemplo, si algunas personas piensan que hay que construir un puente y otros creen que hay que enfocarse en mejorar el servicio de electricidad, votamos para decidir cuál debe ser la prioridad. Gana la mayoría simple, la mitad más uno.

Una vez formado, el consejo comenzó a trabajar con los pocos recursos que había disponibles. Los fondos provenían de impuestos a los puestos del mercado. La economía de Zaachila no se detuvo; el consejo mantuvo los impuestos al comercio. También nombramos nuestra propia fuerza policial, formada por gente de Zaachila y sin conexión directa con el gobierno estatal. A pesar de la escasez de recursos, los servicios funcionaban: recolección de basura, acceso al agua, obras públicas.

La gente se entusiasmó desde el principio y respondieron a las necesidades del nuevo gobierno. Por ejemplo, en Nochebuena se organiza una gran celebración en Zaachila. Ese primer año de nuevo gobierno, no había recursos municipales para ponerla en marcha, pero la gente la hizo posible. Llevaron piñatas y toda la comida. Fue una experiencia maravillosa. En enero, para Día de Reyes todos los niños esperaban regalos y fue la gente la que llevó muchísimos regalitos para que todas las familias recibieran algo. Fue una sorpresa para todos lo mucho que se pudo celebrar con lo que parecía tan poco al principio. Nos dimos cuenta que la solidaridad más fuerte está entre los que menos tienen. De hecho, creo que de alguna manera la riqueza nos distancia de la capacidad intrínseca de nuestro espíritu de construir comunidad.

***

El calor del movimiento dio a luz a una estación de radio comunitaria en Zaachila. Por supuesto que eso no significa que no se hubieran construido antes las bases para que fuera posible.

Por ejemplo, como director de una escuela primaria, yo había dirigido la estación de radio de los niños y uno de mis amigos me pidió que llevara el equipo de transmisión a la Ciudad de Oaxaca para ayudar al campamento de los maestros. Más adelante descubrimos la necesidad de inaugurar una estación de radio comunitaria en Zaachila para compartir información del movimiento, para dar espacio a distintas ideas y empezar a resolver conflictos. Le preguntamos al alcalde popular si nos podía prestar un espacio del palacio municipal para armar la estación de radio. Él consultó a la asamblea popular y, una vez que aprobaron la propuesta, llevamos todo mi equipo al edifico para empezar la construcción. Partimos con la idea de ofrecerle un canal de comunicación al movimiento, para que la gente pudiera llamar y comunicarse entre sí. Cuando había reuniones o megamarchas, siempre transmitíamos los detalles por radio.

Pero las cosas no empezaron bien. Recibimos amenazas de paramilitares y del gobierno estatal. Operábamos sabiendo que podían venir y matarnos o arrebatarnos todo el equipo. Cuando recibíamos amenazas puntuales, cada uno se llevaba parte del equipo, lo escondía en algún lado por su cuenta y lo volvía a llevar al día siguiente. Durante mucho tiempo hubo una orden de arresto en mi contra y ninguno de nosotros podíamos andar libremente. Durante meses la estación de radio estuvo en la incertidumbre. Gente joven, en su mayoría, trabajaba para mantenerla viva. Estaban dispuestos a quedarse sin importar qué pudiera pasar, se habían entregado a la estación.

Poco a poco comenzamos a concentrarnos en lo que estaba pasando en la comunidad de Zaachila. Invitamos a la gente a compartir sus experiencias con nosotros al aire. Comenzamos a pasar la música que el pueblo de Zaachila quería escuchar en vez de retransmitir lo que pasaba Radio Universidad en la Ciudad de

Oaxaca. Cuando las cosas se calmaron, empezamos a expandir nuestra programación. Tenemos suerte de contar con más de treinta personas que participan de manera voluntaria y con mucho profesionalismo. Tenemos programas de discusión política, noticieros, una hora de poesía, un programa de alcohólicos anónimos y otro al que acuden los migrantes a compartir sus experiencias. Pasamos música de protesta y una variedad de programas para niños que abren espacio para que expresen su visión del mundo. En nuestra cultura, son los adultos quienes siempre atienden el teléfono. Cuando los niños llaman a la radio y escuchan su voz en el aire, ganan confianza para expresarse con libertad.

Queremos que nuestra radio sea un símbolo de la resistencia al gobierno y que sirva para promover medios creados por el pueblo. También queremos que nuestra radio sea un espacio para generar ideas nuevas. Por ejemplo, la idea de que no hay que ser capitalistas, de que se puede hacer radio sin pagar salarios, y la idea de que la radio puede ser subversiva y ayudarnos a alcanzar nuevas formas de organización.

A través de la radio, comenzamos a construir nuevas identidades. Como la gente de Zaachila aprecia el trabajo que hacemos, nos protegerá del gobierno estatal. Aunque recibimos amenazas, no hemos sufrido ninguna agresión directa del gobierno porque contamos con el apoyo popular.

∗∗∗

Zaachila ya es un ejemplo para los demás. La gente comienza a preguntarse: "¿Por qué Zaachila tiene una estación de radio comunitaria y nosotros no? ¿Por qué Zaachila tiene una asamblea popular y nosotros no?" Hay mucho trabajo por hacer, pero la semilla está sembrada.

A pesar de todo el entusiasmo, vivimos tiempos difíciles. En diciembre habrá elecciones para un nuevo alcalde y no sabemos qué sucederá. El Consejo Popular de Zaachila decidió apoyar a un candidato y hasta le hemos cedido espacio en la radio. Esto ha sido un desafío porque hay quienes piensan que no deberíamos involucrarnos en las elecciones. Si nuestro candidato pierde y el PRI gana, no sabemos qué pasará con la radio y con Zaachila en general. Pero si logramos mantener la estructura de asambleas barriales, creo que no importa quién resulte electo, pues mantendremos nuestra independencia. Transitamos caminos desconocidos cuyas respuestas no están en ningún libro. A menudo los movimientos sociales pueden pecar de no tener visión a futuro. Estamos buscando maneras de seguir adelante. Hay mucha gente dispuesta a defender el sistema que hemos creado.

Zaachila ha sobrevivido hasta ahora porque el pueblo se siente frustrado no sólo con Ulises Ruiz o el alcalde anterior, sino con todo el sistema político y económico. Ayudó contar con gente que supo dirigir esta frustración en determinada dirección. La gente de todo el mundo que se ha acercado y reconocido lo que hacemos ha reforzado el orgullo y la identidad de Zaachila. Hemos descubierto las conexiones que existen entre los tanques de la represión de Oaxaca y los de otros países. Reconocemos que somos parte de un movimiento internacional. Eventualmente nuestras luchas coincidirán totalmente, estoy seguro. Quizás ya no estemos vivos para verlo, pero así tiene que ser.

***

La diversidad de culturas que existen en el mundo hace que nuestras luchas parezcan distintas. Debemos aprender de todos los caminos que apuntan a la transformación, pero no creo que tengamos éxito si intentamos unirnos en una visión única del camino a seguir. Cada uno de nosotros debe hacer lo que pueda en su propia comunidad. Así se dará una transformación amplia.

Es en la lucha que encontramos las razones para vivir. Hay quienes desean vivir en una casa grande o tener un carro bonito y así aceptan la felicidad que les impone alguien más. Quizás el trabajo que hacemos no nos haga felices, pero estaremos contribuyendo a la transformación de la realidad y, al mismo tiempo, a nuestra propia evolución.

Las elección de diciembre del 2007 para elegir un presidente municipal de Zaachila fue ganada por el PRI por un margen estrecho después de una división de la Izquierda al último momento. Sin embargo, la radio continúa operándose de otro sitio. Varios municipios autónomos que se formaron durante el movimiento popular quedan.

CONCLUSIÓN

La Otra Campaña, La APPO Y La Izquierda:
Reivindicar Una Alternativa

Gustavo Esteva

No sé cómo decir lo que quiero decir. Estamos al borde de un despeñadero, a punto de que el cielo se caiga. Al mismo tiempo, estamos llenos de esperanza. Vemos ya la luz al final del túnel. ¿Cómo explicar esta contradicción? Las palabras me fallan, además. Todos los términos en que fui políticamente educado, sobre todo los que definen hasta hoy mi posición política y mi militancia, parecen cada vez más inadecuados para referirme al mundo en que vivo o para describir la coyuntura actual, en Oaxaca, en México, en el mundo...

El zapatismo aparece hoy como el movimiento político más radical del mundo y quizá, también como el más importante y su iniciativa más reciente, La Otra Campaña, constituye una alternativa real en México. Pero esto parece absurdo. Nadie está prestando atención a sus propuestas. No tiene sentido, a primera vista, cuando la atención pública se concentra en el escenario de conflicto en torno a la nueva administración federal y en Oaxaca. Los medios, en donde parece concentrarse actualmente toda actividad política, apenas le prestan atención. ¿Será cierto, como muchos piensan, que tanto los zapatistas como Marcos perdieron hace tiempo su oportunidad y marchan lenta pero seguramente hacia su extinción política?

La transición política en México

En el 2000, el Partido Revolucionario Institucional (PRI), el partido que había dominado la estructura política en México por 70 años, perdió la elección presidencial. No nos hicimos ilusiones sobre lo ocurrido hace seis años. Aurelio Maceda, un dirigente indígena, lo planteó con claridad al día siguiente de la jornada electoral: "Para nosotros", dijo, "el sistema es como una serpiente. Anoche cambió de piel. Eso es todo. Ahora tiene un color distinto".

Detonamos así una transición política hacia un nuevo régimen. Pero aún no estamos ahí. Lo que define la coyuntura actual es la lucha para definirlo y por tanto la naturaleza de la transición. Unos quisieran consolidar un régimen que puede describirse como una república neoliberal. Otros intentan reorganizar la sociedad desde su base y crear otro régimen enteramente distinto.

Sufrimos el impacto de la llamada globalización a través del Tratado de Libre Comercio. Padecemos toda clase de dificultades económicas, males sociales y conflictos políticos. Sin embargo, lo que define nuestra situación, lo que olfateo en la base social y alimenta nuestra esperanza, es la posibilidad de que estemos en medio de la primera revolución social del siglo XXI, la revolución de los nuevos ámbitos de comunidad. Creo que estamos creando alternativas:

- Nos organizamos más allá del desarrollo, al reivindicar nuestra propia definición de la buena vida.
- Tratamos de ir más allá de la economía y el capital. Nosotros, los llamados marginales, estamos logrando marginar la economía de nuestras vidas.
- Vamos más allá del individuo, al reivindicar nuestros ámbitos de comunidad.
- Caminamos más allá del estado-nación, al reivindicar un nuevo horizonte político.

CONCLUSIÓN

Vemos la llamada globalización como un proyecto económico, que intenta arraigar en el planeta al homo economicus, el individuo posesivo nacido en Occidente, bajo la hegemonía de Estados Unidos y el capital. Ese proyecto tiene dos máscaras atractivas: una cara política, la democracia, y una cara ética, los derechos humanos. Estamos desafiando las tres vertientes de ese proyecto:

- Resistimos a la economía transnacionalizada que invade y trastorna nuestras vidas.
- Vemos la democracia como una estructura de dominación y control.
- Percibimos los derechos humanos como el caballo de Troya de la recolonización.

No aceptamos la globalización. No es para nosotros promesa ni realidad. Es el emblema de un proyecto hegemónico de dominación que no estamos dispuestos a aceptar.

El fin del antiguo régimen

En diciembre de 1993 dominaba la impresión de que nada podía impedir que México ingresara al Primer Mundo. Nos acababan de aceptar en el club de los países ricos. El Banco Mundial presentaba a México como un modelo para todos. Escuché muchas veces, por entonces, un comentario común en clases medias o altas: "No vamos a vivir como los estadounidenses, sino mejor que ellos. Tendremos todos los bienes y servicios que ellos tienen...y además criadas". Obviamente, esta cínica observación no tomaba en cuenta el punto de vista de las criadas. Pero ese era el estado de ánimo. Nos acercábamos al supuesto paraíso del American way of life.

En aquel tiempo el presidente Salinas recibía cada mes algún reconocimiento internacional, como líder global que había entendido los vientos que corrían por el mundo y estaba sacando a su país del subdesarrollo. Era el candidato a dirigir la Organización Mundial de Comercio, la institución que por excelencia define nuestro tiempo. Comentaba también que él no cometió el error de Gorbachov: no era conveniente empezar la reforma política hasta que la económica estuviera concluida. Había usado todos los instrumentos autoritarios del antiguo régimen para implantar la reforma económica neoliberal, posponiendo la política. Los partidos de oposición sólo ofrecían variantes de su modelo.

El primero de enero de 1994 un grupo pequeño de indígenas mayas, armado con machetes, palos y unas cuantas armas ocupó cuatro de las principales poblaciones de Chiapas y declaró la guerra al gobierno de México. Era el Ejército Zapatista de Liberación Nacional. De pronto, en unos cuantos días, se produjo un inmenso efecto ¡ajá! La gente pudo ver que los problemas no eran personales, sino sociales, y que teníamos un régimen equivocado y un presidente perverso. Como los periodistas comenzaron a recorrer los pueblos y hacer reportajes de la guerra, los medios mostraron al México real, el de nuestros dramas y miserias, no el de los nuevos puentes y los flamantes rascacielos que por años crearon la ilusión de un país que no existía o existía sólo para unos cuantos. La gente se vio otra vez a sí misma, en esa dramática realidad. Fue una revelación. El lema zapatista prendió de inmediato. Había llegado el tiempo de decir ¡Basta ya!

Cristalizó así el impulso que liquidó el antiguo régimen en México, casi por sorpresa.

La construcción de un nuevo régimen

Estamos en la transición desde una estructura convencional del poder político a una forma alternativa de organización social. Para construir esta alternativa tenemos que terminar el desmantelamiento del antiguo régimen y reorganizar la sociedad desde abajo.

Nuestra economía era un híbrido capitalista peculiar. En 1982 el sector público representaba el 62% de una economía sumamente cerrada. El gobierno la controlaba enteramente. En el año 2000, tras la fiebre privatizadora, el sector público representaba sólo el 18% de una de las economías más abiertas del mundo. La economía mexicana había escapado por completo al control del gobierno...y del país.

En cuanto a la estructura política, el presidente aparecía en la cumbre de la pirámide del poder político, pero en realidad constituía su eje. Con la estructura mafiosa creada por el PRI, que llegaba hasta el último rincón del país, nada se movía sin la voluntad del presidente. Tenía control total de su propio gobierno, del poder ejecutivo; de su partido, y a través de él del Congreso. Controlaba también al poder judicial. Los tres poderes constituidos estaban en sus manos. En esos 70 años se introdujeron casi 500 enmiendas en la Constitución, en nuestra Carta Magna. Todas ellas surgieron de la voluntad de un presidente.

A lo largo de 70 años los expertos describieron nuestro régimen como una monarquía peculiar, que reemplazaba cada seis años al rey por otro miembro de la "familia revolucionaria", como se llamaba al grupo que heredó el poder creado por la revolución de 1910. Ese régimen sufrió una larga agonía. Un grupo de tecnócratas, que tomó el poder en 1982, aceleró su fin. Usaron los instrumentos autoritarios del antiguo régimen para desmantelarlo, a fin de imponer el catecismo neoliberal, posponiendo todas las reformas políticas. Debemos recordar, ante quienes dudan del peso zapatista en la transición actual, que el régimen hizo más concesiones a la oposición política en las tres semanas que siguieron a la insurrección que en los 50 años anteriores.

En sus inicios la transición causó un gran desencanto. Quienes habían luchado contra el antiguo régimen en nombre de la democracia formal quedaron frustrados y deprimidos. En vez de una oportunidad de debate público y participación ciudadana, las campañas políticas se redujeron a un circo mediático de tres pistas. Y en vez de un gobierno popular, capaz de detener el devastador tsunami neoliberal, llegó a la presidencia un rico empresario, expresidente de Coca Cola, que se dedicó a profundizarlo.

Plenamente conscientes de que el estado-nación es una estructura de dominación y control, una camisa de fuerza que disuelve o previene la diversidad cultural, los zapatistas lo tomaron como un marco provisional para transitar hacia una nueva forma de organización social, con otro horizonte político. Como dicen los zapatistas, cambiar el mundo es muy difícil, si no imposible. Lo que parece factible es crear un nuevo mundo, desde las entrañas del antiguo.

La Sexta Declaración de la Selva Lacandona

La Sexta Declaración de la Selva Lacandona especificó como de costumbre la intención:

Esta es nuestra palabra sencilla para contar lo que ha sido nuestro paso y en dónde estamos ahora, para explicar cómo vemos el mundo y nuestro país, para decir lo que pensamos hacer y cómo pensamos hacerlo, y para invitar a otras personas que se caminan con nosotros en algo muy grande que se llama México y algo más grande que se llama mundo.

El informe sobre el funcionamiento de éstas que los zapatistas presentaron en agosto de 2004 ratificó su estilo habitual: dicen lo que hacen y hacen lo que dicen. Hizo público también lo que habían conseguido en las tareas que se impusieron y las dificultades que enfrentaban. Las Juntas "son la prueba de que el zapatismo no pretende hegemonizar ni homogenizar, bajo su idea y con su modo, el mundo en que vivimos...En tierras zapatistas no se está gestando la pulverización de la nación mexicana. Por el contrario, lo que aquí nace es una posibilidad de su reconstrucción". (La Jornada, 23-08-04). Es zapatismo, dicen los zapatistas, que las decisiones las tomen las comunidades a contrapelo del régimen dominante.

Durante el 2006, el Delegado Zero (Subcomandante Marcos) viajó alrededor del país para organizar la Otra Campaña anunciada en la Sexta Declaración de la Selva Lacandona, que incluye una orientación explícitamente anticapitalista. La Otra Campaña fue muy diferente a las organizadas por los candidatos presidenciales para las elecciones del 2 de julio. Mientras los candidatos competían por ser escuchados, repartiendo promesas a cambio de votos, la Otra Campaña estaba creando las condiciones para que las personas se escucharan unas a otras, encontraran las formas para articular su descontento y convergir en un Programa Nacional de Lucha.

A lo largo del año, una de las semillas plantadas por los Zapatistas comenzó a dar frutos en Oaxaca, el estado vecino de Chiapas —el único estado en México en donde la población indígena es mayoría y se gobierna a sí misma, a su manera, en cuatro quintas partes de los municipios del estado.

El acertijo oaxaqueño

En este contexto cobra especial relevancia el acertijo de lo que ocurre actualmente en Oaxaca, que ha despertado enorme interés en México y en el mundo pero aparece como una gran incógnita. ¿Es una revuelta? ¿Una rebelión? ¿Qué clase de movimiento social se manifiesta en esta insurrección popular? ¿Es el inicio de una revolución social o un mero estallido popular contra un gobernador tiránico?

El 14 de junio el gobernador de Oaxaca, Ulises Ruiz, reprimió brutalmente el plantón organizado por el sindicato de los maestros para demandar sus reclamos laborales de cada año. La represión fue un chispazo para el movimiento, que articuló rápidamente el inmenso descontento en el estado. Lo que parecía una simple revuelta —una explosión popular en contra de un gobernador tiránico— y que después se percibió como una rebelión contra el autoritarismo del régimen, se mostró claramente como un movimiento social y político de corte innovador, de gran profundidad social e histórica y de amplio espectro.

En todo el estado la gente salió a la calle. Tomaron los edificios públicos en 22 municipios gobernados por el PRI. Participaron en la marcha de más amplia participación ciudadana de que se tiene memoria; se estima que la cuarta parte de los oaxaqueños tomaron parte en ella. Nació en ese contexto la Asamblea Popular de los Pueblos de Oaxaca (APPO), que aglutinó rápidamente a cientos de organizaciones sociales y organismos de la sociedad civil y empezó a articular las iniciativas dispersas de personas y grupos y a concertarlas con el movimiento magisterial.

La APPO se basa sobre todo en la experiencia acumulada en autonomías de hecho y de derecho. Es una iniciativa política del pueblo oaxaqueño, que se constituyó a sí mismo como protagonista principal de la vida política de Oaxaca y se expresó organizativamente en la forma de asamblea. La iniciativa tomó en el camino formas de revuelta y rebelión hasta cristalizar en un movimiento social y político de nuevo cuño. Nacido desde las entrañas más hondas de la sociedad oaxaqueña, expresó un descontento tan antiguo como general, que encontró en Ulises Ruiz un emblema eficaz de todo lo que quiere cambiar.

El movimiento ha hecho creativa aplicación de la política de un NO y muchos SÍes, cuando la gente se une en un rechazo común por diversos motivos, razones e ideales, reconociendo con actitud incluyente la pluralidad real de la sociedad.

Quizás el desafío principal de las luchas que se libran ahora consista en poner las que se realizan por la democracia formal y la participativa (con una iniciativa popular, el referendo y el plebecito, la revocación del mandato, el presupuesto participativo, etc.) Al servicio de la democracia radical. Se busca ampliar, profundizar y extender el ejercicio autónomo, pasando del plano comunitario y municipal al de grupos de municipios vecinos y al plano regional, para que la gestión en todo el estado esté fincada en la autonomía.

La gente no espera la inevitable salida de Ulises Ruiz para realizar estos cambios. Los está poniendo en operación en diversas partes del estado, en APPOs comunitarias, de barrio, municipales, regionales, sectoriales...

En Oaxaca desaparecieron los poderes malamente constituidos. De junio a noviembre funcionarios y diputados trashumantes tuvieron que reunirse en secreto en hoteles o casas particulares; no podían asistir a sus oficinas, clausuradas por la APPO. La policía local sólo pudo salir de sus cuarteles de noche y a escondidas, junto a sus porros, para lanzar ataques guerrilleros contra la gente. No surgieron propiamente problemas de gobernabilidad, porque la APPO mostró sorprendentes capacidades de gobernanza. A pesar de los ataques guerrilleros de la policía, una organización de derechos humanos reportó que en esos meses hubo menos hechos de sangre en Oaxaca que en cualquier periodo similar de los últimos 10 años

La Asamblea Popular de los Pueblos de Oaxaca ha resistido sabiamente la tentación de intentar el asalto al poder. Se apega a otras tradiciones, que emanan de las comunidades indias. No intenta encaramarse al sitio de quien abusó del poder para cometer todo género de tropelías irracionales. Busca fortalecer el sólido tejido social de los oaxaqueños y hacer valer su dignidad y autonomía. Los bandos de buen gobierno y las proclamas de la APPO son apelaciones ciudadanas a hombres libres y dignos que están enfrentando con ingenio sorprendente, valentía inmensa y una notable sensatez, circunstancias de enorme complejidad. Se trata de reconstruir la sociedad desde su base, generando nuevas relaciones sociales. Como dijeron los zapatistas, en vez de tratar de cambiar el mundo, los oaxaqueños ahora están construyendo de manera práctica uno nuevo.

El 27 de octubre de 2006, paramilitares y policías municipales leales a Ulises Ruiz atacó las barricadas que la APPO había colocado por todo el centro de Oaxaca. En una de ellas le dispararon y mataron a Brad Will, un periodista estadounidense con gran simpatía por los pueblos de Oaxaca. Enfrentamientos violentos estallaron por la ciudad. Esa tarde, el presidente Fox utilizó el asesinato como pretexto para mandar a la Policía Federal.

Frente a las agresiones y provocaciones de los poderes constituidos, la APPO ha reaccionado con un espíritu de no violencia, que define su vocación central. Cuando llegó la fuerza pública se hizo un tapete humano ante las tanquetas; grupos de mujeres llevaron flores a los policías. En la ciudad ocupada, esos policías cometen cotidianamente toda clase de abusos, protegida por la misma agencia que interfiere las transmisiones de Radio Universidad, desde donde emana un llamado continuo a la no violencia, a evitar las confrontaciones. Mientras tanto, afuera de la universidad la policía comenzó el arresto selectivo de miembros de la APPO en las barricadas. Para el final del día, había 3 muertos, muchos heridos y muchos más desaparecidos. Algunos detenidos fueron secuestrados en cuarteles militares.

Las Organizaciones de Defensa de los Derechos Humanos, incluyendo la Comisión Nacional de los Derechos Humanos del gobierno, no pudieron visitar o siquiera identificar a los detenidos por que la policía los trasladaba secretamente de un lugar a otro. En los días siguientes personas que venían de los municipios cercanos para apoyar el movimiento fueron detenidos, golpeados y arrestados. En la ciudad tomada, la policía cometía todo tipo de abusos, mientras los matones y porros de Ulises Ruiz actuaban impunemente.

La batalla campal del 2 de noviembre, cuando en las puertas de la Ciudad Universitaria se enfrentaron varios miles de policías federales contra quienes la protegían, es ejemplo magnífico y trágico del proceso. Fue la más amplia y feroz de las confrontaciones entre policías y civiles de la historia del país, quizá la única con un triunfo popular indiscutible. Fue enteramente desigual. Había cinco o siete personas -incluso niños- por cada uno de los policías, pero mientras éstos contaban con escudos, toletes, armas de alto poder, tanquetas y helicópteros, aquellos sólo tenían palos, piedras, resorteras, algunas bombas molotov...

El 25 de noviembre de 2006, la APPO cayó en la trampa tendida por la Policía Federal, que utilizó provocadores y estrategias similares. Al final de una marcha pacífica de la APPO, comenzó la represión más violenta. Dos Comisiones Internacionales de visita en Oaxaca dieron visibilidad nacional e internacional al horror: por lo menos 17 muertos, muchos desaparecidos y heridos, más de 500 detenidos, y todo tipo de violaciones serias a los derechos humanos, incluyendo abuso sexual a hombres y mujeres. Para mediados de diciembre, la mayor parte de la Policía Federal había dejado el estado. La policía local ha estado patrullando la ciudad desde entonces "salvaguardando" puntos estratégicos.

Pero el movimiento continúa. La represión brutal inhibió al movimiento y lo desvió de su cause natural pero no lo detuvo. Contracorriente, movimientos incontenibles se toman fuerza. El reto es encontrar su cause a tiempo para evitar una inundación devastadora. Esto es quizá, la situación actual del país.

Felipe Calderón intenta gobernar en medio de una abierta confrontación social y política. Parece inevitable que durante su gestión se profundice la crisis de legitimidad del Estado, la polarización social, y las dificultades económicas, y que continúe aceleradamente la destrucción del ambiente, la violencia en todos los ámbitos y la descomposición social. Se muestra propenso a recurrir a la represión o la militarización abierta ante el creciente descontento popular.

Agregó el subcomandante que Calderón "va a empezar a caer desde el primer día" y que "estamos en la víspera de un gran alzamiento o de una guerra civil". Cuando le preguntaron quién lo encabezaría, respondió:

La gente, cada quien en su lugar, en una red de apoyo mutuo. Si no logramos que sea así, habrá levantamientos espontáneos, explosiones civiles por todos lados, una guerra civil en donde cada quien vea por su propio bienestar.

Citó el caso de Oaxaca, donde "no hay líderes ni caudillos: es la misma gente organizada". Así va a ser en todo el país; Oaxaca es un "indicador" de lo que va a ocurrir en todas partes. "Si no hay una salida civil y pacífica, que es lo que proponemos en la otra campaña", advirtió, "entonces va a ser cada quien por donde pueda...No reconoceremos al presidente oficial ni al legítimo. Para nosotros no vale nada de lo que esté arriba. Lo que vale es lo que va a surgir desde abajo. Cuando hagamos este levantamiento, vamos a barrer con toda la clase política, incluso con los que se dicen de izquierda parlamentaria".

Es ésta una clara definición de los desafíos que existen por delante. La otra campaña y los zapatistas, por tanto, se encuentran expuestos a un doble ataque: los poderes constituidos y grupos paramilitares o priístas y panistas los hostigan sistemáticamente, mientras la izquierda institucional trata de aislarlos, marginarlos y descalificarlos. Será difícil, en tales circunstancias, que logren articular los empeños de las "bolsas de resistencia" que han encontrado en todo el país, para articularlas en una "red de apoyo mutuo". Si bien esto puede atribuirse al contexto, dada la atracción pública que las elecciones ejercieron, persisten dudas sobre la capacidad de los zapatistas de concertar a todos los descontentos en amplias coaliciones que puedan llevar a la práctica su "programa nacional de lucha" en un gran alzamiento civil, democrático y pacífico. La alternativa no puede ser peor: un gobierno que intentará gobernar por la fuerza y con el mercado y se extiende y profundiza el reino del narco, seguirán estallando por todo el país, en que los descontentos, la gente organizada, se enfrentará a los poderes constituidos, a las mafias locales creadas por el PRI (que ahora operan por su cuenta), a toda suerte de grupos paramilitares y a sus propios demonios.

Lejos de parecer anómalo, esto parece ser el estado actual de las cosas en muchas partes del mundo —como lo discutieron personas de más de 40 países en el encuentro zapatista en Oventic el 1 de enero de 2007. A pesar de la obscura perspectiva, los debates fueron una clara fuente de esperanza. Disconformidad y descontento no son suficientes. Tampoco la conciencia crítica. El pueblo se moviliza a sí mismo cuando piensa que su acción puede traer un cambio, cuando tiene esperanza, y eso es lo que más y más personas tienen hoy en día.

---

* Este texto, editado por Holly Yasui, es la síntesis de una ponencia expuesta en la conferencia "Otro Mundo es Necesario" en julio del 2007 en el Centro para la Justicia Global en San Miguel de Allende, usando extractos del libro Celebración del Zapatismo (Mexico, Ediciones ¡Basta!, 2005). Se puede ver la versión completa de la ponencia en Znet.

Guía de estudio de Enseñando rebeldía

¿Qué podemos aprender de este movimiento?

Patrick Lincoln

Mientras el movimiento social de Oaxaca respondía a la represión y crecía, mientras la APPO se abría, mientras las estaciones de radio y televisión eran tomadas, mientras el pueblo continuaba su lucha a pesar de los asesinatos y el acoso, activistas, organizadores sociales, periodistas independientes y testigos curiosos llegaban de todas partes de México y el mundo en busca de enseñanzas. En las palabras de un organizador social de Oaxaca, "porque pensaban que algo así nunca podría suceder en donde ellos vivían".

El trabajo solidario de C.A.S.A. durante este último año ha gestado interrogantes acerca de nuestro rol e influencia como extranjeros en un movimiento enraizado en una identidad, un lugar y una historia particular. Reconocemos la tendencia a romantizar las luchas ajenas antes de pensar con sentido crítico las estrategias que nos permitirían profundizar el compromiso de nuestras comunidades de resistencia.

Estos testimonios le ofrecen al lector un panorama personal y complejo de la forma en que se organizó Oaxaca. Aunque muchos activistas del movimiento vivieron cosas similares, cada historia es una experiencia única, alojada en el corazón, la mente y el espíritu de cada narrador, con una verdad propia para compartir. Los ejercicios siguientes, que se refieren a los testimonios, la cronología y el contexto históricos, están diseñados para empujarnos más allá de nuestro rol pasivo de lectores distanciados y hacia el rol activo de pensar críticamente las formas en que podemos generar cambios en nuestras propias comunidades.

Esta guía de estudio está pensada idealmente para un grupo de discusión que se reúna en más de una ocasión. Sin embargo, los ejercicios pueden modificarse según las necesidades particulares.

Reflexión individual

Estas preguntas están diseñadas para ser consideradas de manera individual y con los testimonios señalados como fuentes de inspiración. Para mayor utilidad, conviene permitir que las respuestas se elaboren con tiempo, incluso dejándolas madurar algunos días. Cada persona debe pensar una manera de compartir sus respuestas con el grupo. Por ejemplo, con un dibujo, lista o ensayo breve.

1. Los testimonios de Eleuterio y Marinita sugieren que la represión estatal contra el campamento de los maestros generó una respuesta amplia e inclusiva de solidaridad. ¿Cuáles fueron los distintos factores que empujaron a la gente a las calles? En tu comunidad, ¿qué motivaría a la gente común a involucrarse activamente con una causa?

2. Genoveva y Aurelia también comentan la influencia que tuvo la represión en la formación de activistas sociales. ¿Cómo crees que responderías tú o tu comunidad en situaciones similares? Piensa en tres cosas que le permiten a alguien experimentar dificultades y seguir adelante en la lucha en vez de perder todas las esperanzas.

3. Marcos y Ekaterine mencionan que la cultura y la forma de organización indígena contribuyeron a la construcción de un movimiento que fue más allá de responder a un gobierno represivo y que buscó alternativas. ¿Qué elementos existen en

la cultura de tu comunidad que pueden inspirar y renovar un movimiento? ¿Qué historias o prácticas tradicionales sugieren la forma en que podrían transformarse tus luchas?

4. Derwin recuerda que su padre y su familia han influenciado el desarrollo de su percepción del mundo y de su rol como agente de cambio. ¿Qué experiencias de la niñez han influenciado más significativamente tu visión del mundo? ¿A quién veías o ves como un ejemplo de cómo hay que actuar en la vida?

ACTIVIDADES EN PAREJAS

Busca una pareja para las actividades siguientes. No es importante que ambos hayan leído todo el libro, pero puede resultar útil que empiecen compartiendo experiencias e información sobre el tema elegido.

Se señalan dos testimonios para cada tema. Las parejas eligen uno, lo leen y luego reflexionan acerca de las preguntas de manera individual. Transcurridos 20-30 minutos, vuelven a juntarse para compartir las respuestas, señalando los segmentos del testimonio que tuvieron una influencia particularmente fuerte en la elaboración de las respuestas.

Medios de comunicación - Tonia y Adán.

1. Identifica los distintos roles ocupados por los medios de comunicación en el movimiento del 2006 en Oaxaca.

2. Explica cómo definirías a los medios controlados comunitariamente en oposición a los medios comerciales e incluso independientes.

3. ¿Cómo funcionan los medios comerciales en tu comunidad y qué podrían aprender los activistas acerca del uso de la información en Oaxaca?

Organización barrial- Silvia y David

1. Haz una lista con los distintos roles que ocuparon las barricadas en el movimiento de Oaxaca.

2. Describe el área que rodea el lugar donde vives. ¿Qué cosas asumes acerca de tus vecinos y qué cosas crees que ellos asumen sobre ti?

3. ¿Qué estructuras permanentes podrían crearse en tu comunidad para reunir a la gente?

Solidaridad externa - Gustavo y Jenny

1. ¿Cuáles fueron las características específicas del movimiento que atrajeron el apoyo de gente ajena a Oaxaca?

2. ¿Cómo piensas que los activistas internacionales afectaron o pudieron haber afectado al movimiento?

3. ¿Qué significa para ti la solidaridad, especialmente en el caso de luchas particulares que te son ajenas?

Políticas partidarias- Carlos y David

1. De acuerdo a lo que has leído, describe la interacción entre los movimientos sociales y los partidos políticos en México. ¿Por qué algunas personas podrían decidir apoyar a un candidato y otras directamente negarse a votar?

2. ¿Cómo podrían los movimientos sociales usar a los partidos políticos como herramientas de cambio? ¿Cómo podrían los

gobiernos usar a los partidos políticos como herramientas de represión y control?

3. ¿Qué tensiones vinculadas a políticas electorales existen en tu comunidad? Por ejemplo, si apoyar o no a determinado candidato, si concurrir a votar o no, si reunirse con representantes electos de la comunidad. ¿Cómo crees que afectan estas tensiones a las formas de organización?

ACTIVIDADES GRUPALES

Las actividades siguientes están pensadas para grupos grandes. La idea es que los participantes se dividan en grupos pequeños y luego vuelvan a juntarse todos. Si hay más de 15 personas presentes, divídanse en grupos de 4 ó 5, discutan así en grupos pequeños y luego compartan el contenido de las charlas entre todos.

La influencia de la historia - (60-90 minutos)

Lean uno de los testimonios en voz alta todos juntos. (Los de Carmelina, Carlos o David pueden funcionar bien).

Divídanse en grupos más pequeños y lean el Contexto Histórico. Primero, que cada individuo lea en voz baja y marque los segmentos que le parezcan llamativos. Después de 5-10 minutos, los grupos pequeños discuten lo señalado por cada persona y el rol de la historia en la construcción de las luchas actuales. Luego, vuelvan a juntarse todos y compartan las respuestas que surgieron.

Las siguientes preguntas pueden servir para arribar a las conclusiones:

1. ¿Qué creen que falta en el Contexto Histórico? ¿Qué interrogantes les quedan sin resolver?

2. ¿En qué se parecen y en qué difieren las relaciones entre el gobierno mexicano y los movimientos sociales con las de otros países?

3. ¿Qué enseñanzas dejan las similitudes y las diferencias históricas de distintas experiencias?

Recta histórica (30-45 minutos)

Construyan una replica de la recta histórica ("Pilares del estado" y "Pilares del pueblo") sobre una cartulina y péguenla en una pared a la vista de todos. Repartan notas adhesivas a todos los presentes. Lean en voz alta los eventos de la recta histórica. Inviten a los participantes a pegar notas adhesivas directamente sobre la recta histórica, señalando los eventos que les llaman la atención. Pídanles que escriban algunas frases que expliquen por qué les parecen similares a experiencias que han tenido, por qué les parecen particularmente significativas, etc. La idea es generar interconexiones, descubrimientos, puntos de comparación.

Después de que todos hayan ubicado sus notas adhesivas, léanlas en voz alta y pídanle al autor de cada una que explique por qué eligió pegarla en ese lugar.

Pilares del estado y Pilares del pueblo: Represión y resistencia (60-90 minutos)

Suele decirse que la represión se construye sobre una serie de pilares y que el rol de los movimientos sociales es empujar esos pilares, abriendo más espacio para la creación de alternativas, y hacerlos desaparecer completamente donde y cuando podamos.

Los movimientos sociales también se construyen sobre pilares: las visiones del mundo, las estrategias que nos guían y las tácticas concretas de trabajo diario. La actividad siguiente está diseñada para ayudar a identificar los pilares del estado y del pueblo en el movimiento de Oaxaca del 2006. También, y lo que es más importante, para ayudarnos a identificar los pilares de represión y resistencia en nuestras propias comunidades.

A través de este proceso de comparación y autoconocimiento, se busca que nuestras luchas se vuelvan más efectivas y que se descubran los caminos para la construcción de nuevos pilares de resistencia. Por ejemplo, un pilar de resistencia puede ser convocar una reunión comunitaria para definir problemas en común y formar grupos de trabajo para generar estrategias y buscar soluciones. Sin embargo, un pilar de represión puede ser el financiamiento de una campaña electoral que incorpore una plataforma basada en los problemas definidos por la comunidad sin tener en cuenta las estrategias desarrolladas. En ese contexto, ¿cómo avanzamos y redefinimos nuestro trabajo?

Dibuja 4 ó 5 pilares de represión en la parte superior de una cartulina. En la parte inferior, dibuja 4 ó 5 pilares de resistencia. Haz lo mismo en otra cartulina.

Divídanse en grupos de 2 ó 3 integrantes. Reparte 12 notas adhesivas o pequeños pedazos de papel a cada grupo. Invita a cada grupo a pensar 3 estrategias o tácticas de represión gubernamental que se usaron en Oaxaca y 3 estrategias o tácticas de resistencia desarrolladas por el movimiento. Transcurridos 10-15 minutos, una persona de un grupo pega sus notas adhesivas sobre la cartulina: una sobre cada pilar, para la represión y para la resistencia.

Los demás grupos se turnan para hacer lo mismo. Si ven una conexión, puede pegar sus notas en los mismos pilares que grupos anteriores. También pueden crear nuevos pilares si identifican lo que escribieron como estrategias o tácticas distintas.

Después de que hayan pegado todas las notas adhesivas, lean todas en voz alta para discutir si hay que cambiar alguna de lugar, si hace falta crear nuevos pilares y cómo podría titularse cada pilar para agrupar a las estrategias y tácticas que hay escritas debajo.

Repitan el mismo procedimiento, pero esta vez usen las estrategias y las tácticas del gobierno del país de origen del grupo y los movimientos con los que tengan experiencia o estén familiarizados. Si el grupo es demasiado diverso como para decidir trabajar sobre determinado contexto, cada individuo puede contribuir según sus propias experiencias.

Tras finalizar la actividad de los pilares, usa las preguntas siguientes para guiar la conclusión del trabajo:

1. ¿Qué diferencias existen entre la represión y la resistencia en Oaxaca y otros lugares con los que tienes experiencia?

2. ¿Qué similitudes y conexiones hay entre los dos grupos de pilares?

3. ¿Cuáles de nuestros pilares de resistencia podrían resultar completamente ineficaces frente a la represión estatal y deberían ser reemplazados?

4. ¿Cómo podemos fortalecer los pilares de resistencia y abrir más espacio para el crecimiento de nuestros movimientos?

Cronología del movimiento social oaxaqueño

PILARES del ESTADO

14 de JUNIO 2006

A las 4:30 de la mañana la policía intenta desalojar el plantón de maestros en el centro de la ciudad, usando gases lacrimógenos, armas de fuego y helicópteros. Miles de personas de la ciudad vienen a apoyar a los maestros, y después de 5 horas de enfrentamiento, el zócalo es retomado de la policía. La estación de radio del sindicato, Radio Plantón, es destruida en el ataque. La policía brutaliza operadores y destruyen equipo radiofónico. La transmisión del movimiento sigue de Radio Universidad en la Universidad Autónoma Benito Juárez de Oaxaca

PILARES del PUEBLO

22 de MAYO 2006

Maestros de la históricamente combativa Sección XXII del Sindicato Nacional de Trabajadores de Educación oficialmente entran en huelga y plantón, tomando 50 cuadras en el centro de la ciudad para exigir más recursos para la educación y mejores condiciones de trabajo.

2 de JUNIO 2006

Se convoca la primera megamarcha cuando el gobierno no responde a las demandas de los maestros; miles van a las calles para exigir un juicio político contra el gobernador represor Ulises Ruiz Ortiz.

7 de JUNIO 2006

Entre 120.000 y 200.000 personas participan en la segunda megamarcha. Varias organizaciones sociales, colonias, sindicatos y comunidades que han sufrido la represión por parte del gobierno participan en el juicio popular contra el gobernador.

15 de JUNIO 2006

Aunque se declaró toque de queda la noche anterior, maestros de la Sección XXII regresan al plantón con el apoyo de los trabajadores de salud y los estudiantes.

22 de JUNIO 2006

Ulises Ruiz convoca una marcha de apoyo por el gobierno, usando soborno y chantaje. La corrupción es denunciada, y la marcha llamada "la Marcha de la Vergüenza". La tensión produce enfrentamientos en varias partes de la ciudad.

2 de JULIO 2006

Se realizan elecciones para el nuevo presidente de México. El candidato conservador del PAN, Felipe Calderón, le gana, por un margen estrecho, al candidato de izquierda del PRD Andrés Manuel López Obrador entre muchos reportes de irregularidades. En las elecciones estatales en Oaxaca, el PRI pierde por primera vez en la historia en la mayoría de los distritos.

22 de JULIO 2006

Las instalaciones de la nueva voz del movimiento, Radio Universidad, son disparadas por desconocidos.

8 de AGOSTO 2006

En otro día de enfrentamientos, Marcos García Tapia, profesor de odontología en la UABJO, es balaceado en el centro histórico de la ciudad.

16 de JUNIO 2006

Aproximadamente 500.000 personas participan en la tercera megamarcha, exigiendo intervención federal para destituir a Ulises Ruiz

17-18 de JUNIO 2006

Se forma la Asamblea Popular de los Pueblos de Oaxaca (APPO) con 300 sindicatos, organizaciones sociales, comunidades indígenas, colectivos, colonias y grupos estudiantiles.

28 de JUNIO 2006

Más de 500.000 participan en la cuarta megamarcha, exigiendo la destitución de Ulises Ruiz, el cese a la represión y libertad de todos los presos políticos.

17 de JULIO 2006

La APPO ratifica su postura al boicot contra la Guelaguetza estatal y comercial. El gobierno suspende el evento al último momento, "para evitar enfrentamientos".

24 de JULIO 2006

Más de 20.000 asisten la Guelaguetza Popular organizada por la APPO, un evento multicolor con presentaciones de música y bailes tradicionales de las siete regiones del estado.

PILARES del PUEBLO

26 de JULIO 2006

En un día de protestas coordinadas, más tarde conocido como "la Ofensiva 26 de julio", maestros del sindicato y la APPO bloquean carreteras a Veracruz y Guerrero y los accesos al Congreso local, al Tribunal Superior de Justicia, la Casa de Gobierno y la Procuraduría de Justicia.

31 de JULIO 2006

En Zaachila instauran un gobierno popular en el palacio municipal después de destituir su presidente municipal.

1 de AGOSTO 2006

Miles de mujeres se manifiestan en las calles en la Marcha de las Cacerolas. Se manifiestan en el centro y luego deciden marchar a Canal 9, la estación estatal de televisión y radio. Pacíficamente ocupan el edificio y empiezan a transmitir, transformando los medios controlados por el estado en medios comunitarios.

17-18 de AGOSTO 2006

Cientos de personas participan en "Construyendo Democracia y Gobernabilidad en Oaxaca", uno de los foros convocado para tomar en cuenta propuestas e iniciativas de la población.

PILARES del ESTADO

9 de AGOSTO 2006

En Putla, miembros de la organización MULTI (Movimiento para la Unificación y Lucha Triqui Independiente) son asesinados: Andrés Santiago Cruz de 35 años, Pedro Martínez Martínez y Pablo Octavio Martínez Martínez de 11 años.

10 de AGOSTO 2006
Francotiradores atacan una marcha convocada por el magisterio, matando al mecánico José Jiménez Colmenares mientras acompaña a su esposa, una maestra y miembro del sindicato.

16 de AGOSTO 2006
El maestro jubilado Gonzalo Cisneros Gautier es asesinado en Zaachila.

22 de AGOSTO 2006
Simpatizante de la APPO, Lorenzo San Pablo Cervantes es asesinado por fuerzas policiales estatales cerca de la estación de radio La Ley.

20 de AGOSTO 2006
En la madrugada, Canal 9 es atacada por un grupo de paramilitares y policías que disparan contra antenas y equipo radiofónico, desalojando violentamente los simpatizantes de la APPO que se encuentran en las instalaciones. La APPO y el sindicato responden con las tomas de 12 radioemisoras comerciales en Oaxaca antes de las 8 de la mañana. Todas menos dos de las radios se devuelven a sus dueños horas más tarde.

PILARES del PUEBLO

21 de AGOSTO 2006

Simpatizantes responden a una llamada para construir barricadas por toda la ciudad para proteger las radios e impedir que pasen las patrullas de paramilitares y policías. Hasta el mes de noviembre ya se habían levantado mil barricadas durante el tiempo que llevaba el conflicto.

16 de SEPTIEMBRE 2006

El desfile militar tradicional para celebrar el día de la Independencia Mexicana es reemplazado con cuatro marchas convocadas por la APPO. Un hombre zapoteco, José Cruz Luna, hace el grito de la Independencia, lo cuál normalmente corresponde a los gobernantes.

17 de SEPTIEMBRE 2006

Asambleas populares surgen en regiones de Oaxaca como la Mixteca, Sierra Norte, Sierra Mixe, Isthmus tanto como en la ciudad de México y los estados de Michoacán, Guerrero y Baja California.

21 de SEPTIEMBRE 2006

La Marcha Caminata por la Dignidad del Pueblo Oaxaqueño sale de Oaxaca para la ciudad de México.

9 de OCTOBRE 2006

Después de 540 kilómetros y 21 días, La Marcha por la Dignidad del Pueblo Oaxaqueño llega en México e instala en plantón en frente del Senado.

PILARES del ESTADO

18 de SEPTIEMBRE 2006

El PRI entrega documentos al gobierno federal pidiendo la intervención de la policía federal. Los maestros acuerdan el regreso a clases si Ulises Ruiz renuncia a su cargo.

20 de SEPTIEMBRE 2006

La presencia de las fuerzas armadas se hace visible con helicópteros que circulan por la capital. 30 camionetas militares y otras tropas llegan por mar en Huatulco. La presencia hace aún menos probable una negociación entre la APPO y el gobierno.

2 de OCTUBRE 2006

Con armas de alto poder tipo AK-47, la policía dispara contra topiles en San Antonio de Castillo Velasco, matando a Arcadio Fabián Hernández Santiago.

3 de OCTUBRE 2006

Mientras marcha desde Oaxaca a la ciudad de México, José Manuel Castro Patiño, un profesor de Ixtlán y miembro del sindicato, se muere de un infarto.

14 de OCTUBRE 2006

Militante de la APPO Alejandro García Hernández es asesinado por un soldado.

18 de OCTUBRE 2006

Pistoleros atacan a miembros de la APPO que regresan de una asamblea, matando el maestro y miembro de la APPO Pánfilo Hernández.

27 de OCTUBRE 2006

Se inicia un paro estatal en la mañana y se instalan las barricadas desde temprano en el día. Una ola de ataques violentos y coordinados se da contra el movimiento. Por lo menos cinco miembros del movimiento son asesinados en enfrentamientos cerca de las barricadas: Emilio Alonso Fabián y Esteban López Zurita in Santa María Coyotepec; Esteban Ruiz y Bradley Roland Will en Santa Lucia del Camino; y Eudcacia Olivero Díaz. El gobierno federal usa los ataques como pretexto para mandar la policía federal a Oaxaca, a pesar de promesas previas que no lo haría

14 de OCTUBRE 2006

La APPO comienza una huelga de hambre en la ciudad de México.

25 de OCTUBRE 2006

Más de 200 organizaciones civiles, la APPO y representantes de comunidades indígenas realizan la "Iniciativa Ciudadana para el Diálogo por la Paz, Democracia y Justicia en Oaxaca" para construir un nuevo pacto social con el objetivo de crear gobernabilidad, estado de derecho, respeto por los derechos humanos y una constitución nueva con representación auténtica del pueblo de Oaxaca.

PILARES del PUEBLO

30 de OCTUBRE 2006

Desalojados del centro por tropas federales, la APPO instala otro plantón en frente de Santo Domingo. Miles marchan en Oaxaca. El EZLN bloquea carreteras en Chiapas y manifestaciones y acciones directas ocurren en muchas ciudades en México y alrededor del mundo.

PILARES del ESTADO

28 de OCTUBRE 2006

El gobierno federal da un ultimátum a la APPO: "entregan a Oaxaca o la tomamos". Despliegue tropas del ejército militar, la marina y policía federal preventiva en varios puntos del estado.

29 de OCTUBRE 2006

Enfrentamientos brotan por varios puntos de la ciudad donde la gente se organiza y resiste la entrada de la policía federal. El resultado de la violencia fueron tres activistas muertos: José Alberto López Bernal muere de impacto de un proyectil lacrimógeno; Fidel Sánchez García es apuñalado por hombres encapuchados y Roberto López Hernández cae en un enfrentamiento en la barricada de Brenamiel.

31 de OCTUBRE 2006

La policía federal empieza a destruir las barricadas en la ciudad. Su presencia también refuerza la coordinación y la inteligencia de grupos paramilitares en el movimiento.

20 de NOVIEMBRE 2006

Alrededor de 2000 manifestantes del magisterio y de la APPO marchan para celebrar 106 años de resistencia en México. En un enfrentamiento que dura cuatro horas, policías disparan bombas lacrimógenas y canicas a manifestantes que se defienden con piedras. Más de 53 son heridos y muchos más detenidos y torturados.

2 de NOVIEMBRE 2006

En un intento por destruir la barricada que protege la UABJO y las instalaciones de Radio Universidad, tropas federales atacan por tierra y por aire. Gente de todas partes de la ciudad acuden en respuesta al llamado para defender la radio y eventualmente replegar a la PFP, que se retiran a su campamento en el zócalo sin poder destruir la barricada. El enfrentamiento de siete horas deja 200 activistas y 10 policías heridos.

13 de NOVIEMBRE 2006

El Congreso Constitutivo de la APPO abre su primera sesión con 260 representantes de diferentes partes del estado.

19 de NOVIEMBRE 2006

Cientos de mujeres organizan una marcha del plantón en respuesta de la violencia sexual contra las mujeres por la policía federal.

25 de NOVIEMBRE 2006

Cientos de miles asisten a la séptima megamarcha para exigir la salida de Ulises Ruiz y la policía federal. Manifestantes se acercan a la policía para hacer un cerco en la ciudad durante 48 horas. Represión policial resulta en 140 heridos y cientos de detenidos, desaparecidos y torturados. Varios edificios son incendiados, supuestamente por infiltrados para servir como pretexto del gobierno para reprimir al

PILARES del PUEBLO

29 de NOVIEMBRE 2006

Al final del Foro de los Pueblos Indígenas de Oaxaca, 14 grupos firman un acuerdo denunciando la presencia de la policía federal en Oaxaca.

17 de MARZO 2007

Los pueblos del Istmo en Defensa de la Tierra y en Resistencia al Plan Puebla Panamá se crea en La Venta, uno de las comunidades más afectadas por el desarrollo neoliberal en el istmo. Líderes comunitarios de La Venta, La Ventosa, La Mata, San Dionisio, Santo Domingo, miembros de la APPO y UCIZONI se juntan para organizar un frente unido contra el mega-proyecto eólico que desplazan a la

PILARES del ESTADO

26 de NOVIEMBRE 2006

Protegido por policía y helicópteros, Ulises Ruiz hace una conferencia de prensa en Santo Domingo para denunciar los daños presuntamente hechos por manifestantes. Policía federal hace cateos domiciliares en casas donde sospecha encontrar líderes de la APPO; detenciones arbitrarias siguen en los días siguientes.

3 de DICIEMBRE 2006

Después del anuncio que negociaciones podrían abrir entre la APPO y el gobierno federal, Marcelino Coache Verano, Ignacio García Maldonado, Flavio y Horacio Sosa Villavicencio son detenidos en camino a la mesa de negociación.

13 de ABRIL 2007

David Venegas Reyes, representante de la APPO y miembro de VOCAL (Voces Construyendo Autonomía y Libertad) es detenido por policías vestidos de civil que le siembran drogas como pretexto para ser acusado.

14 de JUNIO 2007

Miles marchan para conmemorar el aniversario del intento de desalojar el plantón de maestros y la formación subsecuente de la APPO. Se reportan varias agresiones, incluyendo un ataque contra el recién liberado ex preso político y vocero de la APPO Marcelino Coache.

14 de JULIO 2007

Para prohibir la realización de la segunda Guelaguetza Popular, policía federal y estatal, junto con el ejército, bloquean la carretera al auditorio de la Guelaguetza para prevenir que se haga el evento. La APPO declara una alerta roja y anuncia que la Guelaguetza será realizada en la Plaza de la Danza.

16 de JULIO 2007

Miles marchan para celebrar la Guelaguetza Popular cuando el ejército y la policía atacan a los manifestantes. Más de 60 son detenidos y por lo menos 50 resultan heridos. Emeterio Marino Cruz sufre parálisis permanente por impacto de una bomba lacrimógena.

Contexto Histórico

Lo que sigue son unos datos claves de los últimos 500 años de historia mexicana, incluidos con el fin de contextualizar el levantamiento oaxaqueño para los lectores menos familiarizados con los eventos importantes que han formado el ámbito sociopolítico actual. Se hace hincapié en los acontecimientos más recientes para ayudar a entender que el clima explosivo que se vive en Oaxaca no es algo aislado, sino representativo de una situación generalizada en el país.

ÉPOCA COLONIAL

- Se estima que a finales del siglo XV, antes de la llegada europea, tan sólo en América del Norte se habitaban unos 25 millones de indígenas (comparada con la población actual de 1.5 millones). Entre ellos, en el territorio actualmente conocido como México se encontraba el extenso imperio Mexica (o Azteca), varias sociedades nómadas, las civilizaciones zapotecas y mixtecas en tierras conocidos ahora como Oaxaca, entre otros más.

- En 1492, Colón partió de España en la supuesta búsqueda de nuevas rutas comerciales hacia la India y el Oriente cuando tropezó con América, abriendo el hemisferio del oeste para la invasión y colonización europea.

- A través de guerras de exterminio y evangelización cristiana, los conquistadores españoles pretenden eliminar, subyugar y asimilar a los pueblos indígenas en todo México y Mesoamérica. La explotación de tierras, recursos naturales, metales preciosos, mano de obra indígena, en lo que llamaban "Nueva España", servía como base de poder e influencia de España en aquellas primeras etapas del capitalismo.

- En los primeros cien años, la política genocida de España diezmó la población indígena a través de enfermedades, explotación y masacres llevadas a cabo para asegurar el dominio ideológico y político en la región.

- España y otros países europeos llegan a sus posiciones de poder mundial como un resultado directo de la explotación de tierras, recursos naturales y mano de obra en América y África. No se ha frenado la herencia de esta política actualmente, algo evidenciado por la dominación económica, política y cultural de los anglo-europeos y sus descendientes a nivel mundial.

- A pesar de todo, Oaxaca, el estado mexicano con mayor población indígena que se incluyen 16 pueblos indígenas con 26 idiomas distintos, mantiene diversas costumbres y sistemas de autoorganización heredados de los antiguos pueblos. La proliferación de asambleas comunitarias y formas de auto-gobernación se han vueltos a conocer como usos y costumbres.

INDEPENDENCIA

- La guerra de independencia (1810-1821) empieza como una rebelión campesina contra los finqueros y autoridades coloniales.

- Inspirado y apoyado por siglos de resistencia indígena hacia los amos coloniales, Manuel Hidalgo, un sacerdote criollo de un pueblo en Guanajuato, se vuelve uno de los líderes principales del movimiento por independencia en México en 1810. Durante reuniones religiosas llevadas a cabo en su casa, empieza a promover la idea de un levantamiento indígena y mestizo contra la clase gobernante de españoles ricos.

- Ejecutan a Hidalgo en 1811 tras su intento infructuoso de tomar la ciudad de México con su ejército recién formado.

- Las guerrillas dispersadas del movimiento independentista logran una mayor influencia entre las clases media y alta en México mientras se apoderan los liberales del trono español.

- Agustín de Iturbide, quién antes perseguía a Hidalgo y su ejército, llega a encabezar a la lucha independentista, pero a pesar de su supuesta filiación con la resistencia defiende a los derechos de los terratenientes y a los privilegios de la clase criolla.

- La independencia se logra en 1821, sin embargo, no implica una transformación social. Mientras criollos como Iturbide ascienden a posiciones de poder, indígenas y mestizos los mantienen en las clases bajas, al margen del poder, mientras instituciones como la iglesia católica retiene su influencia política y monopolio religioso.

REVOLUCIÓN

- En 1857 Benito Juárez, nativo de Oaxaca y presidente de la república, publica una nueva constitución inspirada de la de EEUU con fines de abolir lo que queda de las estructuras coloniales. Se estalla una guerra civil entre los liberales de Juárez y los conservadores alineados con la jerarquía de la iglesia católica. La victoria liberal da el paso para reformas de Juárez que logran quitarle en parte el poder excesivo de la iglesia y al ejército.

- En 1876 otro oaxaqueño, Porfirio Díaz, gana la presidencia de la república y empieza una serie de reformas constitucionales que le permiten mantener su posición para 30 años. Su modelo de fortalecimiento industrial -que se traduce en una combinación de inversión directo del extranjero y una masiva represión política- es un factor clave en fomentar las condiciones que impulsarán la revolución en 1910.

- Anarquista oaxaqueño Ricardo Flores Magón y fundador del Partido Liberal Mexicano, surge como uno de los actores principales en impulsar la revolución, organizando el descontento contra el régimen de Díaz, participando y promoviendo revuelta social más de una década antes del inicio de la revolución.

- En 1910, desde exilio en los EEUU por actividades anti-porfiristas, declara Francisco Madero el inicio de la revuelta, pero con el fin limitado de derrotar al régimen porfirista sin promover cambios fundamentales. Otro general, Victoriano Huerta, derrota a Madero con el apoyo conservador antes de ser derrotado él mismo por Venustiano Carranza, un terrateniente rico.

- Detrás de esta lucha por la presidencia en las esferas del poder, la clase campesina, mestizos e indígenas en gran parte e influenciada por las ideas de Flores Magón y otros progenitores, sigue en revuelta.

- Con el apoyo de los campesinos, Pancho Villa y Emiliano Zapata surgen como protagonistas claves en la lucha contra Huerta y Carranza. Villa, basado en el norte, construye un movimiento amplio que busca la nacionalización de industria y la expansión de la clase media. Por otro lado Zapata, con base en el estado sureño de Morelos, sigue una línea más parecida a la política de Magón y el comunalismo indígena, organizando sus fuerzas campesinas alrededor de la demanda para la socialización de la tierra, representado en su lema, tierra y libertad.

- En 1920 el gobierno carrancista, con el apoyo de los Estados Unidos, Inglaterra, Francia y Alemania, logra la derrota del levantamiento popular. Algo de la redistribución de la tierra que reclamaban las fuerzas de Zapata se incorpora a la constitución de 1917 promovida por Carranza, pero salvo por unos esfuerzos del gobierno de Lázaro Cárdenas en los 30s, estas reformas nunca llegan a muchas partes del país.

- Tras la revolución, se vuelve a concentrar el poder con la formación del Partido Nacional Revolucionario (PNR, luego conocido como el PRI) revocando lo poco que se había logrado con las reformas agrarias en la constitución de 1917 y agudizando la brecha económica entre los ricos y los pobres.

- El PRI encabeza el gobierno federal mexicano hasta el 2000, cuando gana la elección Vicente Fox y su partido ultraderechista el PAN.

- A pesar de este cambio a nivel federal, el PRI ha mantenido su control total de la política oaxaqueña, por lo que muchos consideran la revolución como un proceso que aún no se ha terminado.

MASACRE DE TLATELOLCO

- Durante 1968, viene una represión dura por parte del gobierno contra los movimientos estudiantiles y sociales. Con la venida de las olimpiadas en el DF, el gobierno acusa a todos los movimientos sociales y estudiantiles de ser parte de un complot comunista para justificar el aumento de sus tácticas represivas en su contra.

- Con la incorporación de amplias sectores obreras en los movimientos, la posibilidad para un cambio radical para la sociedad mexicana se vuelve más real.

- El 2 de octubre del 1968, se planea una reunión entre estudiantes, obreros y representantes del gobierno para negociar una solución a la crisis. En vez de negociación, entre 300 y 500 estudiantes y obreros son masacrados por militares mexicanos, y en las semanas entrantes miles son detenidos y desaparecidos.

- Se conmemora la masacre cada 2 de octubre en todas partes del país con movilizaciones grandes, algo que se dio precedencia con los movimientos estudiantiles de los sesentas.

EL TRATADO DE LIBRE COMERCIO
DE AMÉRICA DEL NORTE (TLCAN)

- A los principios de los años 80, se empieza a implementar reformas económicas neoliberales como respuesta a las crisis económicas provocadas en México por mercados internacionales. Pronto se hace evidente que la naturaleza de tales reformas es para beneficiar a los ricos sin importar los efectos a las clases bajas, y para evitar cambios en la política de arriba el PRI roba la elección presidencial con un fraude masivo del candidato popular Cuauhtémoc Cárdenas. De tal manera llega a la presidencia Carlos Salinas de Gortari quién luego desmantela al artículo 27 constitucional en preparación para el TL-CAN, dando fin a la promesa histórica de reforma agraria.

- En 1994 firman los gobiernos de México, Canadá y Estados Unidos al Tratado de Libre Comercio de América del Norte. El tratado facilita que los productos agrícolas producidos en exceso en Estados Unidos junto con otros productos se vendan a bajo costo a México y reenfoque la economía mexicana hacia la exportación de productos hechos con mano de obra barata. El abandono total del campo mexicano ha tenido un efecto desastroso para la clase campesina, que antes representaba el mayor porcentaje de la población nacional.

EL EJÉRCITO ZAPATISTA DE
LIBERACIÓN NACIONAL (EZLN)

- El 1 de enero del 1994, el día que toma efecto el ALCA, miembros del EZLN se levantan en armas tomando 7 cabeceras municipales y varias fincas haciendo un llamado al pueblo mexicano a levantarse con ellos para sacar el gobierno priísta.

- Después de una tregua, 12 días después, los zapatistas siguen en pie de lucha hacia la autonomía y una democracia verdadera y su ejemplo ha tenido gran impacto con el pueblo mexicano y con pueblos del mundo. A pesar de la masiva presencia militar y violencia paramilitar incrementada, característica de una guerra de baja intensidad, los zapatistas han desarrollado su gobierno autónomo junto con sistemas de salud y educación autónomas en sus territorios en Chiapas.

• Tras la elección de Vicente Fox a la presidencia de la república, los zapatistas marchan a la Ciudad de México con la demanda de que el gobierno nuevo ratifique los acuerdos de San Andrés, firmados con el EZLN en 1996 para reconocer los derechos a los pueblos indígenas a su tierra, territorio y tradiciones culturales, lo cual nunca se ha implementado por parte del gobierno. A pesar de la movilización de millones, el congreso mexicano, incluso el supuesto partido centroizquierdista del PRD, pasa una ley que, no siendo fiel a los términos del acuerdo firmado, mina cualquier esperanza que haya quedado de reforma alguna por vías institucionales.

ATENCO

• En diciembre del 2001 se forma el Frente de Pueblos en Defensa de la Tierra (FPDT) en San Salvador Atenco, una comunidad campesina en las afueras de la extensa megalópolis del DF. Su formación se entiende como respuesta al intento del gobierno de desplazar los habitantes de sus tierras tradicionales casi sin compensación para construir un nuevo aeropuerto internacional. La resistencia termina en confrontaciones violentas que siguen hasta el 2002 donde los atenquenses, armados con piedras y machetes, logran hacer correr a los granaderos y de la cancelación de los planes para el aeropuerto en agosto del mismo año.

• El 3 de mayo del 2006, miembros del FPDT son agredidos por policías por vender flores en una plaza de la comunidad vecina de

Texcoco. Miembros de la organización salen a las calles y bloquean a la carretera Atenco-Texcoco pero luego son masacrados por la policía federal con un saldo de cientos de detenidos, torturados y las violaciones de más que 23 mujeres. Acciones solidarias tienen lugar en todas partes del país y en decenas de países a nivel internacional.

• Después de la sentencia de más que 67 años para 3 y de 31 años para otros 9 de los dirigentes del FPDT, el gobierno ultraderechista del PAN encabezado por Felipe Calderón anuncia la reanudación de los planes para construir el aeropuerto en Atenco. Luego de más de 4 años de estar en prisión, todos los dirigentes del FPDT fueron liberados el 30 de junio de 2010. Su lucha continúa.

Fotografías

Claire Urbanski
p.23 Mujeres pintan la "A" de Asesinos en los escudos de la policía (2006)

Chris Thomas
p.24 Megamarcha (25 de noviembre, 2006)
p.107 Jóvenes se preparan para defenderse contra el ataque policial (25 de noviembre, 2006)
p.244 Hombre sube un edificio para escapar el ataque policial (25 de noviembre, 2006)
p.245 Manifestantes enfrentan la barricada policial (25 de noviembre, 2006)
p.332 Autobús incendiado (25 de noviembre, 2006)

Jonathan Treat
p.166 Enfermera saca la sangre de Hugo (octubre 2006)
p.170 Mujer con "Paz" escrito en las manos (octubre 2006)
p.172 Mujeres con las manos pintadas de blanco (octubre 2006)
p.179 Hugo Tovar en frente de la policía (octubre 2006)

Gwen Meyer
p.108 Banda toca para la Guelaguetza Popular (17 de julio, 2007)
p.116 Mujeres bailan en la Guelaguetza Popular (17 de julio, 2007)
p.117 Músicos en la Guelaguetza Popular (17 de julio, 2007)
p.266 Carlos Beas da una presentación (17 de julio, 2007)

John Giber
p.87 La APPO y los maestros toman edificios: Cámara de Diputados, Procuraduría de Justicia,Oficina del Gobierno
p.130 Marcha de las Cacerolas (1 de agosto, 2006)
p.141 Estela festeja en la Marcha de Cacerolas (1 de agosto, 2006)

John Martyn
p.171 Policía federal bloquea la entrada al zócalo (2006)
p.173 Miles de policía bloquean la entrada al centro de la ciudad (2006)
p.365 Bloqueo policial del centro de la ciudad y fuego (2006)

Ilaria Gabbi
p.22 "Asesinos" pintados en los escudos de la policía (octubre 2006)
p.232 Mujeres triqui marchan por los presos políticos (2007)
p.358 Policía bloquea acceso al zócalo después del desalojo violento (2006)
p.362 Ocupación policial del zócalo (diciembre 2006)

Matt Burke
p.84 Leyla disfrazada de una televisión en el aniversario de la Marcha de las Cacerolas (1 de agosto, 2007)
p.194 Esténcil de Silvia hecho después de su detención durante la Guelaguetza Popular (julio 2007)

Francisco Olvera para *La Jornada* 28 de octubre 2006
p.152 Gustavo Vilchis apoya el cuerpo de Brad (27 de octubre, 2006)

Glosario

Atole -bebida tradicional a base de maíz

Brigadas móviles - los grupos responsables de tomar edificios del gobierno

Caciques - líderes, usualmente vinculados con partidos políticos

Calenda - desfile de iniciación de la Guelaguetza

Comandancia - líderes de una organización o movimiento

Conasupo (Compañía Nacional de Subsistencias Populares) - programa del gobierno que distribuye maíz barato

Desaparición de Poderes - disolución de poderes: término legal que refiere a la destitución de una autoridad municipal o estatal

Entregadores - paramilitares

Esquiroles - personas pagadas por el gobierno para cometer crímenes

Guaraches - sandalias de cuero

Güero/a - persona blanca

Guelaguetza - literalmente se refiere a la reciprocidad; también es el nombre de una celebración folklórica anual que se celebra en el mes de julio cada año en Oaxaca

Huipiles - blusas tradicionales indígenas

Magonismo - ideología basada en las ideas de los anarquistas Enrique y Ricardo Flores Magón

Mera - la real

Mezcal - bebida alcohólica destilada de la planta llamada maguey

Mole - salsa tradicional oaxaqueña hecha a base de chiles y especies

Ocote - madera usada como incienso

Oportunidades - programa del gobierno federal de educación y salud reproductiva

Petate - alfombra tejida a base de una planta local

Plantón - ocupación de un espacio público

Plan Puebla Panamá - plan económico neoliberal iniciado en el 2001 que incluye México y América Central

Priistas - miembros del partido PRI (Partido Revolucionario Institucional)

Procampo (Programa de Apoyos Directos al Campo) - programa de subsidio en la agricultura

Tamales - comida tradicional a base de maíz hecha a vapor

Tapetes - alfombras hechas de arena y polvos de colores

Tequios - trabajo comunitario no pago para beneficio de la comunidad

Tlacuache - especie de mamífero marsupial americano

Tlayudas - comida tradicional oaxaqueña hechas con tortillas, frijoles, queso y otros ingredientes locales

Topiles - miembros de seguridad no gubernamental, organizados por el pueblo

Usos y Costumbres - formas autónomas de organización y convivencia en comunidades indígenas

Zócalo - plaza principal de la ciudad

Siglas

APPO Asamblea Popular de los Pueblos de Oaxaca

ASARO Asamblea de Artistas Revolucionarios de Oaxaca

COMO Coordinadora de Mujeres Oaxaqueñas 1º de Agosto

CROC Confederación Revolucionaria de Obreros y Campesinos

COCEI Coalición Obrero Campesino Estudiantil del Istmo

CODEP Comité de Defensa de los Derechos del Pueblo

EDUCA Servicios para una Educación Alternativa

EPR Ejercito Popular Revolucionario

FPR Frente Popular Revolucionario

PFP Policía Federal Preventiva

POMO Policía Magisterial

PRD Partido de la Revolución Democrática

PRI Partido Revolucionario Institucional

RODH Red Oaxaqueña de Derechos Humanos

UABJO Universidad Autónoma Benito Juárez de Oaxaca

UCIZONI Unión de Comunidades Indígenas de la Zona Norte del Istmo

UNAM Universidad Nacional Autónoma de México

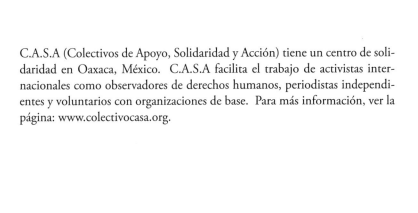

C.A.S.A (Colectivos de Apoyo, Solidaridad y Acción) tiene un centro de solidaridad en Oaxaca, México. C.A.S.A facilita el trabajo de activistas internacionales como observadores de derechos humanos, periodistas independientes y voluntarios con organizaciones de base. Para más información, ver la página: www.colectivocasa.org.

PM Press fue fundada a finales del 2007 por un pequeño grupo de gente con décadas de trabajo en publicación, medios de comunicación, y organización social. PM Press ha sido co-conspirador de publicar y distribuir cientos de libros, folletos, CDs y DVDs. Miembros de PM han fundado duraderas ferias de libros, impulsado manifestaciones exitosas para inquilinos, y han trabajado en estrecha colaboración con librerías, conferencias académicas, e incluso grupos de rock para brindar retos e ideas políticas en otros ámbitos de la vida. Hemos crecido lo suficiente para saber lo que estamos haciendo y somos lo suficientemente jóvenes para saber lo que está en juego.

Buscamos crear radicales y estimulantes libros de ficción y no ficción, folletos, camisetas, material visual y de audio para entretener, educar e inspirarte. Nuestro ánimo es la difusión de todo esto por todos los canales posibles con toda la tecnología disponible –eso significa que podés estar viendo clásicos anarquistas en los puestos de nuestra feria de libros; leyendo nuestros últimos libros de cocina vegana y café; bajando nuestros libros electrónicos para fanáticos de ficción, o escuchando música nueva y vídeos en tiempo real desde nuestro sitio web.

PM Press está siempre a la búsqueda de talentosos y expertos voluntarios, artistas, activistas y escritores para trabajar. Si tienes una gran idea sobre un proyecto o puedes contribuir de alguna manera, por favor ponte en contacto.

PM Press · PO Box 23912 · Oakland, CA 94623
www.pmpress.org